高等职业教育"十二五"规划教材

Shuiyun Gongcheng Zaojia
水运工程造价

黄鹄翔　沈维芬　**主编**
张驹华[广东省交通工程造价管理站]　**主审**

人民交通出版社

内 容 提 要

本书共分九章,内容包括:水运工程(概)预算基础知识、水运工程定额、水运工程单位估价表的编制、水运工程造价的确定、一般土建工程量计算、初步设计概算的编制、施工图预算的编制及审计、建筑工程结算的编制、工程量清单计价。

本书是高职高专港口与航道工程专业教材,也可供成人教育学院、职工大学、业余大学、函授大学等相关专业师生使用。

图书在版编目(CIP)数据

水运工程造价/黄鹄翔,沈维芬主编.--北京:
人民交通出版社,2013.8
ISBN 978-7-114-10762-7

Ⅰ.①水… Ⅱ.①黄…②沈… Ⅲ.①航道工程—工程造价—教材 Ⅳ.①U615.1

中国版本图书馆 CIP 数据核字(2013)第 152823 号

高等职业教育"十二五"规划教材

书　　名:	水运工程造价
著 作 者:	黄鹄翔　沈维芬
责任编辑:	任雪莲　富砚博
出版发行:	人民交通出版社股份有限公司
地　　址:	(100011)北京市朝阳区安定门外外馆斜街3号
网　　址:	http://www.ccpress.com.cn
销售电话:	(010) 59757973
总 经 销:	人民交通出版社股份有限公司发行部
经　　销:	各地新华书店
印　　刷:	北京市密东印刷有限公司
开　　本:	787×1092　1/16
印　　张:	15.75
字　　数:	394 千
版　　次:	2013年8月　第1版
印　　次:	2018年1月　第2次印刷
书　　号:	ISBN 978-7-114-10762-7
定　　价:	39.00 元

(有印刷、装订质量问题的图书由本社负责调换)

编委会名单

主任：施 斌

成员：余景良　叶 灵　郭继康　骆 毅　彭卫东
　　　赵广伦　黄夏幸　张卫东　徐利民　沈维芬
　　　黄鹄翔　黄维章　赵园春　郭定林　张海波
　　　吴永明　刘艳红

前　言

"教书育人，教材先行"，教育离不开教材。为了贯彻中共中央国务院以及教育部关于高职高专人才培养目标及港口与航道工程专业教学标准的总体要求，本书是编者通过多年教学实践，结合水运工程造价这门课程的教学特点，参考了原交通部基建管理司组织编写的《工程造价管理概论》《水运工程造价编制和效益分析》《水运工程施工技术》《港口工程施工招标文件范本》与原交通运输部水运工程定额站主编的《沿海港口水工建筑工程定额》及《沿海港口建设工程概算预算编制规定》等相关专业资料，并经过资料分析、研究、整理编写而成的。

本书在内容上突出了基础理论知识的应用和实践能力的培养。基础理论课以应用为目的，以必需、够用为度，以讲清概念、强化应用为重点；专业课加强了针对性和实用性，强化了实践教学。为了扩大使用面，在内容上除了涵盖港口与航道工程造价专业的知识以外，还考虑到为民用建筑安装工程专业和建筑装饰等专业的学习提供有选择性的内容。

本书可作为高职高专港口与航道工程专业教材，也可作为成人教育学院、职工大学、业余大学、函授大学等相关专业教学用书，以及相关专业有关工程技术人员的自学用书。

本书建议学时为80学时，各院校可依据专业侧重点不同，适当选取。

本书由广州航海学院航务工程系黄鹄翔、沈维芬担任主编，由广东省交通工程造价管理站水运科科长高级工程师张驹华担任主审。全书图表由广州航海学院审计处叶国麟制作。主审认真地审阅了书稿并提出许多宝贵意见，在此深表感谢。

限于编者水平有限，加之时间仓促，书中难免存在不足，敬请专家、同仁和广大读者批评指正。

编　者
2013年4月

目　录

第一章　水运工程(概)预算基础知识 ... 1
第一节　基本建设与水运工程(概)预算 ... 1
第二节　水运工程(概)预算分类与文件组成 ... 9
思考与练习题 ... 14

第二章　水运工程定额 ... 15
第一节　概述 ... 15
第二节　施工定额 ... 24
第三节　预算定额 ... 34
第四节　概算定额 ... 49
思考与练习题 ... 51

第三章　水运工程单位估价表的编制 ... 52
第一节　单位估价表概述 ... 52
第二节　人工工日单价的确定 ... 54
第三节　材料预算价格的确定 ... 58
第四节　施工船机(艘)台班使用费的确定 ... 69
第五节　单位估价表的编制 ... 76
思考与练习题 ... 80

第四章　水运工程造价的确定 ... 81
第一节　水运项目总投资的确定 ... 81
第二节　航务工程造价的确定 ... 87
第三节　疏浚工程造价的确定 ... 95
第四节　航道整治工程造价的确定 ... 100
第五节　港口建设工程取费标准与其他规定 ... 105
思考与练习题 ... 115

第五章　一般土建工程工程量计算 ... 116
第一节　工程量概述 ... 116
第二节　土建工程量基数的计算 ... 124
第三节　水工工程量计算规则 ... 127
思考与练习题 ... 136

第六章　初步设计概算的编制 ... 137
第一节　初步设计概算的内容 ... 137
第二节　初步设计概算的编制程序与方法 ... 143

第三节	怎样编好初步设计概算	150
第四节	工程案例	157
思考与练习题		175

第七章 施工图预算的编制及审计 176
- 第一节 施工图预算的内容及作用 176
- 第二节 施工图预算的编制方法与程序 178
- 第三节 建筑工程审计 182
- 第四节 编制施工图预算的工程案例 190
- 思考与练习题 209

第八章 建筑工程结算的编制 211
- 第一节 概述 211
- 第二节 建筑工程结算的编制 216
- 第三节 工程案例 218
- 思考与练习题 220

第九章 工程量清单计价 221
- 第一节 工程量清单计价概述 221
- 第二节 工程清单规范工程量计算规则 235
- 思考与练习题 243

参考文献 244

第一章 水运工程(概)预算基础知识

第一节 基本建设与水运工程(概)预算

一、基本建设

(一)基本建设概念

水运工程预算是基本建设预算的重要组成部分。物质资料的再生产是社会发展和人类生存的条件,而社会固定资产的再生产则是物质资料再生产的主要手段。固定资产是指在社会再生产过程中,可供较长时间(一年以上)反复使用,并在使用过程中基本上不改变原有实物形态的劳动条件和其他物质资料。固定资产按其性质可分为生产用固定资产和非生产用固定资产。生产用固定资产指直接参加物资生产或作为物资生产必要条件的固定资产,如港口工程中的装卸运输机械、码头、堆场、仓库、道路和其他生产和行政管理用房屋及建筑物等。非生产用固定资产指不直接参加物资生产、长期供人们用于物质和文化生活消费的物质资料,如职工宿舍、食堂、医院、托儿所、学校、俱乐部、招待所等。

这里要注意的是,固定资产和低值易耗品的区别:按现行制度规定,生产用固定资产的使用年限应在一年以上;非生产用固定资产的使用年限应超过两年,且单位价值在2 000元以上者。不具备上述条件的劳动资料,则称为低值易耗品。

那么,什么是基本建设呢?基本建设就是以新建、扩建、改建的形式来实现固定资产的扩大再生产;基本建设是指国民经济各部门中固定资产的再生产以及相关的其他工作。例如,工厂、矿井、铁路、公路、水利、商店、住宅、医院、学校等工程的建设和各种设备的购置。基本建设是再生产的重要手段,是国民经济发展的重要物质基础。对于某些报废的重建项目的简单再生产,我国也把它划归基本建设的范畴。

基本建设是一个物质资料生产的动态过程,这个过程概括起来,就是将一定的建筑材料、机械设备等通过购置、建造和安装等活动把它转化为固定资产,形成新的生产能力或具有使用效益的建设工作。与此相关的其他工作,如征用土地、勘察设计、筹建机构和生产职工的培训等,也都属于基本建设工作的组成部分。

(二)基本建设内容

基本建设的内容包括建筑工程、设备安装工程、设备购置、勘察与设计及其他基本建设工作。

1. 建筑工程

建筑工程包括永久性和临时性的建筑物、构筑物以及设备基础的建造;照明、水卫、暖通等设备的安装;建筑场地的清理、平整、排水;竣工后的整理、绿化以及水利、铁道、公路、桥梁、电力线路、防空设施等的建设。

2. 设备安装工程

设备安装工程包括生产、电力、电信、起重、运输、传动、医疗、实验等各种机械设备的安装;与设备相连的工作台、梯子等的装设工程;附属于被安装设备的管线敷设和设备的绝缘、保温、油漆等,以及为测定安装质量对单个设备进行各种试运行的工作。

3. 设备购置

设备购置包括各种机械设备、电气设备和工具、器具的购置,即一切需要安装与不需要安装设备的购置。

4. 勘察与设计

勘察与设计包括地质勘探、地形测量及工程设计方面的工作。

5. 其他基本建设工作

其他基本建设工作是指除上述各项工作以外的各项基本建设工作及其他生产准备工作。如土地征用、建设场地原有建筑物的拆迁赔偿、筹建机构、生产职工培训等。

二、基本建设程序

(一)基本建设程序概念

基本建设程序是指建设项目从策划、评估、决策、设计、施工到竣工验收、投入生产或交付使用的整个建设过程中各项工作必须遵照的先后次序。为什么建设项目的实施或发展要按照基本建设程序?根据项目发展的内在规律,建设项目的实施或发展有严格的先后次序,不能任意颠倒。例如:先投资决策,后建设实施;先招标,后投标;先有施工图纸,后施工;先施工准备,后组织施工;先预算,后结算;先确定中标单位,后签订合同。

(二)基本建设程序内容

1. 建设项目类型划分的规定

基本建设项目以上级批准的建设总规模(设计生产能力)为准,分为大型、中型和小型三类。但是交通基本建设项目只分为大中型和小型两类,具体划分标准见表1-1。

交通基本建设项目类型划分标准表　　　　表1-1

项　目	计量单位	大中型	小型	备　注
一、港口 　沿海港口 　内河港口	新增能力年吞吐量:万吨 新增能力年吞吐量:万吨	100以上 200以上	100以下 200以下	大中型包含100万吨
二、航道整治及开发	总投资:万元	5 000以上	5 000以下	分段整治、施工期长、年度安排有较大伸缩性的航道整治疏浚工程设施建设以及零星分散的航道开发利用等工程,不作为大中型项目

续上表

项 目	计量单位	大中型	小型	备 注
三、修造船厂	总投资:万元	5 000以上	5 000以下	
四、船用配件:港机制造航标器材、潜水装备、协作配套专业厂,航修站等水运工业	总投资:万元	5 000以上	5 000以下	
五、公路	新建、改建长度:km	200以上	200以下	新建、改建长度超过200km,但总投资不足5 000万元的作为小型项目
六、独立公路大桥	长度:m	主桥1 000m以上	主桥1 000m以下	
七、汽车修配、客车改装、筑路机械、保修机械厂等公路工业	总投资:万元	5 000以上	5 000以下	
八、通信导航 　长途通信电缆 　跨省长途通信微波 　通信枢组等建设	长度:km 长度:km 总投资:万元	500以上 1 000以上 5 000以上	500以下 1 000以下 5 000以下	
九、大专院校	新增学员:名	3 000以上	3 000以下	
十、医院、疗养院	新增病床:张	700以上	700以下	
十一、科研、设计、物资供应、车队基地、打捞基地等其他建设		5 000以上	5 000以下	船员基地、施工队伍的后方基地以及住宅群、办公和生活用房等建设不作为大中型项目

更新改造项目按批准的总投资额划分为限额以上(交通项目总投资在5 000万元以上,包括5 000万元)和限额以下(总投资在5 000万元以下)两类。限额以上项目由国家发改委立项,限额以下项目由交通运输部自行立项。

2.基本建设程序的阶段划分

按照我国现行规定,一般大中型及限额以上工程项目的建设程序可以分为以下几个阶段,如图1-1所示。

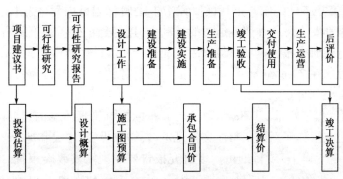

图1-1 基本建设程序阶段划分

(1)根据国民经济和社会发展长远规划,结合行业和地区发展规划的要求,提出项目建议书;

(2)根据项目建议书的要求,在勘察、试验、调查研究及详细技术经济论证的基础上编制可行性研究报告;

(3)可行性研究报告被批准后,选择建设地点;

(4)根据可行性研究报告,编制设计文件;

(5)初步设计经批准后,进行施工图设计,并做好施工前的各项准备工作;

(6)编制年度基本建设投资计划;

(7)建设实施;

(8)根据施工进度,做好生产或动工前的各项准备工作;

(9)按批准的设计内容完成项目,经投料试车验收合格后正式投产交付使用;

(10)生产运营一段时间(一般为1年)后,进行项目后评价。

3. 基本建设程序各阶段的工作内容

1)项目建议书阶段

项目建议书是要求建设某一项具体项目的建议文件,是项目建设程序中最初阶段的工作,是投资决策前对拟建项目的初步设想。项目建议书的主要作用是为了推荐一个拟建设项目的初步说明,论述它的建设必要性、条件的可行性和获利的可能性,供建设管理部门选择并确定是否进行下一步工作。

项目建议书的内容视项目的不同情况而有繁有简,但一般应包括以下几个方面:

(1)建设项目提出的必要性和依据;

(2)产品方案、拟建规模和建设地点的初步设想;

(3)资源情况、建设条件、协作关系等的初步分析;

(4)投资估算和资金筹措设想;

(5)经济效益和社会效益的估计。

2)可行性研究报告阶段

(1)可行性研究。项目建议书一经批准,即可着手进行可行性研究,对项目在技术上是否可行、经济上是否合理进行科学分析和论证。我国从20世纪80年代初将可行性研究正式纳入基本建设程序和前期工作计划,规定对大中型项目、利用外资项目、引进技术和设备进口项目都要进行可行性研究,对其他有条件的项目也要进行可行性研究。

(2)可行性研究报告的编制。可行性研究报告是确定建设项目、编制设计文件的重要依据。所有基本建设都要在可行性研究通过的基础上,选择经济效益最好的方案编制可行性研究报告。由于可行性研究报告是项目最终决策和进行初步设计的重要文件,因此,要求它有相当的深度和准确性。在20世纪80年代中期推行的财务评价和国民经济评价方法,已是可行性研究报告中的重要部分。

(3)可行性研究报告审批。1988年国务院颁布的投资管理体制的近期改革方案,对可行性研究报告的审批权限作了新的调整。文件规定,属中央投资、中央和地方合资的大中型和限额以上(总投资2亿元以上)项目的可行性研究报告要送国家发改委审批。可行性研究报告批准后,不得随意修改和变更。如果在建设规模、产品方案、建设地区、主要协作关系等方面有变动以及突破投资控制数时,应经原批准机关同意。

(4)设计任务书(即计划任务书)。设计任务书是工程建设大纲,是确定建设项目和建设方案(包括建设依据、规模、布局及主要技术经济要求等)的基本文件和编制设计文件的主要依据,它是制约着建设全过程的指导性文件。

编制设计任务书的依据是经审批后的工程可行性研究报告,其作用是对可行性研究报告所推荐的最佳方案进行更深入细致的研究,进一步分析拟建项目的利弊得失,落实各项建设条件和协作配合条件,审核各项技术经济指标的可靠性,比较、确定建设规模、标准,审查建设资金来源,为项目的最终决策和初步设计提供依据。

设计任务书的内容包括:
①建设依据和建设规模;
②建设项目主要控制点和主要特点;
③建设项目的地理位置、气象、水文地质、地形条件和社会经济状况;
④工程技术标准和主要技术指标;
⑤设计阶段和完成设计时间;
⑥环境保护、城市规划、防震、防洪、防空、文物保护等要求和采用的相应措施方案;
⑦投资估算和资金筹措,包括主体工程和辅助配套工程所需的投资,资金来源、筹措方式及贷款的偿付方式;
⑧经济效益和社会效益;
⑨建设工期和实施方案;
⑩施工力量的初步安排意见。

设计任务书经审批后,该建设项目才算成立,才能据此进行工程设计和其他准备工作。在工程可行性研究阶段需要编制相应的工程投资估算。投资估算是可行性研究报告中的一项重要内容,是控制整个建设项目投资额的依据,关系到整个建设项目的成功与否,必须引起足够的重视。

3)建设地点的选择阶段

按照隶属关系,建设地点的选择由主管部门组织勘察设计等单位和所在地部门共同进行。凡是在城市辖区内选点的,要取得城市规划部门的同意,并且要有协议文件。

选择建设地点要考虑3个问题:一是工程地质、水文地质等自然条件是否可靠;二是建设时所需水、电、运输条件是否落实;三是项目建成投产后原材料、燃料等是否具备,同时对生产人员的生活条件、生产环境等也应作全面考虑。

4)设计工作阶段

基本建设项目一般采用两阶段设计,即初步设计和施工图设计。对于技术复杂而又缺乏经验的建设项目,如特殊大桥,经主管部门同意,可增加技术设计阶段,即按照初步设计、技术设计和施工图设计3个阶段进行。对于技术简单、方案明确的小型建设项目,可采用一阶段施工图设计。

(1)初步设计

初步设计是根据已批准的设计任务书和初测资料编制的,指根据设计任务书的要求,拟定修建原则,选定方案,计算主要工程量,提出施工方案的意见,提供文字说明及图表资料。在初步设计阶段需由设计单位编制工程设计概算。设计概算必须严格按照设计方案及其相应的施工方法进行编制,而且编制出的设计概算不允许突破投资估算允许幅度范围,即概算与投资估算的出入不得大于10%。否则必须说明理由,上报有关部门认可。不然,需修改设计方案,调整设计概算。

经批准的初步设计可作为订购或调拨主要材料(如机具设备)、征用土地、控制基本建设投资、编制施工组织设计和施工图设计的依据。

当采用三阶段设计时,批准的初步设计亦可作为编制技术文件的依据。

(2)技术设计

技术设计应根据批准的初步设计及审批意见,对重大、复杂的技术问题通过科学试验、专题研究、加深勘探调查及分析比较,解决初步设计中未能解决的问题,落实技术方案,计算工程数量,提出修正的施工方案,修正设计概算。批准后,技术设计则作为编制施工图和施工预算的依据。

(3)施工图设计

施工图设计应根据已批准的初步设计或技术设计进一步对所审定的修建原则、设计方案、技术决定,加以具体和深化,最终决定各项工程量,提出文字说明和适应施工需要的图表资料,以及施工组织设计,并且编制相应的施工图预算。编制出的施工图预算要控制在设计概算以内,否则需要分析超概算的原因,并调整预算。

5)建设准备阶段

在开工之前要切实做好项目的各项准备工作。本阶段主要工作由项目法人负责,主要包括:完成征地拆迁工作;完成施工用水、电、路和场地平整等工程,即三通一平;组织设备、材料订货;工程建设项目报建;委托建设监理;实行工程招投标,择优选定施工单位;办理施工许可证等内容。

6)编制年度基本建设投资计划阶段

建设项目要根据经过批准的总概算和工期,合理地安排分年度投资。年度计划投资的安排,要与长远规划的要求相适应,保证按期建成。年度计划安排的建设内容,要和当年分配的投资、材料、设备相适应。配套项目要同时安排,相互衔接。

7)建设实施阶段

施工阶段的工作主要由施工单位来实施,其主要工作有以下几项:

(1)前期准备工作

前期的准备工作主要指为使整个建设项目能顺利进行所必须做好的工作,如:临时设施、落实材料、机具设备、施工力量及与有关部门的协调工作。

(2)施工组织设计

施工单位要遵照施工程序合理组织施工,按照设计要求和施工规范,制订各个施工阶段的施工方案和机具、人力配备及全过程的施工计划。

(3)施工组织管理

组织管理工作("三控"即质量控制、进度控制、成本控制)在整个施工过程中起着重要的作用,组织管理的水平反映了该施工单位整体水平的高低。特别是在建设市场竞争激烈的情况下,若组织管理得好,可节约工程投资、降低工程造价、提高本企业的经济效益。

8)生产准备阶段

建设单位要根据建设项目或主要单项工程生产技术特点及时组成专门班子或机构,有计划地抓好生产准备工作,保证项目或工程建成后能及时投产。

生产准备的内容很多,各种不同的工业企业对生产准备的要求也各不相同,从总的方面看,生产准备的主要内容是:

（1）招收和培训人员。大型工程项目自动化水平一般较高，相互关联性强，操作难度大，工艺条件要求严格，而新招收的大多数职工可能以前并没有生产实践经验，解决这一矛盾的主要途径就是人员培训，通过多种方式培训并组织生产人员参加设备的安装调试工作，掌握好生产技术和工艺流程。

（2）生产组织准备。生产组织是生产厂为了按照生产的客观要求和有关企业法规定的程序进行的，主要包括生产管理机构设置、管理制度的制订、生产人员配备等内容。

（3）生产技术准备。主要包括国内装置设计资料的汇总，有关的国外技术资料的翻译、编辑，各种开工方案、岗位操作法的编制以及新技术的准备。

（4）生产物资的准备。主要是落实原材料、协作产品、燃料、水、电、气等的来源和其他需协作配合条件，组织工装、器具、备品、备件等的制造和订货。

9）竣工验收阶段

竣工验收是工程建设过程的最后一环，首先，它是全面考核基本建设成果、检验设计和工程质量的重要步骤，也是基本建设转入生产或使用的标志。其次，有关部门和单位可以以此总结经验教训；再次，建设单位对经验收合格的项目可以及时移交固定资产，使其由基建系统转入生产系统或投入使用。

10）建设项目后评价阶段

建设项目后评价是工程项目竣工投产、生产运营一段时间后，再对项目的立项决策、设计施工、竣工投产、生产经营等全过程进行系统评价的一种技术经济活动，是固定资产投资管理的一项重要内容，也是固定资产投资管理的最后一个环节。通过建设项目后评价，以达到肯定成绩、总结经验、研究问题、吸取教训、提出建议、改进工作、不断提高项目决策水平和投资效果的目的。

三、基本建设程序与建筑工程（概）预算间的关系

通过基本建设程序示意图（见图1-1）和建设项目不同时期工程造价的计价示意图（见图1-2），可以看出它们之间的关系为：

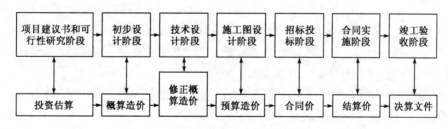

图1-2 建设项目不同时期工程造价的计价示意图

（1）建筑工程（概）预算是基本建设预算的组成部分；
（2）在项目建议书和可行性研究阶段编制投资估算；
（3）在初步设计和技术设计阶段，分别编制设计概算和修正设计概算；
（4）在施工图设计完成后，在施工前编制施工图预算；
（5）在项目招投标阶段确定标底和报价，从而确定承包合同价；
（6）在项目实施阶段，分阶段或不同目标进行工程结算，即项目结算价；
（7）在项目竣工验收阶段，编制项目竣工决算。

综上所述，施工图(概)预算是基本建设文件的重要组成部分，是基本建设过程中重要的经济文件。

四、基本建设项目

(一) 基本建设项目概念

工程建设项目是以实物形态表示的具体项目，它以形成固定资产为目的。在我国，工程建设项目包括基本建设项目(新建、扩建等扩大生产能力的项目)和更新改造项目(以改进技术、增加产品品种、提高质量、治理三废、劳动安全、节约资源为主要目的的项目)。

基本建设项目一般是指在一个总体设计或初步设计范围内，由一个或几个单位工程组成，在经济上进行统一核算，行政上有独立组织形式，实行统一管理的建设单位。凡属于一个总体设计范围内分期分批进行建设的主体工程和附属配套工程、综合利用工程、供水供电工程等均应作为一个工程建设项目，不能将其按地区或施工承包单位划分为若干个工程建设项目。此外，也不能将不属于一个总体设计范围内的几个工程，按各种方式归算为一个工程建设项目。

更新改造项目是指现有企、事业单位对原有设施进行的技术改造工作，包括通过采用新技术、新工艺、新材料，提高产品质量，增加花色品种，促进产品升级换代，降低能源和原材料消耗，加强资源综合利用和污染治理等，以提高社会综合经济效益和实现以内涵为主的扩大再生产。例如：为了改善原有交通运输设施、港口码头的运输条件，提高运输装卸能力，而进行的更新改造工程，如宁波港北仑港区的木材码头改为煤炭码头。

(二) 基本建设项目的分解

1. 建筑工程质量验收分类

按现行固定资产投资计划管理制度及国家《建筑工程施工质量验收统一标准》(GB 50300—2001)规定，建筑工程质量验收应划分为单项工程、单位工程、分部工程和分项工程。

(1) 单项工程：一般指有独立设计文件，建成后能独立发挥效益或生产设计规定产品的车间、生产线或独立工程等，例如港口建设中的码头泊位工程或仓库等。

(2) 单位工程：指具有独立施工条件的工程，它是单项工程的组成部分，如码头泊位中的水工建筑工程，或泊位中的设备购置及安装工程等。

(3) 分部工程：分部工程是单位工程的组成部分，按建筑安装工程的结构部位划分，如沉箱码头可分为沉箱制作和安装、胸墙、码头面等。

(4) 分项工程：分项工程是分部工程的组成部分，一般是按不同的施工方法、不同的材料、不同的规格划分的，例如不同品种、不同规格的桩，不同梁、板的预制或安装等。

某生产性基本建设项目划分示意图，见图1-3。

2. 基本建设项目与施工图预算项目

虽然施工图预算以单位工程为对象编制，但计算工程量时，必须以分项工程为对象一项一项地进行计算。

从基本建设项目划分中可知，建设项目、单项工程、单位工程、分部工程、分项工程之间是层层分解的关系。因此，当我们从分项工程开始计算工程量后，就可以层层汇总为一个单位工程。施工图预算就是先从分项工程计算工程量开始,然后套用对口的预算定额基价计算出分项工程直接工程费,再汇总成单位工程直接费,最后根据有关费率计算汇总成单位工程造价。

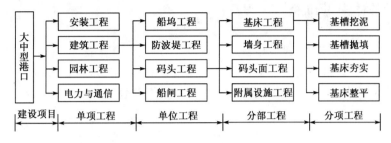

图1-3 基本建设项目划分示意图

由此可见,基本建设项目划分的规则确定了施工图预算的编制对象和工程计算对象的范围,也确定了施工预算编制的主要顺序。

第二节 水运工程(概)预算分类与文件组成

一、水运工程(概)预算的分类

对水运工程(概)预算之所以要进行分类,是由基本建设程序的要求所决定的。其分类可以按编制阶段、编制依据、编制方法及用途的不同进行,现分述如下。

1. 投资估算

1)主要作用

投资估算的主要作用是编制建议书投资的依据或控制建设项目投资的依据。

2)主要编制依据

主要编制依据为:国家的有关规定、可行性研究报告的图纸和说明书、《沿海港口建设工程投资估算指标》及《沿海港口建设工程可行性研究投资估算编制规定》、有关定额及计费标准、其他专业工程有关指标、设备出厂价格及工程所在地区的现行材料价格。

3)文件组成

其文件组成为:编制说明,编制仿制,总估算表,主体工程单项(位)工程估算表,主要设备及钢材、木材、水泥和大宗砂石材料用量表。

2. 设计概算

1)主要作用

设计概算的主要作用是:

①确定和控制建设项目工程造价的依据;

②是编制固定资产投资计划和实行建设项目投资总包干的依据;

③是国家开发银行或其他金融机构进行工程贷款的依据;

④是进行三算(概算、预算、决算)对比,考核设计经济合理性的依据。

2)主要编制依据

主要编制依据为:国家的有关法令及法规、初步设计文件(包括施工条件设计)、《沿海港口建设工程概算预算编制规定》、有关定额和规定、生产厂家的设备出厂价格、地方颁布的材料、半成品及各种设备器材的价格或工程所在地基建主管部门颁布的材料预算价格及有关规定、工程所在地的材料市场价格。

3）文件组成

其文件组成为：编制说明，建设项目总概算表，建筑工程概算表，设备购置及安装工程概算表，其他费用概算书，建筑安装工程主要材料需用量汇总表，单位估价表，概算中采用的人工、材料、船机单价汇总表，概算中采用的设备价格及数量汇总表。

3．施工图预算

1）主要作用

经批准的施工图预算有以下作用：

（1）是确定建筑安装工程造价的依据；

（2）在设计单位内部，是考核施工图设计是否经济合理的依据；

（3）对于招投标工程，是确定"标底"或"报价"的依据；

（4）是签订建筑安装工程承发包合同的依据；

（5）是拨付工程价款、办理竣工结算的主要依据；

（6）是施工企业进行项目管理的主要依据；

（7）是施工企业进行成本核算的依据。

2）主要编制依据

主要编制依据为：国家有关的法令及法规、施工图设计和施工组织设计、《沿海港口建设工程概算预算编制规定》及有关定额和规定、地方颁布的材料价格或工程所在地基建主管部门颁布的材料预算价格及有关规定、工程所在地的材料市场价格。

3）文件组成

其文件组成为：编制说明（主要包括工程概况、采用的定额费率、主要施工工艺和使用的主要船机设备、人工及主要材料单价、主要技术经济指标、存在的主要问题及其他必要的说明）、建筑工程或设备安装工程预算表、主要材料汇总表、单位估价表、预算文件的电子文档（含软件计算成果文件）。单位估价表和主要工程量计算表，在预算审查时一并送审。

这里要注意的是，预算由承担设计任务的设计单位负责或委托有资格的造价咨询机构编制。具体编制人员应持有水运工程造价人员资格证书。

4．承包合同价

承包合同价是指在工程承包合同中（根据中标价格），按照有关规定或协议条款约定的各种取费标准计算的用以支付给承包方按照合同要求完成工程内容的价款总额。

根据合同计价方式的不同，承包合同价一般划分为三大类，即总价合同、单价合同和成本加酬金合同。对于经济管理人员来说，弄清各类型的计价方法、优缺点和适用范围是非常必要的。

1）总价合同

总价合同是指支付给承包人的款项在合同中是一个"规定的金额"，即总价。其主要特征为：

（1）价格根据事先确定的由承包方实施的全部任务，按承包方在投标报价中提出的总价确定；

(2)待实施的工作性质和工程量应在事先明确商定。

显然,采用这种合同时,必须弄清建筑安装承包合同标的物的详细内容及其各种技术经济指标,否则承、发包双方都有蒙受经济损失的风险。

2)单价合同

在施工图不完整或当准备发包的工程项目内容、技术经济指标一时尚不能明确,具体地予以规定时,往往要采用单价合同形式。在这样不能精确地计算工程量的情况下,可以避免凭运气而使发包方或承包方任何一方承担过大的风险。

3)成本加酬金合同

它也称为成本补偿合同。采用这种合同,工程成本费可以按实报实销的方式,或由业主与承包人协商估算出一个成本数,在此基础上业主再加付一定的酬金。酬金可以是成本固定的百分比数,也可以是固定的数目或浮动数。这种合同方式目前已极少采用。

5. 施工预算

1)主要作用

(1)是施工企业编制施工作业计划、劳动力计划和材料构件等物资需用量计划的依据;

(2)是企业基层施工单位向班组签发施工任务书和限额领料单的依据;

(3)是计算计件工资、超额奖金,进行企业内部承包,实行按劳分配的依据;

(4)是施工企业进行"两算"对比的依据;

(5)是企业定期开展经济活动分析,核算与控制工程成本支出的依据;

(6)是促进实施技术节约措施的有效方法。

2)主要编制依据

主要编制依据为:施工图纸、说明书、图纸会审记录及有关标准图集等技术资料,施工组织设计或施工方案,施工定额和有关补充定额,人工工资标准、材料预算价格、机械台班预算价格,审批后的施工图预算书,以及其他费用规定。

3)文件组成

其文件组成为:编制说明书(编制依据、所编工程的范围、根据现场勘察资料考虑了哪些因素、根据施工组织设计考虑了哪些施工技术组织措施、有哪些暂估项目,并说明其原因和处理办法)和计算表格(工程量计算表、工料分析表、人工汇总表、材料汇总表、机械汇总表)两大部分组成。

6. 竣工结算

竣工结算是指承包人将竣工工程交给业主验收合格后,按照合同约定的时间和方式向业主提出的工程价款结算报告。

1)主要作用

众所周知,建筑产品的生产周期都比较长,业主除了按约定向承包人支付备料款(俗称预付款)、进度款外,还必须及时同承包人办理工程结算手续,拨付工程结算款,以使承包人在施工过程中耗用的资金按时得到补偿、及时反映出施工企业的经营效果。另外,建筑企业工程项目的成本管理,是以成本核算为中心的。"干前有预算,干中有核算,干后有结算",也要求及时办理竣工结算。

2)主要编制依据

主要的编制依据为建筑安装工程承包合同,图纸会审记录,设计单位修改或变更设计的通知单、业主有关工程的变更、追加、削减、修改的通知单,监理工程师(或业主代表)的工程签认单,监理工程师(或业主代表)对索赔的签认单,监理工程师(或业主代表)对材料代换的签认单,政府的有关法令、法规和调价文件。

3)文件组成

其文件组成同施工图预算书的内容,对已经审批的原施工图预算书的直接费、间接费、计划利润、税金和专项费用依次进行核实和调整。主要内容有:量差、价差、工程建设造价管理部门颁布的调价规定等。

7. 竣工决算

竣工决算是指建设项目全部竣工验收合格后编制的实际造价的经济文件。其作用在书中已有描述。

从投资估算、设计概算、施工图预算,到承包合同价,再到各项工程的结算价和最后在结算价基础上编制的竣工决算,整个计价过程是一个由粗到细、由浅到深,最后确定工程实际造价的过程。前者制约后者,后者补充前者。实行技术与经济相结合,研究和建立工程造价"全过程一体化"管理,对建设项目投资或成本控制十分必要。

二、水运工程(概)预算的文件组成

(一)投资估算的文件组成

1. 预可行性研究估算

(1)编制说明;

(2)编制依据;

(3)总估算表。

2. 工程可行性研究估算

(1)编制说明;

(2)编制依据;

(3)总估算表;

(4)主体工程单项(位)工程估算表;

(5)主要设备及钢材、木材、水泥和大宗砂石材料用量表。

(二)初步设计概算的文件组成

1. 编制说明

编写概算的编制说明,应全面概括,文字通顺,说明的内容主要有:

(1)工程概况:包括自然地简况、年吞吐能力、主体工程的简况(如码头泊位的吨级、个数、长度,码头结构形式,货种及流向,主要装卸工艺等)投资来源、有特点的配套工程简况、地震烈度、主要工程的施工方法等。

(2)工程总投资:将静态投资、动态投资、铺底流动资金分列。

(3)编制依据。

(4)其他说明:三材用量、外汇牌价、建设期贷款利息、建设时间、工期、年物价指数、所采用的三材及地材等材料的市场价格、设备价格的来源、征地价与拆迁补偿标准的来源及其他与投资有关的事项等。

(5)存在的主要问题。

2．建设项目总概算表

(1)国内投资项目：
①总概算表；
②基础设施、营运设施总概算表。

(2)使用国外贷款项目：
①内外币总概算表；
②基础设施、营运设施内外币总概算表。

(3)建筑工程概算表。

(4)设备购置及安装工程概算表。

(5)其他费用概算书：
①其他费用；
②预留费用；
③建设期贷款利息和固定资产投资方向调节税及铺底流动资金。

(6)建筑安装工程主要材料需要量汇总表：
①钢材:钢筋(含圆钢)、高强钢丝、钢绞线、钢管桩、钢板桩、型钢、钢板、铁件、带帽螺栓、钢轨配件等。
②木材:板枋材。
③水泥:32.5级普通水泥,如果有其他强度等级的水泥,应该按照《沿海港口水工建筑和装卸机械设备安装工程混凝土和砂浆材料用量定额》中的规定,将其换算为32.5级水泥。
④地方建筑材料:混凝土用碎石、砂、抛填用碎石、砂、块石、砌筑用块石、条石、料石及回填土等。
⑤橡胶护舷。

(7)单位估价表。

(8)概算中采用的人工、材料、船机单价汇总表。

(三)施工图预算的文件组成

(1)编制说明。

主要包括：
①工程概况及预算价值；
②编制施工图预算所依据的施工图名称、编号,以及设计变更；
③编制施工图预算所依据的预算定额或单位估价表的名称,以及所采用的材料预算价格和市场价格；
④编制施工图预算所依据的费用定额或编制规定,以及对预算进行调整的有关文件名称和文号；
⑤编制补充单位估价表的依据和基础资料；

⑥主要技术经济指标;
⑦其他需要说明的有关事项。

(2)单位工程预算表。单位工程预算表是施工图预算中最重要的部分,它不仅反映了各分项工程的单价与合价,而且还包括了该单位工程的总价和取费。

(3)主要材料汇总表及钢材明细表。

(4)单位估价表。

(5)补充单位估价表。当施工图的分项内容与定额有很大的差异或属定额缺项时,应编制补充单位估价表。如属一次性使用,可以由编制者按照编制定额的原则、方法,自行补充;若属多次使用,一般应呈报建筑工程造价主管部门批准。

(6)单位估价表、补充单位估价表及工程量计算书,应在预算审查时一并送审。

思考与练习题

1. 什么是基本建设?它包括哪些内容?
2. 什么是建设项目?建设项目如何划分?
3. 什么是基本建设程序的概念?它包括哪些内容?
4. 水运工程(概)预算是如何分类的?
5. 基本建设程序与建筑工程(概)预算间的关系是什么?
6. 什么是两阶段设计?什么是三阶段设计?
7. 什么是建设项目、单项工程、单位工程、分部工程和分项工程?请分别举例说明。
8. 绘出工程造价多次性计价和建设阶段的相互关系图框,并说明各阶段造价的含义和相互关系。

第二章　水运工程定额

第一节　概　　述

一、定额的基本概念

在社会生产中,为了生产某一合格产品或完成某一工作成果,都要消耗一定数量的人力、物力或资金。从个别的生产工作过程来考察,这种消耗数量,受各种生产工作条件的影响,是各不相同的。通过考察总体的生产工作过程,规定出的社会平均必须消耗数量标准就称为定额。不同的产品或工作成果有不同的质量要求,没有质量的规定也就没有数量的规定。因此,不能把定额看成是单纯的数量表现,而应看成是质和量的统一体。

在建筑安装工程施工生产过程中,为完成某项工程或某项结构构件,都必须消耗一定数量的劳动力、材料和机具。在社会平均的生产条件下,用科学的方法和实践经验相结合,制定为生产质量合格的单位工程产品所必需的人工、材料、机具数量标准,就称为建筑安装工程定额,或简称为工程定额。工程定额除了规定有数量标准外,也要规定出它的工作内容、质量标准、生产方法、安全要求和适用的范围等。

撇开定额的质的因素,单纯从定额的数量来看就是定额水平。通常说的定额水平偏高,是指定额内规定的人工、材料、机械消耗量偏低了;相反地,定额水平偏低是指这些消耗量偏高了。定额水平反映的是一定时期社会必要劳动时间的水平,在一定时期内具有相对的稳定性,也就是说应保持一定的定额水平。但定额水平也非长期不变,随着社会生产力的发展,建筑安装行业的施工生产技术,机械化和工厂化的程度,新材料、新工艺、新技术的普通应用以及对工程质量标准的要求和施工企业组织管理、人员的素质等也会不断地变化和提高,原有的定额水平将逐渐地不再适用,这就需要对其进行补充、修订或重新编制,以适应社会生产发展的需要。

1. 定额的概念

所谓"定"就是规定;"额"就是额度或数量,是进行生产经营活动时,在人力、物力、财力消耗方面所达到的数量标准,它反映着一定社会生产力水平。

2. 定额的重要性

无论是设计、计划、生产、分配、预算、奖励、财务等各项工作,都必须以定额作为自己工作的一个衡量尺度。

没有定额,则:

(1)无法编制设计概算,确定工程投资;

(2)无法编制施工图预算,进行经济核算;

(3)无法签发施工任务书,实行承包;

(4) 无法进行企业科学管理，调动企业和广大职工的生产和经营管理的积极性。

下面介绍在定额中几个必须了解的概念。

1) 正常施工条件

施工环境、施工技术、施工方法、劳动条件及自然条件等都正常。施工条件一般包括：工人的技术等级是否与工作等级相符、工具与设备的种类和质量、工程机械化程度、材料实际需要量、劳动的组织形式、工资报酬形式、工作地点的组织和其准备工作是否及时、安全技术措施的执行情况、气候条件等。

2) 合理的劳动组织、合理使用材料和机械

具体是指施工任务饱满、材料供应及时、劳动组织合理、船机调度及配置合理、企业管理制度健全。

3) 单位合格产品

具体是指符合现行施工验收规范和质量评定标准的要求或航务工程验收规范和质量验收标准。

从理论上讲，定额是以合格产品为准制定的，业主如果要求施工企业生产优良产品就需要付出更多的人力、财力和物力。为此，优良工程应在合格工程价格的基础上增加一定的费用。

4) 资源

具体是指消耗在施工中人工、材料、机械、资金的生产要素。

二、定额的产生和发展

定额的产生和发展与企业由传统管理（也称放任管理）到科学管理的转变密切相关。在小商品生产情况下，由于生产规模小，产品比较单一，生产中需要多少人力、物力，如何组织生产，往往只凭简单的生产经验就可以了。19 世纪末至 20 世纪初，随着生产规模的日益扩大、生产技术的迅速发展，劳动分工和协作就越来越细，对生产消费进行科学管理的要求也就更加迫切。资本主义社会的生产目的是为了攫取最大限度的利润，为了达到这个目的，资本家就要千方百计降低单位产品中的活劳动和物化劳动的消耗，因而加强了对生产消费的研究和管理，由此，定额作为现代科学管理的一门重要学科由此诞生。

19 世纪末至 20 世纪初，在技术最发达、资本主义发展最快的美国，形成了系统的经济管理理论。现在被称为"古典管理理论"的代表人物是美国人泰勒、法国人法约尔和英国人厄威克等。而管理成为科学应该说是从泰勒开始的。著名的泰勒制就是以他的名字命名的。当时，美国的科学技术虽然发展很快，但在管理上仍然沿用传统的经验方法，生产效率低，生产能力得不到充分发挥。这不但阻碍了社会经济的进一步发展，而且也不利于资本家赚取更多的利润。这样，改善管理方法就成了生产发展的迫切要求。泰勒适应了这一客观要求，提倡科学管理，主要着眼于提高劳动生产率，提高工人的劳动效率。他突破了当时传统管理方法的羁绊，通过科学试验，对工作时间的合理利用进行了细致的研究，制定出所谓标准的操作方法；通过对工人进行训练，要求工人取消那些不必要的操作程序，并且在此基础上制定出较高的工时定额，用工时定额评价工人工作的好坏。为了使工人能达到定额、提高工作效率，又制定了工具、机具、材料和作业环境的标准化原理。

1895 年泰勒在美国发表了他的第一篇论文《计件定额制》（A Piece Rate System）。1898～1901 年他在 Bethlehem 钢铁公司创立了作业时间的标准化、作业步骤的标准化、作业条件的标准化和改进工厂组织机构等一系列基本的科学管理技术。在他的许多定额研究中，有一个叫

做"铁锹作业"的研究很著名。当时,Bethlehem 钢铁厂有 600 多名工人用铁锹铲铁矿石和煤。泰勒想:一铁锹的重量为几磅时工人感到最省力,并能达到最佳的工作效率呢?为此他选出两名工人,通过改变一铁锹的重量来仔细观察并记录每天的实际工作量。结果发现,当每铁锹的重量为 38 磅时工人每天的工作量是 25t、34 磅时是 30t,于是,他得出作业效率随着铁锹重量的减轻越来越高的结论。但是当铁锹的重量下降到 21~22 磅以下时,工作效率反而下降了。

由此,他认为矿石重量较重应使用小铁锹,而煤较轻应使用大铁锹,当每铁锹的重量为 21~22 磅时为最佳。他合理地安排了 600 名工人的工作量,取得了成功。这样,费用由以前的每吨 0.072 美元降低到 0.033 美元,每年节省了 8 万美元的费用。执行这种定额制度的工效比较见表 2-1。

工 效 比 较 表　　　　表 2-1

项　　目	旧　制　度	新　制　度	项　　目	旧　制　度	新　制　度
工人数(人)	400~600	140	每工日工资(美元)	1.15	1.88
每工日平均产量(t)	16	59	每吨平均成本(美元)	0.072	0.033

从泰勒制的主要内容来看,工时定额起十分重要的作用。首先,较高的定额直接体现了泰勒制的主要目标,即提高工人的劳动效率,降低产品成本,增加企业盈利,而其他方面内容则是为了达到这一主要目标而制订的措施。其次,工时定额作为评价工人工作的尺度,并与有差别的计件工资制度相结合,使其本身也成为提高劳动效率的有力措施。

可见,工时定额产生于科学管理,产生于泰勒制,并且构成泰勒制中不可缺少的内容。

泰勒制的产生和推行,在提高劳动生产率方面取得了显著的效果,也给资本主义企业管理带来了根本性的变革和深远的影响。

继泰勒之后,管理科学一方面从操作方法、作业水平的研究向科学组织的研究上扩展,另一方面它也利用现代自然科学的新成果作为科学管理的手段。20 世纪 20 年代出现的行为科学,从社会学和心理学的角度,对工人在生产中的行为以及这些行为产生的原因进行分析研究,并更加重视社会环境、人际关系对人的行为的影响。行为科学认为人的行为受动机的支配,只要能给他创造一定条件,他就会希望取得工作成就,努力去达到确定的目标。因此,行为科学主张用诱导的方法,鼓励职工发挥主动性和积极性,而不主要是对工人进行管束和强制以达到提高生产效率的目的。行为科学弥补了泰勒等人的科学管理的某些不足,但它并不能取代科学管理,不能取消定额。因为,就工时定额来说,它不仅是一种强制力量,而且也是一种引导和激励的力量。同时,定额产生的信息,对于计划、组织、指挥、协调、控制等管理活动,以至决策过程都是不可缺少的。所以,定额虽然是管理科学发展初期的产物,但是随着管理科学的发展,定额也有了进一步的发展。一些新的技术方法在制定定额中得到运用;制定定额的范围,大大突破了工时定额的内容。1945 年出现的事前工时定额制定标准以新工艺投产之前就已经选择好的工艺设计和最有效的操作方法为制定基础,编制出工时定额。目的是控制和降低单位产品的工时消耗。这样就把工时定额的制定提前到工艺和操作方法的设计过程之中,以加强预先控制。

综上所述,定额伴随着管理科学的产生而产生,伴随着管理科学的发展而发展。它在西方企业的现代化管理中一直占有重要地位。

我国建筑工程定额是在新中国成立以后,从零开始到现在逐步建立和日趋完善的。水运工程定额是其中的一种,1955年交通部颁发了新中国成立以来第一部水运工程方面的定额,即《航务工程设计预算试行办法(水工建筑部分)》,是我国制定水运工程定额的开端。截至2006年8月,50年来,交通部先后制定和颁发了70种水运工程方面的定额,初步形成了水运工程定额体系。这些定额,对于合理确定水运工程造价起到了很好的作用。到目前为止,上述定额有24种尚在使用,另有46种定额因施工工艺、施工船机和施工工效的变化,已先后宣布停止使用。

目前,有关沿海港口建设工程概算预算的配套定额有:《沿海港口建设工程概算预算编制规定》《沿海港口水工建筑工程定额》《沿海港口装卸机械设备安装工程定额》《沿海港口水工建筑及装卸机械设备安装工程船舶机械艘(台)班费用定额》《水运工程混凝土和砂浆材料用量定额》和《沿海港口水工建筑工程参考定额》,这些工程定额是根据交通部文件交水发[2004]247号的通知,已经审查,自2004年7月1日起施行。

三、工程定额的特性

(一)科学性

工程定额的科学性包括两重含义。一重含义是指工程定额和生产力发展水平相适应,反映出工程建设中生产消费的客观规律。另一重含义,是指工程定额管理在理论、方法和手段上适应现代科学技术和信息社会发展的需要。

工程定额的科学性,首先表现在用科学的态度制定定额,尊重客观实际,力求定额水平合理;其次表现在制定定额的技术方法上,利用现代科学管理的成就,形成一套系统的、完整的、在实践中行之有效的方法;最后,表现在定额制定和贯彻的一体化上。制定是为了提供贯彻的依据,贯彻是为了实现管理的目标,也是对定额的信息反馈。

工程定额科学性的约束条件主要是生产资料的公有制和社会主义市场经济。前者使定额超脱出为少数人赚取最大利润的局限;后者则使定额受到宏观和微观的两重检验。只有科学的定额才能使宏观调控得以顺利实现,才能适应市场运行机制的需要。

(二)系统性

工程定额是相对独立的系统。它是由多种定额结合而成的有机整体。它的结构复杂,有鲜明的层次,有明确的目标。

工程定额的系统性是由工程建设的特点决定的。按照系统的观点,工程建设就是庞大的实体系统。工程定额是为这个实体系统服务的。因而工程建设本身的多种类、多层次就决定了以它为服务对象的工程定额的多种类、多层次。从整个国民经济来看,进行固定资产生产和再生产的工程建设,是由多项工程集合的整体。其中包括农林水利、轻纺、机械、煤炭、电力、石油、冶金、化工、建材工业、交通运输、邮电工程,以及商业物资、科学教育文化、卫生体育、社会福利和住宅工程等。这些工程的建设都有严格的项目划分,如建设项目、单项工程、单位工程、分部分项工程;在计划和实施过程中有严密的逻辑阶段,如规划、可行性研究、设计、施工、竣工交付使用,以及投入使用后的维修。与此相适应,必然形成工程定额的多种类、多层次。

(三)统一性

工程定额的统一性,主要是由国家对经济发展的有计划的宏观调控职能决定的。为了使国民经济按照既定的目标发展,就需要借助于某些标准、定额、参数等,对工程建设进行规划、组织、调节、控制。而这些标准、定额、参数必须在一定范围内是一种统一的尺度,才能实现上述职能,才能利用它对项目的决策、设计方案、投标报价、成本控制进行比选和评价。工程定额的统一性从其影响力和执行范围来看,有全国统一定额、地区统一定额和行业统一定额等;从定额的制定、颁布和贯彻使用来看,有统一的程序、统一的原则、统一的要求和统一的用途。

(四)权威性

工程定额具有很大权威性,这种权威性在一些情况下具有经济法规性质。权威性反映统一的意志和统一的要求,也反映信誉和信赖程度以及定额的严肃性。

工程定额的权威性的客观基础是定额的科学性。只有科学的定额才具有权威。但是在社会主义市场经济条件下,它必然涉及各有关方面的经济关系和利益关系。赋予工程定额以一定的权威性,就意味着在规定的范围内,对于定额的使用者和执行者来说,不论主观上愿意不愿意,都必须按定额的规定执行。在当前市场不规范的情况下,赋予工程定额以权威性是十分重要的。但在竞争机制引入工程建设的情况下,定额的水平必然会受市场供求状况的影响,从而在执行中可能产生定额水平的浮动。

应该指出的是,在社会主义市场经济条件下,定额的权威性不应绝对化。定额毕竟是主观对客观的反映,定额的科学性会受到人们认识的局限。与此相关,定额的权威性也就会受到削弱和新的挑战。更为重要的是,随着投资体制的改革和投资主体多元化格局的形成,随着企业经营机制的转换,企业都可以根据市场的变化和自身的情况,自主地调整自己的决策行为。在这里,一些与经营有关的工程定额的权威性特征,自然也就弱化了。但直接与施工生产相关的定额,在企业经营机制转换和增长方式的要求下,其权威性还必然进一步强化。

(五)稳定性和时效性

任何一种工程定额都是一定时期技术发展和管理水平的反映,因而在一段时间内都表现出稳定的状态。稳定的时间有长有短,一般在 5~10 年之间。保持定额的稳定性是维护定额的权威性所必需的,更是有效地贯彻定额所必需的。如果某种定额处于经常修改变动之中,必然会造成执行中的困难和混乱,使人们感到没有必要去认真对待它,很容易导致定额权威性的丧失。工程定额的不稳定也会给定额的编制工作带来极大的困难。

然而工程定额的稳定性是相对的。当生产力向前发展了,定额就会与已经发展了的生产力不相适应。这样,它原有的作用就会逐步减弱以致消失,需要重新编制或修订。

四、工程定额的地位和作用

(一)定额在现代管理中的地位

定额是管理科学的基础,也是现代管理科学中的重要内容和基本环节。我国要实现工业化和生产的社会化、现代化,就必须积极地吸收和借鉴世界上各发达国家的先进管理方法,必须充分认识定额在社会主义经济管理中的地位。

1.定额是节约社会劳动、提高劳动生产率的重要手段

降低劳动消耗,提高劳动生产率,是人类社会发展的普遍要求和基本条件。节约劳动时间

是最大的节约。定额为生产者和经营管理人员树立了评价劳动成果和经营效益的标准尺度,同时也使广大职工明确了自己在工作中应该达到的具体目标,从而增强职工的责任感和自我完善的意识,自觉地节约社会劳动和消耗,努力提高劳动生产率和经济效益。

2. 定额是组织和协调社会化大生产的工具

"一切规模较大的直接社会劳动或共同劳动,都或多或少地需要指挥,以协调个人活动,并执行总体的运动……所产生的各种一般职能。"随着生产力的发展,分工越来越细,生产社会化程度不断提高。任何一件产品都可以说是许多企业、许多劳动者共同完成的社会产品。因此必须借助定额实现生产要素的合理配置;以定额作为组织、指挥和协调社会生产的科学依据和有效手段,从而保证社会生产持续、顺利地发展。

3. 定额是宏观调控的依据

我国社会主义经济是以公有制为主体的,它既要充分发展市场经济,又要有计划地指导和调节。这就需要利用一系列定额为预测、计划、调节和控制经济发展提供有技术根据的参数,提供可靠的计量标准。

4. 定额在实现分配,兼顾效率与社会公平方面有巨大的作用

定额用作评价劳动成果的经营效益的尺度,也就成为资源分配的个人消费品分配的依据。

(二)社会主义市场经济条件下工程定额的作用

1. 在工程建设中,定额仍然具有节约社会劳动和提高生产效率的作用

一方面企业以定额作为促使工人节约社会劳动(工作时间、原材料等)和提高劳动效率、加快工作进度的手段,以增加市场竞争能力,获取更多的利润;另一方面,作为工程造价计算依据的各类定额,又促使企业加强管理,把社会劳动的消耗控制在合理的限度内。另外,作为项目决策依据的定额指标,又在更高的层次上促使项目投资者合理而有效地利用和分配社会劳动。这都证明了定额在工程建设中节约社会劳动和优化资源配置的作用。

2. 定额有利于建筑市场公平竞争

定额所提供的准确的信息为市场需求主体和供给主体之间的竞争,以及供给主体和供给主体之间的公平竞争,提供了有利条件。

3. 定额是对市场行为的规范

定额既是投资决策的依据,又是价格决策的依据。对于投资者来说,他可以利用定额权衡自己的财务状况和支付能力、预测资金投入和预期回报,还可以充分利用有关定额的大量信息,有效地提高其项目决策的科学性,优化其投资行为。对于建筑企业来说,企业在投标报价时,只有充分考虑定额的要求,作出正确的价格决策,才能占有市场竞争优势,才能获得更多的工程合同。可见,定额在上述两个方面规范了市场主体的经济行为。因而对完善我国固定资产投资市场和建筑市场,都能起到重要作用。

4. 工程定额有利于完善市场的信息系统

定额管理是对大量市场信息的加工,也是对大量信息进行市场传递,同时也是市场信息的反馈。信息是市场体系中不可或缺的要素,它的可靠性、完备性和灵敏性是市场成熟和市场效

率的标志。在我国,以定额形式建立和完善市场信息系统,是以公有制经济为主体的社会主义市场经济的特色,这在发达的资本主义国家是难以想象的。

从以上分析可以看到,在市场经济条件下定额作为管理的手段是不可缺少的。

五、工程定额的分类

工程定额是一个综合概念,是工程建设中各类定额的总称。工程定额的内容和形式,是由运用它的需要决定的。因此,定额种类的划分也是多样化的。这里介绍几种常用的分类方法,如图 2-1 所示。

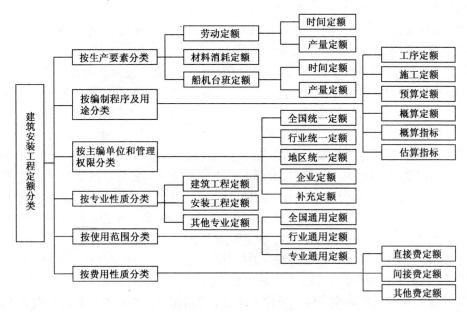

图 2-1 建筑安装工程定额分类

(一)按照生产要素分类

生产要素包括劳动者、劳动手段和劳动对象,反映其消耗的定额就分为劳动消耗定额、船机消耗定额和材料消耗定额。

(1)劳动消耗定额,简称劳动定额。在各类定额中,劳动消耗定额都是其中重要的组成部分。劳动消耗定额是完成一定的合格产品(工程实体或劳务)规定活劳动消耗的数量标准。为了便于综合与核算,劳动定额大多采用工作时间消耗量来计算劳动消耗量。因此,劳动定额主要的表现形式是时间定额的形式。但为了便于组织施工,也同时采用产量定额的形式来表示劳动定额。

(2)船机消耗定额,简称船机定额。它和劳动消耗定额一样,在多种定额中,船机消耗定额都是其中的组成部分。船机消耗定额是指为完成一定的合格产品(工程实体或劳务)规定的施工船机消耗的数量标准。船机消耗定额的表现形式有船机时间定额和船机产量定额。

(3)材料消耗定额,简称材料定额。材料消耗定额是指完成一定的合格产品所需消耗材料的数量标准。这里所说的材料,是工程建设中使用的各类原材料、成品、半成品、构配件、燃料以及水、电等动力资源的总称。材料作为劳动对象是构成工程实体的物资。生产一定的建筑产品,必须消耗一定数量的材料,因此,材料消耗定额亦是各类定额的重要组成部分。

(二) 按照编制程序和用途分类

工程定额可以分为工序定额、施工定额、预算定额、概算定额、概算指标和投资估算指标等。

(1) 工序定额,是以个别工序为标定对象而编制的,是组成定额的基础。例如,钢筋制作过程可以分别标定出调直、剪切、弯曲等工序定额。工序定额比较细,一般只用作编制个别工序的施工任务单,很少直接用于施工。

(2) 施工定额,它是以同一性质的施工过程为标定对象,规定某种建筑产品的劳动消耗量、船机工作时间消耗和材料消耗量。施工定额是建筑企业内部使用的生产定额,用以编制施工作业计划,编制施工预算、施工组织设计,签发任务单与限额领料单、考核劳动生产率和进行成本核算。施工定额也是编制预算定额的基础。

(3) 预算定额,是以各分部分项工程为单位编制的,定额中包括所需人工工日数、各种材料的消耗量和机械台班数量,一般列有相应地区的基价,是计价性的定额。预算定额是以施工定额为基础编制的,它是施工定额的综合和扩大,用以编制施工图预算、确定建筑工程的预算造价,是编制施工组织设计、施工技术财务计划和工程竣工决算的依据。同时,预算定额又是编制概算定额和概算指标的基础。

(4) 概算定额,是以扩大结构构件、分部工程或扩大分项工程为单位编制的,它包括人工、材料和机械台班消耗量,并列有工程费用,也是属于计价性的定额。概算定额是以预算定额为基础编制的,它是预算定额的综合和扩大。它用以编制概算,既可作为设计方案技术经济比较的依据;也可以用作编制施工组织设计时确定劳动力、材料、机械台班需要量的依据。

(5) 概算指标,是比概算定额更为综合的指标。它是以整个房屋或构筑物为单位编制的,包括劳动力、材料和机械台班定额三个组成部分,还列出了各结构部分的工程量和以每百平方米建筑面积或每座构筑物体积为计量单位而规定的造价指标。概算指标是初步设计阶段编制概算,确定工程造价的依据,是编制年度施工技术财务计划的依据;是进行技术经济分析,衡量设计水平,考核建设成本的标准;是企业编制劳动力、材料计划、确定施工方案、实行经济核算的依据。

(6) 投资估算指标,是在项目建议书和可行性研究阶段编制投资估算、计算投资需要量时使用的一种定额。它非常概括,往往以独立的单项工程或完整的工程项目为计算对象。它的概括程度与可行性研究阶段相适应。投资估算指标往往根据历史的预、决算资料和价格变动等资料编制,但其编制基础仍然离不开预算定额、概算定额。

(三) 按主编单位和管理权限分类

工程定额可分为全国统一定额、行业统一定额、地区统一定额、企业定额和补充定额。

(1) 全国统一定额,是由国家建设行政主管部门,综合全国工程建设中技术和施工组织管理的情况编制,并在全国范围内执行的定额,如全国统一安装工程定额。

(2) 行业统一定额,是考虑到各行业部门专业工程技术特点,以及施工生产和管理水平编制的。一般是只在本行业和相同专业性质的范围内使用的专业定额,如矿井建设工程定额,铁路建设工程定额。

(3) 地区统一定额,包括省、自治区、直辖市定额。地区统一定额主要是考虑地区性特点和对全国统一定额水平作适当调整补充编制的。

(4)企业定额,是指由施工企业考虑本企业具体情况,参照国家、部门或地区定额的水平制定的定额。企业定额只在企业内部使用,是企业素质的一个标志。企业定额水平一般应高于国家现行定额,才能满足生产技术发展、企业管理和市场竞争的需要。

(5)补充定额,是指随着设计、施工技术的发展,现行定额不能满足需要的情况下,为了补充缺项所编制的定额。补充定额只能在指定的范围内使用,可以为以后修订定额的基础。

(四)按专业性质分类

工程定额可分为建筑工程定额、安装工程定额和其他专业定额等。

(1)建筑工程,一般理解为房屋和构筑工程。具体包括一般土建工程、电气工程(动力、照明、弱电)、卫生技术(水、暖、通风)工程、工业管道工程、特殊构筑物工程等。广义上它也被理解为除房屋和构筑物外还包含其他各类工程,如道路、铁路、桥梁、隧道、运河、堤坝、港口、电站、机场等工程。

(2)设备安装工程定额,是安装工程施工定额、预算定额、概算定额和概算指标的统称。设备安装工程是对需要安装的设备进行定位、组合、校正、调试等工作的工程。在工业项目中,机械设备安装和电气设备安装工程占有重要地位。因为生产设备大多要安装后才能运转,不需要安装的设备很少。在非生产性的建设项目中,由于社会生活和城市设施的日益现代化,设备安装工程量也在不断增加。所以,设备安装工程定额也是工程建设定额中重要部分。

设备安装工程定额和建筑工程定额是两种不同类型的定额。一般都要分别编制,各自独立。但是设备安装工程和建筑工程是单项工程的两个有机组成部分,在施工中有时间连续性,也有作业的搭接和交叉,需要统一安排,互相协调。在这个意义上,通常把建筑和安装工程作为一个施工过程来看待,即建筑安装工程。所以,在通用定额中有时把建筑工程定额和安装工程定额合二而一,称为建筑安装工程定额。

(3)其他专业定额,包括公路工程定额、铁路工程定额、园林工程定额、市政工程定额等。

(五)按适用范围分类

工程定额可分为全国通用定额、行业通用定额和专业专用定额。

(1)全国通用定额:指在部门间和地区都可以使用的定额。

(2)行业通用定额:指具有专业特点在行业部门内可以通用的定额。

(3)专业专用定额:指特殊专业的定额,只能在指定的范围内使用。

(六)按费用性质分类

按费用性质分类,工程定额可分为直接费定额、间接费定额、工器具定额、工程建设其他费用定额等。

(1)直接费定额,是指预算定额分项内容以内的,计算与建筑安装生产有直接关系的费用标准。

(2)间接费定额,是指与建筑安装施工生产的个别产品无关,而为企业生产全部产品所必需,为维持企业的经营管理活动所必须发生的各项费用开支的标准。由于间接费中许多费用的发生和施工任务的大小没有直接关系,因此,通过间接费定额的管理,有效地控制间接费的发生是十分必要的。

(3)工器具定额,是为新建或扩建项目投产运转首次配置的工、器具数量标准。工具和器具,是指按照有关规定不够固定资产标准而起劳动手段作用的工具、器具和生产用家具,如翻砂用模型、工具箱、计量器、容器、仪器等。

(4)工程建设其他费用定额,是独立于建筑安装工程、设备和工器具购置之外的其他费用开支的标准。工程建设的其他费用的发生和整个项目的建设密切相关。它一般要占项目总投资的10%左右。其他费用定额是按各项独立费用分别制定的,以便合理控制这些费用的开支。

从工程定额的分类中,可以看出各种定额之间的有机联系。它们相互区别、相互交叉、相互补充、相互联系,从而形成一个与建设程序分阶段工作深度相适应、层次分明、分工有序的庞大的工程定额体系。

第二节 施 工 定 额

施工定额是施工企业内部使用的生产定额,是施工企业组织生产,加强管理工作的基础。施工定额是地区专业主管部门和企业的有关职能机构根据专业施工的特点制定的,并按照一定程序颁发执行。施工定额是对工人劳动成果的评判,也是衡量施工企业劳动生产率水平和管理水平的标准。

一、施工定额概述

(一)施工定额概念

施工定额是以同一性质的施工过程为测算对象,以工序定额为基础,在正常施工条件下,建筑安装工人或班组完成某项建设工程消耗的人工、材料和船机(艘)台班的数量标准。

(二)施工定额的组成

施工定额由劳动定额、材料消耗定额和船机(艘)台班消耗定额3个相对独立的部分组成。施工定额不同于劳动定额、预算定额。施工定额与劳动定额的定额水平都为平均先进水平,但考虑到工种的不同,施工定额较粗,步距较大,工作内容也在适当地综合扩大;施工定额与预算定额的分项方法和所包括的内容相近,施工定额测算的对象是施工过程,比预算定额细,预算定额测算对象是分部、分项工程,比施工定额包括的范围广。

(三)施工定额的作用

施工定额的作用是合理组织生产施工,加强施工企业管理,坚持按劳分配。认真执行施工定额,有利于促进建筑企业的发展。其作用表现在以下几个方面:
(1)施工定额是编制施工预算的主要依据。
(2)施工定额是编制施工组织设计和施工作业计划的主要依据。
(3)施工定额是施工企业内部包、签发施工任务书和限额领料的基本依据。
(4)施工定额是计算劳动报酬,坚持按劳动分配的依据。
(5)施工定额是施工企业进行成本核算,衡量劳动生产率的主要标准。
(6)施工定额是编制预算定额或单位估价表的基础。

(四)施工定额的编制原则

目前,全国尚无统一的施工定额,各地区及企业编制的建筑安装工程施工定额,是以全国建筑安装工程统一劳动定额为基础,结合现行的施工船机(艘)台班费用定额和建筑材料消耗定额、工程质量标准、安全操作规程及本施工企业的装备情况、施工条件、技术水平,并参考有关工程历史资料进行调整补充编制的。施工定额的编制原则有:

1. 平均先进水平原则

定额水平是编制定额的核心,是完成单位合格建筑产品所消耗的人工、材料和船机(艘)台班的数量。消耗量越少,说明定额水平越高;消耗量越多,说明定额水平越低。所谓平均先进水平,就是在正常的施工条件下,经过努力,多数生产者能够达到或超过这个定额,少数生产者可以接近这个定额水平。平均先进水平低于先进水平,略高于平均水平。

2. 定额内容和形式简明适用原则

定额内容和形式简明适用,定额项目设置齐全,项目划分合理,定额步距适当,章和节的编排方便使用,文字通俗易懂,计算方法简便,也便于定额的贯彻执行。适应性强,可满足不同用途的需要。

3. 专业人员与群众结合,以专业人员为主

贯彻专业人员与群众结合,以专业人员为主的原则,有利于提高定额的编制水平和应用价值。这是因为编制施工定额具有很强的政策性和技术性,不但要有专门的机构和专业人员把握国家的方针、政策和市场变化情况,还要进行资料经常性积累、技术测定、资料分析和整理工作。要直接执行定额,熟悉施工过程,了解实际消耗水平,熟悉定额的执行情况。

二、施工定额编制原理

施工定额由劳动定额、材料消耗定额和船机(艘)台班使用消耗定额所构成。

(一)劳动定额

劳动定额,也称人工定额。它是在正常的施工技术组织条件下,完成单位合格产品所必需的劳动消耗量标准。这个标准是国家和企业对工人在单位时间内完成产品数量、质量的综合要求。

1. 劳动定额的编制

编制劳动定额主要包括需拟定正常的施工条件以及拟定施工作业的定额时间两项工作。

1)拟定正常的施工条件

拟定正常的施工条件,就是要规定执行定额时应该具备的条件,正常条件若不能满足,则可能达不到定额中的劳动消耗量标准,因此,正确拟定施工的正常条件有利于定额的实施。

拟定施工的正常条件包括:拟定施工作业的内容;拟定施工作业的方法;拟定施工作业地点组织;拟定施工作业人员的组织等。

2)拟定施工作业的定额时间

施工作业的定额时间,是在拟定基本工作时间、辅助工作时间、准备与结束时间、不可避免

的中断时间以及休息时间的基础上编制的。

2. 劳动定额的编制方法

1）技术测定法

根据施工过程的特点和技术测定的目的、对象和方法的不同,技术测定法分为以下几种。

(1)测时法(选择测时、连续法测时):主要用来观察研究施工过程某些重复的循环工作的工时消耗,不研究工人休息、准备与结束及其他非循环的工作时间。该方法适用于机械操作,如起重机、搅拌机、挖掘机等工作时间的测定。

(2)写实记录法(按记录时间的方法不同分为数示法、图示法和混合法三种):主要用来研究各种性质的工作时间消耗。通过对基本工作时间、辅助工作时间、不可避免的中断时间、准备与结束时间、休息时间以及各种损失时间的写实记录,可以获得分析工时消耗和制定定额的全部资料。

(3)工作日写实法:是一种对工人在整个工作班内的工时利用情况,按照时间消耗的顺序进行实地观察、记录和分析的测定方法。该方法侧重于研究工作日的工时利用情况,可以分析哪些工时消耗对生产是有效的,哪些工时消耗是无效的,找出工时损失的原因,拟定措施。

(4)简易测定法:是一种简化技术测定的方法,但仍然保持了现场实地观察记录的基本原则。

2）经验估工法

它是一种根据经验丰富的工人、施工技术人员、定额员的实践经验并参照有关的技术资料,结合施工图纸、施工工艺、施工技术组织条件和操作方法等进行分析、座谈讨论、反复平衡制定定额的方法。

由于估工人员的经验和水平的差异,同一个项目往往会提出一组不同的定额数值,此时应对提出的各种不同数据进行认真分析处理、反复平衡,并根据统筹法原理,进行优化确定出平均先进的指标。

其计算公式为:

$$t = \frac{a + 4m + b}{6}$$

式中:t——定额优化时间(平均先进水平);

a——先进作业时间(乐观估计);

m——一般的作业时间(最大可能);

b——后进作业时间(保守估法)。

[例1] 某一施工过程的定额,座谈讨论时估出了三种不同的工时消耗,分别是0.45、0.6、0.7。代入公式,得出平均先进数值为:

$$t = \frac{0.45 + 4 \times 0.6 + 0.7}{6} = 0.59$$

经验估工法除具有制定定额工作过程短,工作量较小,省时、简便、易行的特点。但是其准确程度在很大程度上决定于参加估工人员的经验,有一定的局限性,因而它只适用于产品品种多、批量少、不易计算工作量的施工作业。

3）统计计算法

它是一种根据过去一定时期内实际施工中的同类工程或生产同类产品的实际工时消耗和产量的统计资料(如施工任务书、考勤表和有关的统计资料),与当前生产技术组织条件的变化结合,进行分析研究制定定额的方法。统计分析法简便易行,较经验法有较多的原始统计资料,更能反映实际施工水平。它适合于施工条件正常、产品稳定、批量大、统计工作制度健全的施工过程。

4)比较类推法

该方法也称典型定额法,是一种以同类型工序、同类型产品定额典型项目的水平或技术测定的实耗工时为标准,经过分析比较,以此类推出同一组定额中相邻项目定额的方法。这种方法简便、工作量小,适用于产品品种多、批量小的施工过程。比较类推法常用的方法有两种:比例数示法、坐标图示法。

3. 劳动定额的形式

劳动定额由于其表现形式不同,可分为时间定额和产量定额两种。

1)时间定额

时间定额,是指在一定的技术装备和劳动组织条件下,规定完成合格的产品所需消耗工作时间数量标准,一般以工时或工日/t、工日/块、工日/m、工日/m^2、工日/m^3 为计量单位。

[例2] 某砌筑小组由4人组成,砌一砖半混水内墙,一天内(8h)砌完9.6m^3。则时间定额 = 4 工日/9.6m^3 = 0.417 工日/m^3。

其中计算公式为:

$$时间定额 = \frac{消耗的总工日数}{产量数量}$$

2)产量定额

产量定额是指在一定的技术装备和劳动组织条件下,规定劳动者在单位时间内应完成合格产品的数量标准,一般以 m/工日、m^2/工日、m^3/工日、t/工日为计量单位。

其计算公式为:

$$产量定额 = \frac{产品数量}{消耗的总工日数}$$

3)时间定额与产量定额之间的关系

时间定额与产量定额互为倒数关系。

即 $$时间定额 = \frac{1}{产量定额} \quad 或 \quad 产量定额 = \frac{1}{时间定额}$$

因此有 $$时间定额 \times 产量定额 = 1$$

即当时间定额减少时,产量定额就会增加;反之,当时间定额增加时,产量定额就会减少。然而,其增加和减少时比例是不同的。

(二)材料消耗定额

材料消耗定额是指规定在正常施工条件、合理使用材料条件下,生产单位合格产品所必须消耗的一定品种和规格的原材料、半成品、构配件的数量标准。

在建筑安装工程中,材料费用占工程造价的60%~70%。材料消耗量的多少,是节约还是浪费,对产品价格及工程成本都有着直接影响。

定额材料消耗按其使用性质、用途和用量大小划分为四类:

(1)主要材料:指直接构成工程实体的材料。

(2)辅助材料:指直接构成工程实体但相对密度较小的材料。

(3)周转性材料:它又称工具性材料,是指施工中多次使用但并不构成工程实体的材料,如模板、脚手架等。

(4)次要材料:指用量小、价值不大、不便计算的零星用材料。次要材料可用估算法计算。

1. 主要材料消耗定额

主要材料消耗定额包括直接使用在工程上的材料净用量和施工现场内运输及操作过程中的不可避免的废料和损耗。

1)材料净用量的确定

材料净用量的确定,一般有以下几种方法:

(1)理论计算法。理论计算法是一种先根据设计、施工验收规范和材料规格等,用理论计算公式计算出某种产品所需的材料净用量,然后再查找损耗率,从而制定材料消耗定额的方法。

该方法主要用于块、板类等不易产生损耗,容易确定废料的材料消耗定额。如砖、钢材、玻璃、油毡、钻材、镶贴材料、混凝土块(板)。

例如,确定在砌砖工程中,每立方米砌体的砖及砂浆净用量。

其计算公式(只用于实砌墙)为:

①计算每立方米砌体中砖的净用量:

$$砖数 = \frac{墙厚砖数 \times 2}{墙厚 \times (砖长 + 灰缝) \times (砖厚 + 灰缝)}$$

②计算每立方米砖墙砂浆的净用量:

$$砂浆 = 1m^3 砌体 - 砖数的体积(m^3)$$

式中:墙厚砖数——指用标准砖的长度来标明的墙体厚度。

例如,1/4 砖墙是指 53mm 墙,1/2(半)砖墙是指 115mm 墙,3/4 砖墙是指 180mm 墙,1 砖墙是指 240mm 墙,$1\frac{1}{4}$ 砖墙是指 300mm 墙,$1\frac{1}{2}$ 砖墙是指 365mm 墙,2 砖墙是指 490mm 墙,$2\frac{1}{2}$ 砖墙是指 615mm 墙,3 砖墙是指 740mm 墙。

标准砖尺寸及体积为:长×宽×厚 = 0.24 × 0.115 × 0.053 = 0.001 462 8m^3。

注意:砌体墙厚砖数规定半砖墙为 0.5;1 砖墙为 1;$1\frac{1}{2}$ 半墙为 1.5;2 砖墙为 2;灰缝厚为 0.01m。

根据以上的公式用标准砖砌筑 1m^3 不同厚度砌体砖的砖和砂浆的净用量。例如计算每立方米 $\frac{1}{2}$、1、$1\frac{1}{2}$、2 砖墙的砖及砂浆净用量。

$\frac{1}{2}$(半)砖墙:

$$砖数 = \frac{0.5 \times 2}{0.115 \times (0.24 + 0.01) \times (0.053 + 0.01)} = 556 \text{ 块}$$

1 砖墙:

$$砖数 = \frac{1 \times 2}{0.24 \times (0.24 + 0.01) \times (0.053 + 0.01)} = 529 \text{ 块}$$

$1\frac{1}{2}$ 砖墙:

$$砖数 = \frac{1.5 \times 2}{0.365 \times (0.24 + 0.01) \times (0.053 + 0.01)} = 522 \text{ 块}$$

2 砖墙：

$$砖数 = \frac{2 \times 2}{0.490 \times (0.24 + 0.01) \times (0.053 + 0.01)} = 518 \text{ 块}$$

$\frac{1}{2}$(半)砖墙：

$$砂浆 = 1 - 556 \times 0.001\,462\,8 = 0.187 \text{m}^3$$

1 砖墙：

$$砂浆 = 1 - 529 \times 0.001\,462\,8 = 0.226 \text{m}^3$$

$1\frac{1}{2}$砖墙：

$$砂浆 = 1 - 522 \times 0.001\,462\,8 = 0.237 \text{m}^3$$

2 砖墙：

$$砂浆 = 1 - 518 \times 0.001\,462\,8 = 0.242 \text{m}^3$$

(2)测定法：根据试验情况和现场测定的资料数据确定材料的净用量。
(3)图纸计算法：根据选定的图纸，计算各种材料的体积、面积、延长米或重量。
(4)经验法：根据历史上同类经验进行估算。

2)材料损耗量的确定

施工中材料的消耗，可分为一次性消耗(如水泥、钢材、砂、碎石等)和周转性消耗(如脚手架、挡土板、模板等)两种类型。

一次性消耗材料可分为两类：

(1)净用量：直接用于建筑工程的材料数量。如公式中包括净用量和损耗量。
(2)损耗量：不可避免的施工废料和材料损耗数量(施工操作、场内外运输、加工制作和场内堆放等损耗量)。

由此可见，合格产品中某种材料的消耗量等于该种材料的净用量与损耗量之和。即

材料消耗量 = 材料净用量 + 材料损耗量

材料损耗量 = 材料净用量 × 材料损耗率

$$材料损耗率 = \frac{材料损耗量}{材料净用量} \times 100\% \quad 或 \quad 材料损耗率 = \frac{材料损耗量}{材料消耗量} \times 100\%$$

由于材料的损耗量毕竟是少数，在实际计算中，常把材料损耗量与材料净用量之比作为损耗率。

材料消耗量 = 材料净用量 × (1 + 材料损耗率)

注意：材料的损耗率通过观测和统计而确定或参照表2-2选用。

材料的损耗率表　　　　　表2-2

材料名称	产品名称	损耗率(%)
一、砖瓦、砌块类	1.地面、房屋、空花空斗墙	1
红(青)砖	2.基础	0.4
	3.实砌墙	1
	4.方砖柱	3

续上表

材料名称	产品名称	损耗率（%）
	5.圆砖柱	7
硅酸盐砌块		2
加气混凝土块		2
二、块类、粉类		
炉渣、矿渣		1.5
碎砖		1.5
水泥		10
三、砂浆、混凝土、毛石		
方石类	1.砖砌体	1
	2.空斗墙	5
	3.黏土空心砖	10
	4.泡沫混凝土墙	2
	5.毛石、方石砌体	1
天然砂		2
砂浆	1.抹墙及墙裙	2
	2.抹梁、柱、腰线	2.5
	3.抹混凝土天棚	16
	4.抹板条天棚	26
	5.现浇地面	1

注意：混凝土及钢筋混凝土预制构件的模板周转次数参照表2-3、表2-4选用。

①沿海定额：

沿海定额预制混凝土模板周转次数表　　　　　表2-3

序号	项目	定型组合钢模					专用钢模
		板面	支撑	铁件	栓	卡具	
1	沉箱	100次	100次	10次	50次	50次	
2	方块	125次	125次	10次	50次	50次	
3	扶壁	125次	125次	10次	50次	50次	
4	圆筒	125次	125次	10次	50次	50次	
5	削角王字块	125次	125次	10次	50次	50次	
6	护面块	250次					250次
7	梁、支撑	125次	150次	10次	50次	50次	
8	桩、T形叠梁					侧模	150次
						底模	200次
9	板、靠船构件	木模、周转次数25次					
10	混凝土底胎模	周转次数100次					
11	胶囊	周转次数120次					

②内河定额:

内河定额预制混凝土模板周转次数表 表2-4

序号	项目		周转次数	序号	项目		周转次数
1	方桩		20	13	靠船构件（柱状）	无筋	12
2	板桩、矩(梯)形梁		15			有筋	3
3	单双出沿梁		12	14	片状框架		6
4	T形梁		10	15	剪刀撑		8
5	T形梁板(带肋)		8	16	水平	无露筋	15
6	Π形梁(板)	外模无筋	10			有露筋	3
		外模有筋	3	17	十字撑		8
		内模	6	18	实心方块		20
7	箱形	外模		19	空心方块	外模	
		内模				内模	
8	鱼腹梁		12	20	沉箱	外模	
9	带靠船构件梁	无露筋				内模	
		有露筋		21	扶壁		
10	实心平板	无露筋		22	空箱	外模	
		有露筋				内模	
11	空心大板		10	23	柱(方形)		
12	锚定板		10	24	管	外模	
						内模	

2.周转性材料消耗定额

周转性材料是指在施工中不是一次性消耗,而是能够多次重复使用周转的材料。它随着多次使用而逐渐消耗,并在使用过程不断补充,多次重复使用,如脚手架等。

因此,周期性材料的消耗量应按照多次使用,分次摊销的方法进行计算。其基本公式如下:

一次使用量 = 材料净用量 × (1 + 材料损耗率)

材料摊销量 = 一次使用量 × 摊销系数

$$= 周转使用量 - \frac{回收量 \times 回收折价率}{1 + 间接费率}$$（此公式用于预算定额）

$= 周转使用量 - 回收量$（此公式用于施工定额）

$$摊销系数 = 周转使用系数 - \frac{(1 - 损耗率) \times 回收折价率}{周转次数} \times 100\%$$

$$周转使用系数 = \frac{(周转次数 - 1) \times 损耗率}{周转次数} \times 100\%$$

$$周转使用量 = 一次使用量 \times \frac{1 + (周转次数 - 1) \times 损耗率}{周转次数}$$

$$回收价值率 = \frac{一次使用量 \times (1 - 损耗率)}{周转次数} \times 100\%$$

$$回收量 = \frac{一次使用量 - (一次使用量 \times 损耗率)}{周转次数}$$

式中：一次使用量——周转性材料为完成产品每一次生产时所需用的材料数量；

　　　摊销量——周转性材料使用一次应分摊在单位产品上的消耗量；

　　　损耗率——周转性材料使用一次后因损坏不能重复使用的数量占一次使用量的损耗百分数；

　　　周转次数——新的周转材料从第一次使用（假设不补充新料）起到材料不能再使用的使用次数；

　　　回收量——在一定的周转次数下，平均每周转一次可以回收的材料数量；

　　　周转使用量——周转性材料每完成一次产品生产后所需补充新材料后的平均数量。

[例2] 某工程中现浇钢筋混凝土梁，查施工材料消耗定额得知，需要一次使用模板料 $1.775 m^3$，支撑料 $2.475 m^3$，周转6次，每次周转损耗15%。问：施工定额摊销量是多少？

$$模板周转使用量 = 1.775 \times \frac{1 + (6-1) \times 15\%}{6} = 0.518 m^3$$

$$支撑周转使用量 = 2.475 \times \frac{1 + (6-1) \times 15\%}{6} = 0.722 m^3$$

$$模板回收量 = \frac{1.775 - (1.775 \times 15\%)}{6} = 0.2515 m^3$$

$$支撑回收量 = \frac{2.475 - (2.475 \times 15\%)}{6} = 0.3507 m^3$$

模板摊销量 = $(0.5178 - 0.2515) = 0.2663 m^3$

支撑摊销量 = $(0.7220 - 0.3507) = 0.3713 m^3$

上例中计算周转性材料消耗量的多少的关键是确定周转次数的多少，而影响材料周转次数的主要因素主要有以下几方面：

(1) 材料的坚固程度、材料的形式和材料的使用寿命。如金属材料比木质材料的周转次数多；工具式比非工具式的周转次数多；定型的比非定型的周转次数多，有的甚至多几倍、几十倍；如金属模板的周转次数一般均在100次以上，而木模板的周转次数都在6次或6次以下。

(2) 服务的工程结构、规格、形状等。

(3) 使用条件的好坏，特别是操作技术对周转性材料的周转使用次数也有较大的影响。

(4) 工程施工速度的快慢。施工速度快，周转次数的可能性就会增大。

(5) 周转材料的管理、保管和维修。

确定某一种周转性材料的周转次数是制定周转性材料消耗定额的关键，但它不能用计算的方法确定，而是通过长期的现场观察和大量的统计资料用统计分析法确定。

(三) 船机(艘)台班使用定额

船机(艘)台班使用定额，是指某种船舶机械在正常施工条件下，合理的劳动组织与合理使用船机的条件下，完成单位合格产品所必需的工作时间。它包括准备与结束时间、基本生产时间与辅助生产时间、不可避免的中断时间以及必需的休息时间。一台机械工作班(台班)为8h，一艘船舶工作班(艘班)也是8h。

1. 船机(艘)台班使用定额的编制

编制船机(艘)台班使用定额，主要包括以下内容：

(1)拟定船机工作的正常施工条件。包括工作地点的合理组织,施工船机作业方法的拟定;确定配合船机作业的施工小组的组织及船机工作班制度等。

(2)确定船机净工作率。即确定出船机纯工作 1h 的正常劳动生产率。

(3)确定船机的利用系数。船机的正常利用系数是指船机在施工作业班内对作业时间的利用率。

其计算公式为:

$$船机利用系数 = \frac{工作班净工作时间}{船机工作班时间} = (艘)台班$$

(4)计算施工船机定额(艘)台班。

其计算公式分别为:

$$施工船机(艘)台班产量定额 = 船机生产率 \times 工作班延续时间 \times 船机利用系数$$

$$施工船机时间定额 = \frac{1}{施工船机(艘)台班产量定额} = (艘)台班$$

(5)拟定工人小组的定额时间。工人小组的定额时间是指配合施工船机作业的工人小组的工作时间总和。

其计算公式为:

$$工人小组的定额时间 = 施工船机时间定额 \times 工人小组的人数$$

2.船机(艘)台班使用定额的形式

船机(艘)台班使用定额的形式按其表现形式不同,可分为时间定额和产量定额。

1)船机时间定额

船机时间定额是指在合理劳动组织与合理使用船机条件下,完成单位合格产品所必需的工作时间,包括有效工作时间正常负荷下的工作时间和降低负荷下的工作时间、不可避免的中断时间、不可避免的无负荷工作时间。船机时间定额以"(艘)台班"表示,即一(艘)台船机工作一个作业班时间。一个作业班时间为 8h。

$$单位产品机械时间定额(台班) = \frac{1}{台班产量}$$

$$单位产品船舶时间定额(艘班) = \frac{1}{艘班产量}$$

由于船机必须由工人小组配合,所以完成单位合格产品的 $100m^3$ 时间定额,同时列出人工时间定额。即

$$单位产品人工时间定额(工日) = \frac{小组成员总人数}{台班产量}$$

例如,斗容量 $1m^3$ 正铲挖土机,挖四类土,装车,深度在 $2m$ 内,小组成员有两人,机械台班产量为 4.76(定额单位 $100m^3$),则

挖 $100m^3$ 的人工时间定额为 $\frac{2}{4.76} = 0.42$(工日);

挖 $100m^3$ 的机械时间定额为 $\frac{1}{4.76} = 0.21$(台班)。

2)船机产量定额

船机产量定额是指在合理劳动组织与合理使用船机条件下,船机在每个(艘)台班时间内应完成合格产品的数量。

其计算公式为：

$$机械台班产量定额 = \frac{1}{机械时间定额(台班)}$$

$$船舶艘班产量定额 = \frac{1}{船舶时间定额(艘班)}$$

从上述公式可以看出，船舶时间定额和船机产量定额互为倒数关系。

第三节 预算定额

一、预算定额

(一)预算定额的含义

预算定额，是规定消耗在合格质量的单位工程基本构造要素的人工、材料和机械台班的数量标准。所谓工程基本构造要素，即通常所说的分项工程和结构构件。

预算定额的各项指标，反映了在完成规定计量单位符合设计标准和施工及验收规范要求的分项工程消耗的活劳动和物化劳动的数量限度。这种限度最终决定着单项工程和单位工程的成本和造价。

确定完成一定计量单位合格的分项工程或结构构件所消耗的活劳动与物化劳动(即人工、材料和机械台班)的数量标准，是由国家主管部门或被授权单位组织编制并颁发的一种法令性指标，是一项重要的经济法规。定额中的各项指标，反映了国家对完成单位建筑产品基本构造要素(即每一单位分项工程或结构构件)所规定的工料、机械台班等消耗的数量限额。

例如：《沿海港口水工建筑工程定额》主编单位是交通运输部水运工程定额站；批准部门是中华人民共和国交通部；施行日期是2004年7月1日。定额规定桩基础工程中应查定额表27和表28中说明的各项指标。

(二)预算定额的作用

1. 预算定额是编制施工图预算、确定建筑安装工程造价的基础

施工图设计一经确定，工程预算造价就取决于预算定额水平和人工、材料及机械台班的价格。预算定额起着控制劳动消耗、材料消耗和机械台班使用的作用，进而起到控制建筑产品价格水平的作用。

2. 预算定额是对设计方案进行技术经济分析的依据

设计方案在设计工作中居于中心地位。设计方案的选择要满足功能、符合设计规范，既要技术先进又要经济合理。根据预算定额对方案进行技术经济分析和比较，是选择经济合理设计方案的重要方法。对设计方案进行比较，主要是通过定额对不同方案所需人工、材料和船机(艘)台班消耗量，材料重量、材料资源等进行比较。这种比较可以判明不同方案对工程造价的影响；材料重量对荷载及基础工程量和材料运输量的影响，及因此产生的对工程造价的影响。对于新结构、新材料的应用和推广，也需要借助于预算定额进行技术经济分析和比较，从技术与经济的结合上考虑普遍采用的可能性和效益。

3.预算定额是编制施工组织设计的依据

施工组织设计的重要作用之一,是确定施工中所需人力、物力的供求量,并作出最佳安排。施工单位在缺乏本企业的施工定额的情况下,根据预算定额,也能够比较精确地计算出施工中各项资源的需要量,为有计划地组织材料采购和预制件加工、劳动力和施工机械的调配,提供可靠的计算依据。

4.预算定额是施工企业进行经济活动分析的依据

实行经济核算的根本目的,是用经济的方法促使企业在保证质量和工期的条件下,用较少的劳动消耗取得大量的经济效果。当前,预算定额仍决定着企业的收入,企业必须以预算定额作为评价企业工作的重要标准。企业可根据预算定额,对施工中的劳动、材料、船机的消耗情况进行具体分析,以便找出低工效、高消耗的薄弱环节及其原因。为实现经济效益的增长由粗放型向集约型转变,提供对比数据,促进企业提高在市场上竞争的能力。

5.预算定额是工程结算的依据

工程结算是建设单位和施工单位按照工程进度对已完成分部分项工程实行货币支付的行为。按进度支付工程款,需要根据预算定额将已完成分项工程的造价算出。单位工程竣工验收后,再按竣工工程量、预算定额和施工合同规定进行结算,以保证建设单位建设资金的合理使用和施工单位的经济收入。

6.预算定额是编制标底和投标报价的依据

在市场经济体制下,预算定额作为编制标底的依据和施工企业报价的基础的作用仍将存在,这是由于它本身的科学性和权威性决定的。

7.预算定额是编制概算定额和概算指标的基础

概算定额和概算指标是在预算定额基础上综合扩大编制的,也需要利用预算定额作为编制依据,这样做不但可以节省编制工作中大量的人力、物力和时间,收到事半功倍的效果,还可以使概算定额和概算指标在水平上与预算定额一致,以避免造成执行中的不一致。

(三)预算定额的编制原则

为保证预算定额的质量,充分发挥预算定额的作用,使之在实际使用中简便、合理、有效,在编制工作中应遵循以下原则。

1.按社会平均确定预算定额水平的原则

建筑产品是商品,作为确定建筑产品价格基础的预算定额,按价值规律的要求,确定其价值量的应该是社会必要劳动时间形成的价值。而社会必要劳动时间是由社会生产的平均劳动消耗水平决定的,因此预算定额水平应是本地区社会必要的平均劳动量。即在正常施工条件下,以平均的劳动强度、平均的劳动熟练程度、平均的技术装备来确定完成每一项单位分项工程或结构构件所需的劳动消耗,作为确定预算定额水平的重要原则。

2.简明适用原则

编制预算定额中贯彻简明适用原则是对预算定额的可操作性和便于使用而言的。为此,编制预算定额对于那些主要的、常用的、价值量大的项目划分宜细,对于次要的、不常用的、价值量相对较小的项目则可以放粗一些。

要注意补充那些因采用新技术、新结构、新材料和先进经验而出现的新的定额项目。项目不全，缺漏项多，就使建筑安装工程价格缺少充足的、可靠的依据。即补充的定额一般因受资料所限，且费时费力，可靠性较差，容易引起争执。同时要注意合理确定预算定额的计量单位，简化工程量的计算，尽可能避免同一种材料用不同的计量单位，以便尽量少留活口，减少换算工作量。

3. 坚持统一性和差别性相结合的原则

所谓统一性，就是从培养全国统一市场规范计价行为出发，计价定额的制定规范和组织实施由国务院建设行政主管部门归口，并负责全国统一定额制定或修订，颁发有关工程造价管理的规章制度办法等。这样就有利于通过定额和工程造价的管理实现建筑安装工程价格的宏观调控。通过编制全国统一定额，使建筑安装工程具有一个统一的计价依据，也使考核设计和施工的经济效益具有一个统一的尺度。

所谓差别性，就是在统一性基础上，各部门和省、自治区、直辖市主管部门可以在自己的管辖范围内，根据本部门和地区的具体情况，制定部门和地区性定额、补充性制度和管理办法，以适应我国幅员辽阔、地区间部门发展不平衡和差异大的实际情况。

(四) 预算定额的编制依据

为了科学、合理地编制预算定额，在编制预算定额前，必须广泛地收集国家有关编制预算定额的规定和本地区历史上积累的各种技术经济资料。编制预算定额的依据主要有各种技术规范资料、基础定额、各种代表性图纸、历次编修的定额，以及有代表性的、质量较好的补充定额，如有代表性的新的设计、施工资料，历次各种预算价格资料。其中各种技术规范、基础定额资料、代表性图纸是最主要的依据资料。

1. 技术规范资料

编制预算定额，必须有通用的设计规范、施工及验收技术规范、质量评定标准和安装操作规程。

在这些依据资料中，有国家标准的应以国家标准为依据，无国家标准的可考虑有关部门的标准。

这些技术文件，对编制预算定额、确定工料和施工船机(艘)台班消耗量都非常重要，因为它们规定了各分项定额应完成的工作任务、施工方法以及应达到的质量标准等问题。例如，什么样的砖基础工程应砌筑大放脚，砌砖工程横直灰缝标准尺寸和饱满度，不同承重荷载的钢筋混凝土构件应当用什么强度等级的混凝土等，这些规定，势必影响到劳动效率的高低和实物量消耗的多少。因此，在编制预算定额，计算工料消耗量时，必须考虑这些技术文件的要求，使定额确定的工料消耗标准符合规定的技术要求。

2. 基础资料

编制预算定额所需的基础资料有劳动定额和典型的施工定额。这两种定额都是编制建筑安装工程预算定额，确定预算定额中人工、材料、施工船机(艘)台班消耗用量的最主要依据。为了正确编制建筑安装工程预算定额，必须熟悉这些定额的内容、形式和使用方法。

3. 现行的代表性图纸及定额等资料

(1)现行的标准图、通用图以及实践证明是技术先进、经济合理和有代表性的设计图纸。这些技术资料,是计算定额项目工程量,进而确定定额工料消耗的依据。

(2)历年颁布的预算定额及其编制的基础数据。

过去颁布的预算定额,是修编预算定额的基础。如当前各地区的建筑工程预算定额,都是在原国家建委1981年《建筑工程预算定额(修改稿)》的基础上修改、补充的。这是因为定额修编是一个继承和发展的过程,只要是仍然适用的部分,就应继续保留;由于生产发展不再适用的部分,就应删去。另外,定额水平是提高还是降低了,也要用新旧定额进行对比分析才能知道。因此,每次修编定额,离不开历史上颁布的定额。

4. 有代表性的、质量较好的补充定额

在两次修编定额间隔期间,各地必然要编制补充定额,其中有代表性的、质量较好的补充定额,经过适当修订就可以纳入新定额项目中。

5. 具有代表性和可靠性,并有足够数量的有关设计、施工等资料

这些资料可以作为编制预算定额时选择施工方法和材料的依据。

(五)预算定额的编制步骤

预算定额的编制,大致可分为5个阶段。

1. 准备工作阶段

这个阶段的主要任务是:
(1)拟订编制方案:
①编制目的和任务;
②编制范围及编制内容;
③编制原则和水平要求、项目划分和表现形式;
④编制依据;
⑤编制定额的单位及人员;
⑥编制地点及经费来源;
⑦工作的规划及时间安排。

(2)抽调人员根据专业需要划分编制小组和综合组。一般可划分为土建定额组、设备定额组、混凝土及木构件组、混凝土及砌筑砂浆配合比测算组和综合组等。

2. 收集资料阶段

(1)普遍收集资料。在已确定的编制范围内,采取用表格化收集定额编制基础资料,以统计资料为主,注明所需要的资料内容、填表要求和时间范围。其优点是统一口径,便于资料整理,并具有广泛性。

(2)进行专题座谈。邀请建设单位、设计单位、施工单位及管理单位的有经验的专业人员开座谈会,请他们从不同的角度就以往定额存在的问题谈各自意见和建议,以便在编制新定额时改进。

(3)收集现行规定、规范和政策法规资料,具体包括:

①现行的定额及有关资料;
②现行的建筑安装工程施工及验收规范;
③安全技术操作规程和现行有关劳动保护的政策法令;
④国家设计标准规范;
⑤编制定额必须依据的其他有关资料。

(4)收集定额管理部门积累的资料,具体包括:
①日常定额解释资料;
②补充定额资料;
③新结构、新工艺、新材料、新技术用于工程实践的资料。

(5)专项检查及试验。主要指混凝土配合比和砌筑砂浆试验资料。除收集试验试配资料外,还应收集一定数量的现场实际配合比资料。

3.定额编制阶段

(1)确定编制细则,包括:
①统一编制表格及编制方法;
②统一计算口径、计量单位和小数点位数的要求;
③统一名称、用字、专业用语、符号代码、文字简练明确。

(2)确定定额的项目划分和工程量计算规则。

(3)定额人工、材料、船机(艘)台班耗用量的计算、复核和测算。

4.定额审核阶段

(1)审核初稿。定额初稿的审核工作是定额编制过程中必要的程序,是保证定额编制质量的措施之一。审稿工作的人选应由具备经验丰富、责任心强、多年从事定额工作的专业技术人员来承担。审稿主要内容如下:
①文字表达确切通顺,简明易懂;
②定额的数字准确无误;
③章节、项目之间有无矛盾。

(2)预算定额水平测算。在新定额编制成稿向上级机关报告以前,必须与原定额进行对比测算,分析水平升降原因。测算方法如下:
①按工程类别比重测算。首先在定额执行范围内,选择有代表性的各类工程,分别以新旧定额对比测算的年限,以工程所占比例加权以考察宏观影响。
②单项工程比较测算法。以典型工程分别用新旧定额对比测算,以考察定额水平升降及原因。

5.定稿报批、整理资料阶段

(1)征求意见。定额编制初稿完成以后,需要组织征求各方面意见,通过反馈意见、分析研究,在统一意见基础上整理分类,制订修改方案。

(2)修改整理报批。按修改方案将初稿按照定额的顺序进行修改后,整理一套完整、字体清楚并经审核无误后形成报批稿,经批准交付印刷。

(3)撰写编制说明。定额批准后,为顺利地贯彻执行,需要撰写出新定额编制说明。主要内容包括:

①项目、子目数量;
②人工、材料、船机的内容范围;
③资料的依据和综合取定情况;
④定额中允许换算的规定和计算资料;
⑤人工、材料、船机单价的计算和资料;
⑥施工方法、工艺的选择及材料运距的考虑;
⑦各种材料损耗率的取定资料;
⑧调整系数的使用;
⑨其他应说明的事项与计算数据、资料。

(4)立档、成卷。

定额编制资料是贯彻执行中需要查对资料的唯一依据,也为修编定额提供历史资料数据。作为技术档案应予永久保存。

二、预算定额的具体编制方法

(一)确定预算定额的计量单位

预算定额与施工定额计量单位往往不同。施工定额的计量单位一般是按照工序或施工过程确定的;而预算定额的计量单位主要是根据分部分项和结构构件的形体特征及变化确定的。由于工作内容具有综合性,所以预算定额的计量单位也具有综合的性质。工程量计算规则的规定应确切反映定额项目所包含的工作内容。

预算定额的计量单位关系到预算工作的繁简和准确性。因此,要正确地确定各分部分项工程的计量单位。一般依据以下建筑结构构件形状的特点确定:

(1)当物体的截面形状基本固定,长度变化不定时,选用长度以延长米、千米(公里)为计量单位,如:楼梯栏杆、木装饰条、管道线路安装工程等。

(2)当物体的三个度量中有两个度量经常发生变化时,选用面积以平方米为计量单位,如:地面、楼面、墙面和顶棚面抹灰等工程。

(3)当物体的三个度量中经常发生变化时,选用体积以立方米为计量单位,如:土方、钢筋混凝土构件等工程。

(4)钢结构由于重量与价格差异很大且形状又不固定,采用重量以吨为计量单位。

(5)当建筑结构构件无一定规格,其构造又较复杂时,可按个、台、座、组为计量单位。如系船柱、护舷、码头护面块、预埋铁件、钢筋制作与加工等。

定额单位确定之后,往往会出现人工、材料或船机(艘)台班量很小,即小数点后很多位。为了减少小数点位数和提高预算定额的准确性,采取扩大单位的办法。把 $1m^3$、$1m^2$、$1m$ 扩大 10、100、1 000 倍。这样,相应的消耗量也加大了倍数。取一定小数点位数四舍五入后,可达到相对的准确性。

预算定额中各项人工、船机和材料的计量单位选择,相对比较固定。人工、船机按"工日"、"艘班"、"台班"计量,各种材料的计量单位与产品计量单位基本一致。精确度要求高、材料贵重,多取三位小数。如钢材吨以下取三位小数,木材立方米以下取三位小数。一般材料取两位小数。

(二)按典型设计图纸和资料计算工程量

计算工程量,是为了通过计算出典型设计图纸所包括的施工过程的工程量,来确定预算定额的消耗指标,在编制预算定额时,有可能利用施工定额的劳力、船机和材料消耗指标确定预算定额所含工序的消耗量。

(三)确定预算定额各项目人工、材料和船机(艘)台班消耗指标

确定预算定额人工、材料和船机(艘)台班消耗指标时,必须先按施工定额的分项逐项计算出消耗指标,然后再按预算定额的项目加以综合。但是这种综合不是简单地合并和相加,而需在综合过程中增加两种定额之间适当的水平差。预算定额的水平,首先取决于这些消耗量的合理确定。

人工、材料和船机(艘)台班消耗指标,应根据定额编制原则和要求,采用理论与实际相结合、图纸计算与施工现场测算相结合、编制人员与现场工作人员相结合等方法进行计算和确定,使定额既符合政策要求,又与客观情况一致,便于贯彻执行。

(四)编制定额表和拟定有关说明

定额项目表的一般格式是:横向排列为各分项工程的项目名称,竖向排列为该分项工程的人工、材料和施工船机消耗量指标。有的项目表下部还有附注,以说明设计有特殊要求时,怎样进行调整和换算。

三、预算定额消耗指标的确定

预算定额消耗指标包括:人工消耗指标、材料消耗指标和施工船机(艘)台班消耗指标。

(一)人工消耗指标的确定

1.人工消耗指标的内容

预算定额是综合性定额,因此定额中人工消耗指标应包括完成分项工程所必需的各种工序的用工量(即基本用工、人工幅度差、超运距用工、辅助用工)、工日总数和平均工资等级。

1)基本用工

基本用工指完成单位合格产品所必须消耗的技术工种用工,也指完成该分项工程的主要用工。由于水工预算定额是以施工定额子目综合扩大的,包括的工作内容较多,施工的效果视具体部位而异,需要另外增加用工列入基本用工内,对人工和船机进行扩大要按工作条件不同采用时间定额乘以大于1的系数。

水运工程主要分为水上、陆上、赶潮、不赶潮几个主要工作条件。

(1)系数大小

劳动力部分:

①施工定额×系数;

②不赶潮乘以系数1.15;

③半赶潮乘以系数1.325;

④全赶潮乘以系数1.5。

船舶部分:
①不赶潮乘以系数1.33;
②半赶潮乘以系数1.415;
③全赶潮乘以系数1.5;
④舢板、机动艇赶不赶潮均乘以系数1.5;
⑤潜水组赶不赶潮均乘以系数1.5;
⑥拖轮航行(或拖带)1km以内乘以系数1.54,1km以外乘以系数1.33,方驳1km以内或1km以外均乘以系数1.33。

陆上机械部分:
①不赶潮乘以系数1.2;
②赶潮乘以系数1.33。

陆上机械在船上:
①不赶潮乘以系数1.33;
②赶潮乘以系数1.5。

(2)需乘系数的因素说明(在人工幅度差内容说明中描述)

劳动力部分:
①工序交叉搭接的停歇时间;
②班组交换时间;
③船机、工具等排除突然故障,小修理,转移工作地点时配合船机工作人员的停工损失时间;
④施工过程中工程检验需要的时间;
⑤难于预计的零星用工;
⑥任务不饱满等。

船机部分:
①潮汐的影响;
②临时转移和排除故障;
③施工过程中不可避免的中断和停歇时间;
④转移工作地点的停歇时间。

以上这些因素,在施工定额中没有包括或没有全部包括,也是难于测定的,所以要乘系数。

2)人工幅度差

人工幅度差是指预算定额和劳动定额由于定额水平不同而引起的水平差。国家规定,预算定额的人工幅度差系数为10%~15%。人工幅度差内容包括:
(1)各工种间的工序搭接及交叉作业互相配合所发生的停歇用工;
(2)施工船机在单位工程之间转移及临时水电线路移动所造成的停工;
(3)质量检查和隐藏工程验收工作的影响;
(4)班组操作地点转移用工;
(5)工序交接时对前一工序不可避免的修整用工;
(6)施工中不可避免的其他零星用工。

3)超运距用工

超运距用工是指编制预算定额时,材料、半成品等在施工现场的合理运输距离,超过劳动定额规定的运距时,应增加的运输用工量。劳动定额中材料运距的用工是按合理的施工组织规定的,实际上各类建设场地的条件很不一致,实际运距与劳动定额规定的运距往往有较大的出入,编制预算定额时,必须根据全国或本地区各施工现场的实际情况综合取定一个合理运距。预算定额规定运距减去劳动定额中规定的运距等于超运距。《全国统一建筑工程基础定额》中的材料、成品、半成品场内超运距的取定见表2-5。

材料、成品、半成品场内超运距表 表2-5

序号	材料名称	起止地点	取定超运距(m)	序号	材料名称	起止地点	取定超运距(m)
1	水泥	仓库—搅拌处	0	11	混凝土(包括各类轻质混凝土)	搅拌点—浇灌点	100
2	砂	堆放—搅拌处	50				
3	碎(砾)石	堆放—搅拌处	50	12	铁件	堆放—使用	100
4	毛石(整)石	堆放—搅拌处	50	13	钢门窗	堆放—安装	100
5	红砖(瓦)	堆放—搅拌处	100	14	木门窗	制作—堆放	20
6	砂浆	搅拌—使用	100		木门窗	制作—安装	170
7	各类砌场	堆放—使用	100	15	木屋架、檩木	制作	50
8	组合钢模板	堆放点—安装点	140		木屋架、檩木	安装	150
9	木模板	堆放点—制作点	20	16	玻璃	制作—安装	100
	木模板	制作点—堆放点	20	17	白石子(石屑)	堆放—搅拌—使用	150
	木模板	堆放点—安装点	140	18	马赛克、各类材料	堆放—搅拌—使用	50
10	钢筋	取料—加工	50	19	钢材	堆放—制作	100
	钢筋	制作—堆放	现场100	20	卷材、玻璃布	仓库—使用	100
	钢筋	堆放—安装	预制厂150				

4)辅助用工

辅助用工指施工现场某些建筑材料的加工用工,它是预算定额人工消耗指标的组成部分。建筑安装工程统一劳动定额,规定了完成质量合格单位产品基本用工量(工日),未考虑施工现场的某些材料的加工用工。例如,施工现场筛砂子和炉渣、淋石灰膏、洗石子、砖上喷水、打碎砖等用工,均未纳入产品定额中。辅助用工是施工产生不可缺少的用工,在编制预算定额计算总的用工量指标时,必须按需要加工的材料数量和劳动定额中相应的加工定额,计算辅助用工量。

5)平均工资等级

平均工资等级是指预算定额中总用工量的平均工资等级。预算定额的人工消耗指标中,有不同种类的工种,例如浇筑钢筋混凝土的各分项工程用工,有混凝土工、木工、钢筋工、其他用工,各工种用工又有不同的等级,为了统一计量定额中的人工费用,需要时,可按照预算定额的各种用工量、各种工资等级系数,采用加权平均方法,计算预算定额总用工量的平均工资等级。

2. 人工消耗指标的测算

预算定额中各种用工量,应根据在工程量计算表中测算后综合取定的工程量数据,国家颁发的《建筑安装工程统一劳动定额》,规定各种用工量的基本计算方法如下:

首先,按综合取定的工程量和劳动定额、人工幅度差系数等,计算出各种用工的工日数。

其次,需要时,可以计算预算定额用工的平均工资等级,必须用加权方法计算。即先计算各种用工的工资等级系数、等级总系数、汇总后与工日总数相除,求出平均等级系数,再在《工资等级系数表》上找出预算定额用工的平均工资等级。

1）基本用工计算

按综合取定的工程数据和劳动定额中的相应时间定额进行计算,技术工种劳动定额内不包括,而在预算定额内又必须考虑的用工。

计算公式为：
$$基本工工日数量 = \sum(时间定额 \times 工序工程量)$$

基本工的平均工资等级系数和工资等级总系数:基本工的平均工资等级系数应按劳动小组的平均工资等级系数来确定。统一劳动定额中对劳动小组的成员数量、技术和普工的技术等级都做了规定,应依据这些数据和工资等级系数表,用加权平均方法计算小组成员的平均工资等级系数和工资等级总系数。平均工资等级系数计算公式如下：

$$劳动小组计算成员平均工资等级系数 = \sum(相应等级工资系数 \times 人工数量) \div 人工总数$$

基本工工资等级总系数计算公式如下：
$$基本工工资等级总系数 = 基本工工日总量 \times 基本工平均工资等级系数$$

2）超运距用工计算

超运距的计算公式如下：
$$超运距 = 预算定额规定的运距 - 劳动定额规定的运距$$

超运距用工工日数量应按各种超运距的材料数量和相应的超运距时间定额进行计算。其计算公式为：
$$超运距用工工日数量 = \sum(时间定额 \times 超运距材料数量)$$

超运距用工平均工资等级系数和工资等级总系数的计算公式如下：
$$超运距用工工资等级总系数 = 超运距用工总量 \times 超运距用工平均工资等级系数$$

3）辅助用工

(1)辅助用工工日数量应按所需加工的各种材料数量和劳动定额中相应的材料加工时间定额进行计算。计算公式为：
$$辅助用工工日数量 = \sum(时间定额 \times 需要加工材料数量)$$

(2)辅助用工平均工资等级系数和工资等级总系数的计算公式如下：
$$辅助用工工资等级总系数 = 辅助用工总量 \times 辅助用工平均工资等级系数$$

4）人工幅度差计算

(1)人工幅度差用工量应按国家规定的人工幅度差系数,在以上各种用工量的基础上进行计算。其计算公式如下：
$$人工幅度差 = (基本用工 + 超运距用工 + 辅助用工) \times 人工幅度差系数$$

(2)人工幅度的平均工资等级系数和工资等级总系数的计算公式如下：
$$人工幅度的平均工资等级系数 = \frac{前三项总系数之和}{前三项工日数量之和}$$

$$人工幅度差工资等级总系数 = 人工幅度差 \times 人工幅度差平均工资等级系数$$

5）预算定额用工的工日数量和平均工资等级系数

其计算公式分别为：
$$分项工程定额用工量 = 前四项工日数量之和$$

$$平均工资等级系数 = \frac{前四项总系数之和}{前四项工日数量之和}$$

平均工资等级系数计算出来后,需要时就可以按照工资等级系数表中的系数确定定额用工的平均工资等级。

1995年《全国统一建筑工程基础定额》中的人工工日不分工种、技术等级,一律以综合工日表示。内容包括基本用工、超运距用工、人工幅度差、辅助用工。其中基本用工,参照现行全国建筑安装工程统一劳动定额为基础计算,缺项部分,参考地区现行定额及实际调查资料计算。凡依据劳动定额计算的,均按规定计入人工幅度差;根据施工实际需要计算的,未计入人工幅度差。

(二)材料消耗指标的确定

1. 材料消耗指标的内容

预算定额中的材料消耗指标内容同施工定额一样,包括主要材料、辅助材料、周转性材料和次要(其他)材料的消耗量标准,并计入了相应损耗,其内容包括:从工地仓库或现场集中堆放地点至现场加工地点或操作地点以及加工至安装地点的运输损耗、施工操作损耗、施工现场堆放损耗。

2. 材料消耗指标的测算

材料消耗量计算方法主要有:

(1)凡有标准规格的材料,按规范要求计算定额计量单位耗用量,如砖、防水卷材等。

(2)凡设计图纸标注尺寸及下料要求的按设计图纸尺寸计算材料净用量,如门窗制作用材料、板料等。

(3)换算法。各种胶结、涂料等材料的配合比用料,可以根据要求条件换算,得出材料用量。

(4)测定法。它包括试验室试验法和现场观察法,指各种强度等级的混凝土及砌筑砂浆配合比的耗用原材料数量的计算,需按规范要求试配,经过试压合格以后并经必要的调整后得出的水泥、砂子、水的用量。对新材料、新结构又不能用其他方法计算定额耗用量时,需用现场测定方法来确定,根据不同条件可以采用写实记录法和观察法,得出定额的消耗量。

材料损耗量,指在正常施工条件下不可避免的材料损耗,如现场内材料运输损耗及施工操作过程中的损耗等。其关系式如下:

$$材料损耗率 = \frac{损耗量}{净用量} \times 100\%$$

$$材料损耗量 = 材料净用量 \times 损耗率$$

材料损耗量 = 材料净用量 + 损耗量 或 材料消耗量 = 材料净用量 × (1 + 损耗率)

其他材料的确定:一般按工艺测算并在定额项目材料计算表内列出名称、数量,并依编制期价格以占主要材料的比率计算,列在定额材料栏之下,定额内不列材料名称及消耗量。

(三)施工船机(艘)台班消耗指标的确定

1. 施工船机(艘)台班消耗指标的内容

1)基本(艘)台班数量

基本(艘)台班数量即按船机(艘)台班定额确定的为完成定额计量单位建筑安装产品所需要的施工船机(艘)台班数量。

2)船机幅度差

编制预算定额时,在按照统一劳动定额计算施工船机(艘)台班的耗用量后,尚应考虑在合理的施工组织设计条件下船机停歇的因素,而另外增加的船机(艘)台班消耗量。

预算定额中船机幅度差所包括的内容大致应有以下几项:

(1)施工中船机转移工作面及配套船机互相影响损失的时间;
(2)在正常施工情况下船机施工中不可避免的工序间歇;
(3)工程结尾工作量不饱满所损失的时间;
(4)检查工程质量影响船机操作的时间;
(5)临时水电线路在施工过程中移动所发生的不可避免的船机操作间歇时间;
(6)冬季施工期内发动船机的时间;
(7)不同厂牌船机的工效差;
(8)配合船机施工的工人,在人工幅度差范围内的工作间歇影响的船机操作的时间。

施工船机幅度差系数,应按照统一规定的系数计算。如《全国统一建筑工程基础定额》的施工机械幅度差系数见表2-6。

机械幅度差系数表 表2-6

序号	名称	幅度差系数(%)	备注	序号	名称	幅度差系数(%)	备注
1	挖土方机械	25		6	打桩机械	33	
2	夯击机械	25		7	钻孔桩机械	33	
3	运土方、运渣机械	25		8	构件运输机械	25	
4	挖掘机挖渣	33		9	构件安装机械	25	
5	推土机推渣	33		10	其他专用机械	10	

2. 施工船机(艘)台班消耗指标的测算

预算定额中的施工船机(艘)台班消耗指标,有以下几种基本的计算方法:

1)按船机(艘)台班定额加船机幅度差的计算方法

采用这种方法的主要是大型施工船机。如大规模土石方施工、打桩、构件吊装机械等。这时施工机械台班耗用量应包括完成定额规定的施工任务所需的基本台班数量和必要的机械幅度差,其中基本的台班数量必须根据相应的施工机械台班定额来确定。

用公式表示为:

$$基本台班数量 = \frac{定额计量单位}{机械台班量}$$

机械幅度差则以基本台班数量为基础乘以机械幅度差系数来计算。用公式表示为:

$$机械幅度差 = 基本台班数量 \times 机械幅度差系数$$

2)按工人小组配置船机,以小组产量为船机(艘)台班产量的计算方法

有些船机按工人小组来配置,工人小组的日产量限制了船机能力的发挥,这时就以小组产量作为船机(艘)台班产量来确定施工船机(艘)台班消耗指标。如以小组产量计算机械台班产量,不另增加机械幅度差。计算公式如下:

$$分项定额机械台班使用量 = \frac{分项定额计量单位值}{小组总人数 \times (劳动定额综合产量定额 \times 分项计算的取定比值)}$$

$$= \frac{分项定额计量单位值}{小组总产量}$$

例如,某年砖石分部工程劳动定额规定小组人数为22人。一砖半外墙每工综合产量(塔吊)为:双面清水墙$0.887m^3$;单面清水墙$0.926m^3$;混水墙$1.02m^3$;各种墙的取定相对密度同前,则$10m^3$一砖半及一砖半以上外墙的施工机械台班使用量为:

$$\frac{10}{22\times(0.2\times0.887+0.45\times0.926+0.35\times1.02)}=\frac{10}{20.924}\approx0.4779(台班)$$

3) 按人工工日的一定比例相应确定船机(艘)台班消耗指标的计算方法

这种方法实际上是按相应工种的工人配置船机,以用工量确定船机(艘)台班消耗指标。例如,确定电焊机台班消耗指标时就采用这种方法,以电焊工工日与电焊台班的比值来计算。假设某预算定额用工指标中的电焊工工日为0.1工日,比值为1∶1,那么,电焊机台班数也为0.1个台班。一般情况下,采用后两种计算方法时不再计取机械幅度差。

四、预算定额项目表的编制

分项工程的人工、材料和船机(艘)台班的消耗定额确定以后,就可以编制预算定额的项目表了。具体地说,就是编制预算定额表中的各项内容。

1. 预算定额项目表中人工消耗部分

按工种分别列出各工种工人的合计工日数;有些用工量很少的个别工程,可以合并为一个"其他用工"的工日数;有的定额将所有用工合并为综合工日数。

2. 预算定额项目表中材料消耗部分

主要材料列出名称、单位和消耗量。用量不多的一些材料,可以合并为"其他材料"。

3. 预算定额项目表中船机(艘)台班消耗部分

列出主要施工船机的名称及其规格。消耗定额以"艘班"或"台班"数量来表示。对于一些次要的施工船机设备,可合并为"其他船机"。

以中华人民共和国交通运输部《沿海港口水工建筑工程定额》或《全国统一建筑工程基础定额》中的部分定额表为例(见表2-7、表2-8)。

潜水钻机钻孔灌注混凝土桩定额表(单位:$10m^3$) 表2-7

工作内容:护筒埋设拆除、准备钻孔机具、钻孔出渣;加泥浆和泥浆制作;清桩孔泥浆;导管准备及拆除;搅拌及灌注混凝土。

定额编号		2-45	2-46	2-47
项目		潜水钻机钻孔灌注桩		
		桩直径在60cm以内	桩直径在80cm以内	桩直径在100cm以内
名称	单位	数量		
人工 综合工日	工日	120.490	104.440	92.140
材料 现浇混凝土(-)C20-25 32.5级	m^3	13.190	13.190	13.190
模板方材	m^3	0.189	0.107	0.070
电焊条	kg	2.690	1.450	0.900
黏土	m^3	0.540	0.540	0.540
铁钉	kg	0.580	0.390	0.290
水	m^3	27.130	26.230	24.600
其他材料费占材料费	%	22.100	16.040	12.390

续上表

定额编号		2-45	2-46	2-47
项 目		潜水钻机钻孔灌注桩		
		桩直径在60cm以内	桩直径在80cm以内	桩直径在100cm以内
名称	单位	数量		
机械	潜水钻机1 250mm以内	台班	4.570	3.850	3.310
	混凝土搅拌机400L	台班	0.720	0.720	0.720
	交流电焊机40kVA	台班	0.340	0.230	0.150
	空气压缩机9m³/min	台班	0.520	0.420	0.290
	其他机械费占机械费	%	7.080	10.570	12.500

水上现浇混凝土工程定额表　　　　表2-8

工程内容：组拼、安装、拆除模板、浇筑及养护混凝土。

顺序号	项 目	单位	4096	4097	4098	4099	4100	4101	4102	4103
	定额编号		方桩桩帽				管桩桩帽			
			单桩		双桩		单桩		双桩	
			陆拌水运	搅拌船	陆拌水运	搅拌船	陆拌水运	搅拌船	陆拌水运	搅拌船
1	人工	工日	43.96	46.27	26.21	26.33	24.09	24.59	19.18	20.04
2	混凝土	m³	10.40	10.40	10.40	10.40	10.40	10.40	10.40	10.40
3	板枋材	m³	0.176	0.176	0.654	0.654	0.398	0.398	0.659	0.659
4	定型组合钢模 板面	kg	47.00	47.00	20.00	20.00	14.00	14.00	27.00	27.00
5	定型组合钢模 骨架、支撑	kg	40.00	40.00	24.00	24.00	30.00	30.00	14.00	14.00
6	定型组合钢模 连接卡具	kg	6.00	6.00	13.00	13.00	10.00	10.00	14.00	14.00
7	铁件	kg	40.00	40.00	40.00	40.00	43.00	43.00	38.00	38.00
8	其他材料	%	3.00	2.97	2.74	2.70	3.00	2.96	2.17	2.17
9	12m³/h 搅拌船	艘班	—	0.568	—	0.568	—	0.568	—	0.568
10	294kW 拖轮	艘班	0.010	0.078	0.010	0.078	0.010	0.078	0.010	0.078
11	400t 方驳	艘班	0.422	—	0.422	—	0.422	—	0.422	—
12	50t 铁驳	艘班	2.342	1.498	1.585	0.740	1.285	0.441	1.237	0.393
13	15kW 机动艇	艘班	2.342	1.498	1.585	0.740	1.285	0.441	1.237	0.393
14	2m³ 轮胎式装载机	台班		0.17		0.17		0.17		0.17
15	15m³/h 搅拌站	台班	0.42	—	0.42	—	0.42	—	0.42	—
16	15t 履带式起重机	台班	0.42		0.42		0.42		0.42	
17	0.8×15m 皮带机	台班	—	0.50		0.50		0.50		0.50
18	1t 机动翻斗车	台班	0.85		0.85		0.85		0.85	
19	其他船机	%	4.26	3.19	5.94	3.36	5.09	4.00	6.30	3.70
20	基价	元	5 905.96	6 288.43	5 008.86	5 308.79	4 545.57	4 875.61	4 703.99	5 030.92
	附注：钢筋含量参考表									
21	钢筋	kg	870~1 710				110~1 600			

五、预算定额册的组成

1. 预算定额册的组成内容

不同时期、不同专业和不同地区的预算定额册,在内容上虽不完全相同,但其基本内容变化不大。主要包括:

(1) 总说明;
(2) 分章(分部工程)说明;
(3) 分项工程表头说明;
(4) 定额项目表;
(5) 分章附录和总附录。

有些预算定额册为了方便使用,把工程量计算规则编入其中。事实上,工程量计算规则并不是预算定额册必备的内容。

2. 水工建筑工程定额册的内容实例

为了更详尽了解水工建筑工程定额册组成内容,特节录交通部 2004 年发布的《沿海港口水工建筑工程定额》主要内容如下:

> **总 说 明**
>
> 第一章 土石方工程。本章分为六节,包括陆上开挖工程、陆上铺填工程、水下挖泥工程、水上抛填工程、水下炸礁工程以及砌筑工程。
>
> 第二章 基础工程。主要包括基础打入桩工程、基础灌注桩工程、地下连续墙工程和软土地基加固工程。
>
> 第三章 混凝土及钢筋混凝土构件预制安装工程。本章结构上的特点之一是按桩梁板构件和重力式构件及钢筋加工划分为三部分;特点之二是将固定预制厂和临时预制厂预制的构件分开,因为两者的施工条件不同,因而需要的工程费用不同。所谓固定预制厂是指列入施工企业固定资产的,并经上级主管部门批准的预制厂。由固定预制厂预制的构件,在定额正表中列出了"固定预制厂使用费"一项。
>
> 所谓临时预制厂是指基本建设投资的,按临时工程处理的预制厂。凡是临时预制厂预制的构件,不列入"固定预制厂使用费"。
>
> 桩梁板构件分为预制、安装两节,而构件安装又分为水上安装和陆上安装;重力式构件,包括沉箱、圆筒、扶壁、方块以及挡浪墙、胸墙和护面块体等构件。
>
> 第四章 现浇混凝土及钢筋混凝土工程。共分三节,即:陆上现浇混凝土、水上现浇混凝土、水下混凝土及其他。水上现浇混凝土有陆拌水运和搅拌船两种工艺。编制工程概预算时应根据施工条件设计或施工组织设计合理选用。
>
> 第五章 钢结构制作及安装工程。主要包括工程主体的大型钢结构制作安装以及施工用大型专用钢结构制作安装、金属构件除锈、刷油等防腐工程。使用时需要注意的是,本章钢结构制作定额是以施工单位自有加工厂的生产条件为主编制的。当制作条件改变时,需要适当调整。使用时需仔细阅读章说明。
>
> 第六章 其他工程。本章定额主要包括钢轨、系船柱、橡胶护舷等成品件的安装以及一般金属构件的制作安装等。

第四节 概算定额

一、概算定额的概念

概算定额是以扩大的分部分项工程或单位扩大结构构件为对象,以预算定额为基础,根据通用设计或标准图等资料,计算和确定完成合格的该工程项目所需消耗的人工、材料和船机(艘)台班的数量标准,所以概算定额又称作扩大结构定额。

概算定额的项目划分粗细与扩大初步设计的深度相适应,一般是在预算定额的基础上综合扩大而成的,每一综合分项概算定额都包含了数项预算定额。

概算定额是预算定额的综合与扩大。它将预算定额中有联系的若干分项工程项目综合为一个概算定额项目。如砖基础概算定额项目,就是以砖基础为主,综合了平整场地、挖地槽、铺设垫层、砌砖基础、铺设防潮层、回填土及运土等预算定额中分项工程项目。又如砖墙定额,就是以砖墙为主,综合了砌砖、钢筋混凝土过梁制作、运输、安装、勒脚、内外墙面抹灰、内墙面刷白等预算定额的分项工程项目。

水工建筑安装工程概算定额基价表又称扩大单位估价表,是确定概算定额单位产品所需全部人工费、材料费、船机(艘)台班费之和的文件,是概算定额在各地区以价格表现的具体形式。

概算定额表达的主要内容、表达的主要方式及基本使用方法都与综合预算定额相近。因此有:

定额基准价 = 定额单位人工费 + 定额单位材料费 + 定额单位船机费
= 人工概算定额消耗量 × 人工工资单价 + $\sum$(材料概算定额消耗量 × 材料预算价格) + $\sum$(船机概算定额消耗量 × 船机艘(台)班费用单价)

二、概算定额的作用

自1957年我国开始在全国试行统一的《建筑工程扩大结构定额》之后,各省、市、自治区根据本地区的特点,相继编制了本地区的概算定额。为了适应建筑业的改革,原国家计委、建设银行总行在计标[1985]352号文件中指出,概算定额和概算指标由省、市、自治区在预算定额基础上组织编写,分别由主管部门审批,报国家计划委员会备案。概算定额主要作用如下:

(1)初步设计阶段编制概算、扩大初步设计阶段编制修正概算的主要依据;
(2)对设计项目进行技术经济分析比较的基础资料之一;
(3)建设工程主要材料计划编制的依据;
(4)编制概算指标的依据。

三、概算定额的编制原则和编制依据

(一)概算定额的编制原则

概算定额应该贯彻社会平均和简明适用的原则。由于概算定额和预算定额都是工程计价的依据,所以应符合价值规律和反映现阶段大多数企业的设计、生产及施工管理水平。但在概预算定额水平之间应保留必要的幅度差,一般概算定额加权平均水平比综合预算定额增加造价2.06%,并在概算定额的编制过程中严格控制。概算定额的内容和深度是以预算定额为基础的综合和扩大,在合并中不得遗漏或增减项目,以保证其严密性和正确性。概算定额应简化、准确和适用。

(二)概算定额的编制依据

由于概算定额与预算定额的使用范围不同,编制依据也略有不同。其编制依据一般有以下几种:

(1)现行的设计规范和建筑工程预算定额;
(2)具有代表性的标准设计图纸和其他设计资料;
(3)现行的人工工资标准、材料预算价格、船机(艘)台班预算价格及其他的价格资料。

四、概算定额与预算定额的区别与联系

(一)概算定额与预算定额的相同之处

(1)两者都是以建(构)筑物各个结构部分分项工程为单位表示的,内容都包括人工、材料、船机(艘)台班使用量定额三个基本部分,并列有基价,同时它也列有工程费用,是一种计价性定额。概算定额表达的主要内容、主要方式及基本使用方法都与预算定额相似。

(2)概算定额基价的编制依据与预算定额基价相同。全国统一概算定额基价,是按北京地区或交通运输部规定的工资标准、材料预算价格和船机(艘)台班单价计算基价;地区统一定额和通用性强的全国统一概算定额,以省会所在地的工资标准、材料预算价格和机械台班单价计算基价。在定额表中一般应列出基价所依据的单价,并在附录中列出材料预算价格取定表。

(二)概算定额与预算定额的不同之处

(1)项目划分和综合扩大程度上的差异。由于概算定额综合了若干分项工程的预算定额,因此使概算工程项目划分、工程量计算和设计概算书的编制都比编制施工图预算简化了许多。

(2)概算定额来源于预算定额。概算定额主要用于编制设计概算,同时可以编制概算指标;而预算定额主要用于编制施工图预算。

五、概算定额的应用

按专业特点和地区特点编制的概算定额手册,内容基本上是由文字说明、定额项目表和附录三个部分组成。

(一)概算定额的内容与形式

1. 文字说明部分

文字说明部分有总说明和分部工程说明。在总说明中,主要阐述概算定额的编制依据、使

用范围、包括的内容及作用、应遵守的规则及建筑面积计算规则等。分部工程说明主要阐述本分部工程包括的综合工作内容及分部分项工程的工程量计算规则等。

2.定额项目表

(1)定额项目的划分

概算定额项目一般按以下两种方法划分：

①按工程结构划分：一般是按土石方、基础、墙、梁板柱、门窗、楼地面、屋面、装饰、构筑物等工程结构划分。

②按工程部位(分部)划分：一般是按基础、墙体、梁柱、楼地面、屋盖、其他工程部位等划分。如基础工程中包括了砖、石、混凝土基础等项目。

(2)定额项目表

定额项目表是概算定额手册的主要内容，由若干分节定额组成。各节定额由工程内容、定额表及附注说明组成。定额表中列有定额编号、计量单位、概算价格、人工、材料、机械台班消耗量指标，综合了预算定额的若干项目与数量。

(二)概算定额应用规则

(1)符合概算定额规定的应用范围；

(2)工程内容、计量单位及综合程度应与概算定额一致；

(3)必要的调整和换算应严格按定额的文字说明和附录进行；

(4)避免重复计算和漏项；

(5)参考预算定额的应用规则。

思考与练习题

1.什么是定额？什么是建设工程定额？

2.工程定额具有哪些特性？

3.工程定额按照编制程序和用途是如何分类的？

4.怎样编制施工定额？

5.预算定额的编制步骤有哪些？

6.如何确定预算定额的各项消耗指标？

7.预算定额的计量单位有哪些？应该怎样确定？

8.什么是材料预算价格？如何确定？

第三章 水运工程单位估价表的编制

第一节 单位估价表概述

一、单位估价表的概念

单位估价表,即分部分项工程的预算单价表,是以货币形式表现预算定额中分部分项工程所实际耗用的人工、材料和船机艘(台)班的预算单价,并用一定的表格形式表示出来,作为计算计量单位分部分项工程定额直接费用的依据。

由于单位估价表的实物量来自统一的现行预算定额,而其价格又是按每一个不同地区的材料预算价格分别编制的,所以单位估价表是预算定额在该地区的具体表现形式,也是该地区编制预算最直接的基础资料。

为了便于施工图预算的编制,简化单位估价表的编制工作,各地区多采用预算定额和单位估价表合并的形式来编制,即预算定额内不仅列出"三量",同时列出预算"三价",使地区预算定额和地区单位估价表融为一体。

二、单位估价表的分类

按照适用工程对象划分有:
(1)建筑工程单位估价表;
(2)安装工程单位估价表。
按照专业系统划分有:
(1)一般土建工程单位估价表;
(2)装饰工程单位估价表;
(3)市政工程单位估价表;
(4)园林古建筑工程单位估价表;
(5)各专业部系统的单位估价表。
按照编制依据划分有:
(1)定额单位估价表;
(2)补充单位估价表。
按照不同用途划分有:
(1)预算单位估价表;
(2)概算单位估价表。

三、单位估价表的作用

单位估价表的每个分项单位价值,分别乘以相应的工程量后,可以确定每个分项工程价

值,从而可以算出每个建筑物或构筑物的全部直接费用。具体作用如下:
（1）是编制和审查水运工程施工图预算、确定工程造价的主要依据;
（2）是拨付工程价款和结算的依据;
（3）在招投标竞争中,是编制标底和合理报价的依据;
（4）是设计单位对设计方案进行技术经济分析比较的依据;
（5）是施工单位实行经济核算,考核工程成本的依据;
（6）是制定概算定额、概算指标的基础。

单位估价表经当地政府的职能部门批准后,即成为法定的单价,未经主管部门的同意不得任意修改。

四、单位估价表的编制依据

单价估价表是以一个城市或一个地区为范围进行编制的,可在本地区实施。对本地区不通用的项目可不列入,对定额项目缺项者,可以由地区来进行补充说明。其编制的主要依据如下:

（1）建筑安装工程概预算定额:根据工程性质选用相应的定额,对于一个建设项目来说,编制概预算和单位估价表时,只需选用定额中与本工程有关的部分。
（2）建筑安装工人工资标准,套用专业专用定额,应采用专业主管部规定的概预算工资标准,选用国家通用或地方制定的定额,一律采用当地建筑安装工人的工资标准。
（3）材料预算价格,按工程所在地的市场材料价格计算。
（4）船机艘(台)班预算价格。

五、单位估价表编制步骤

（1）确定编制依据,编制有关基础资料,供编制单位估价表时使用。
（2）选定概预算定额项目,根据工程类型和结构特点,以及分部分项工程的名称选用相应的预算定额项目。
（3）抄录定额工料机数量,将选定的项目所含的人工、材料、船机定额数量抄录在空白单价表相应各栏内。
（4）选用和填写单价,将人工工资标准、市场材料价格、船机艘(台)班单价填入"单价"栏内,其他材料费和其他船机费按一定比例计列表中。
（5）计算与复核,认真进行计算与复核工作,以保证单位价表的准确性。

六、单位估价表基价的构成

单位估价表中的基价,是由预算定额的工日、材料、船机(艘)台班的消耗量,分别乘上相应的工日单价、材料预算价格、船机(艘)台班预算价格后,汇总而成的。

由于基价是确定单位分项工程的直接费单价,所以也称基价为工程单价。
单位估价表中基价的构成及其相互关系,见图3-1。
从图3-1中可以看出,单位估价表的构成要素是人工、材料、船机(艘)台班(简称"三量")和地区日工资单价、材料预算价格、船机(艘)台班预算价格(简称"三价")。"三量"分别乘以"三价"就得出单位估价表的基价(工程单价)。

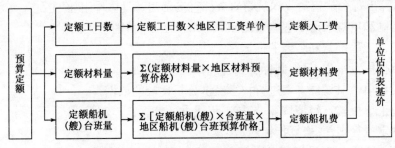

图 3-1 单位估价表工程基价构成及相互关系

当"三量"标准按预算定额确定后,单位估价表中基价的准确与否,主要取决于"三价"。因此,本章将着重讨论"三价"的确定方法。

第二节 人工工日单价的确定

人工工日单价(亦称人工工资单价、人工单价、工日预算价格),是指一个建筑安装工人一个工作日在预算中应计入的全部人工费用。它基本上反映了建安工人的工资水平和一个工人在一个工作日中可以得到的报酬。

一、人工工日单价的组成

按照现行规定人工工日单价组成内容见表 3-1。

人工工日单价组成内容表　　　　　表 3-1

基本工资	岗位工资	辅助工资	非作业日发放的工资和工资性补贴
	技能工资		
	年功工资		劳保用品
工资性补贴	交通补贴	劳动保护费	徒工服装费
	流动施工津贴		防暑降温费
	房补		保健津贴
	工资附加	职工福利费	书报费
	地区津贴		洗理费
	物价补贴		取暖费

二、人工工日单价的测算方法

(一)生产工人的基本工资

生产工人的基本工资是指发放给生产工人的标准工资。基本工资包括岗位工资、技能工资和年功工资(工龄工资)。

为更好地体现按劳取酬和适应市场经济的需要,人工单价组成内容,在各部门、各地区并不完全相同,但是都必须执行岗位技能工资制度。

基本工资中的岗位工资和技能工资,根据有关部门制定的"全民所有制大中型建筑安装企业岗位技能工资制试行方案"中工人岗位工资标准有8个岗次(见表3-2),技能工资分初级工、中级工、高级工、技师和高级技师五类工资标准(见表3-3)。

全民所有制大中型建筑安装企业工人岗位工资参考标准(门类地区)　　表3-2

岗次	1	2	3	4	5	6	7	8
标准一	119	102	6	71	58	48	3239	32
标准二	125	107	90	75	62	51	42	34
标准三	131	113	96	80	66	55	45	36
标准四	144	124	105	88	72	59	48	38
适用岗位								

(二)生产工人的工资性补贴

生产工人工资性补贴是指为了补偿工人额外或特殊的劳动消耗及为了保证工人的工资水平不受特殊条件影响,而以补贴形式支付给工人的劳动报酬。它包括按规定标准发放的物价补贴、煤、燃气补贴、交通费补贴、住房补贴、流动施工津贴、港口津贴及少数民族津贴等。计算公式为:

$$生产工人工资性补贴 = \frac{月人均工资性补贴总额}{平均月工作天数}$$

(三)生产工人的辅助工资

生产工人辅助工资,是指生产工人有效施工天数以外的非作业天数的工资。包括职工学习、培训期间的工资,调动工作、探亲、休假期间的工资,因气候影响的停工工资,女工哺乳时间的工资,由行政支付的病(六个月以内)、产、婚、丧假期的工资等。

计算公式为:

$$生产工人辅助工资 = \frac{日人均(基本工资+工资性补贴) \times 非生产用工}{全年有效施工天数}$$

(四)职工福利费

职工福利费,是指按国家规定标准计提的职工福利费。它主要用于职工的医药费、医护人员的工资、医务经费、职工生活困难补助、职工浴室、理发室、幼儿园、托儿所人员的工资以及按国家规定开支的其他福利支出。按照财政部、中国人民建设银行(93)财预字第6号文件规定,职工福利费应按照企业职工工资总额的14%提取。

计算公式为:

$$职工福利费 = \frac{年人均(基本工资+工资性补贴) \times 14\%}{全年有效施工天数}$$

(五)生产工人的劳动保护费

生产工人劳动保护费是指按国家有关部门规定标准发放的劳动保护用品的购置费及修理费、徒工服装补贴、防暑降温费、在有碍身体健康环境中施工的保健费用等。

计算公式为:

$$生产工人劳动保护费 = \frac{年均劳动保护费开支总额}{全年有效施工天数}$$

全民所有制大中型建筑安装企业技能工资参考标准(六类地区)

表3-3

档次	1	2	3	4	5	6	7	8	9	10	11	12	13	14	15	16	17	18	19	20	21	22	23	24	25	26	27	28	29	30	31	32	33
标准一	50	56	62	68	75	82	89	96	103	110	117	124	132	140	148	156	164	172	180	188	196	204	212	220	229	238	247	256	265	275	285	295	305
标准二	52	58	65	72	79	86	93	100	108	116	124	132	140	148	156	164	172	180	189	198	207	216	225	234	243	252	261	270	280	290	300	310	320
标准三	54	61	68	75	82	89	97	105	113	121	129	137	145	153	162	171	180	189	198	207	216	225	235	245	255	265	275	285	295	306	315	325	335
标准四	57	64	72	80	88	96	105	114	123	132	141	150	159	168	177	186	195	204	214	224	234	244	254	264	274	284	294	304	314	324	334	344	354

工人：初级技术工人、中级技术工人、高级技术工人、非技术工、技师、高级技师

专业技术人员：初级专业技术人员、中级专业技术人员、高级专业技术人员、教授级高级专业技术人员

管理人员：办事人员、科员、中型企业正职、大型企业正职

说明：

1. 平均月工作天数

平均月工作天数有3种计算方法：

1）每周休息1d

即365d减去星期日52d减去法定节假日10d，再除以12等于25.25d。

也就是：
$$\text{平均月工作天数} = \frac{365-52-10}{12} = 25.25(\text{d})$$

2）每周休息1.5d

即365d减去星期日78d减去法定节假日10d，再除以12等于23.08d。

也就是：
$$\text{平均月工作天数} = \frac{365-78-10}{12} = 23.08(\text{d})$$

3）每周休息2d

即365天减去星期日104d减去法定节假日10d，再除以12等于20.92d。

也就是：
$$\text{平均月工作天数} = \frac{365-104-10}{12} = 20.92(\text{d})$$

2. 法定节假日

元旦1天，清明节1天，劳动节1d，端午节1天，中秋节1天国庆节3d，春节3d，共计11d。

3. 全年有效工作天数

全年365d，扣除：

（1）星期天（52d、78d，或104d）；

（2）法定节假日（11d）；

（3）非作业天数（如辅助工资中的天数）。

4. 日工资和月工资的关系

在工程概、预算中建筑安装工人基本工资通常以日工资形式表示。每工作8h为一工日，日工资和月工资的关系用下式表示为：

$$\text{日工资} = \frac{\text{月工资}}{20.92}$$

式中，20.92工日为每月法定平均工作日数。即[365−(10+104)]÷12个月=20.9d/月。

三、水运建筑安装生产工人工资标准（1994年及2004年）

水运建筑安装生产工人工资标准见表3-4与表3-5。

水运建筑安装生产工人工资标准（1994年）（单位：元/工日） 表3-4

项目	工资区类别				
	六	七	八	十	十一
工资单价	19.80	19.99	20.17	21.05	21.79

注：1. 东北、华北地区按上述工资单价乘以1.04系数。
2. 特区（指深圳、珠海、厦门、汕头市和海南省）按上述工资单价增加3.94元/工日。
3. 水工沿海及长江港口工程工资单价年有效作业天数（1992年在部定额会议确定）。一般地区为246d；华北、东北为236d。

注意：中华人民共和国交通部曾批准交通部水运工程定额站从 2004 年 7 月 1 日开始,对建安工人人工工资单价的基价及各地区单价均为 31.30 元/工日,但 1994 年已停止使用。

建筑生产工人工资单价计算表　　　　表 3-5

序号	项目名称	六	七	八	十	十一	计算说明
1	（一）基本工资	150.60	153.60	156.60	165.00	183.20	
2	（二）工资性补贴	181.31	181.69	181.88	189.38	184.44	
3	其中:1.物价补贴	45.00	45.00	45.00	45.00		
4	2.流贴	107.10	107.10	107.10	107.10	107.10	4.2 元/天×20.9 天
5	3.港工津贴	11.30	11.52	11.75	12.38	13.74	（一）×7.5%
6	4.住房补贴	3.01	3.07	3.13	9.90	3.60	（一）×2%（级） （一）×6%（十类）
7	5.其他补贴	15.00	15.00	15.00	15.00	15.00	
8	（三）职工福利费	46.48	46.91	47.40	49.61	51.48	[（一）+（二）]×14
9	（四）劳动保护费	27.50	27.50	27.50	27.50	27.50	330 元/年
10	工资单价(元/工日)	19.80	19.99	20.17	21.05	21.79	[（一）~（四）]÷(246÷12)

四、影响人工工日单价的因素

影响建筑安装工人人工单价的因素很多,归纳起来有以下方面:

(1)社会平均工资水平。建筑安装工人人工单价必然和社会平均工资水平趋同。社会平均工资水平取决于经济发展水平。由于我国改革开放以来经济迅速增长,社会平均工资也有大幅度增长,从而影响人工单价的大幅提高。

(2)生产费指数。生产费指数的提高会影响人工单价的提高,以减少生活水平的下降,或维持原来的生活水平。生活消费指数的变动决定于物价的变动,尤其决定于生活消费品物价的变动。

(3)人工单价的组成内容。例如住房消费、养老保险、医疗保险、失业保险费等列入人工单价,会使人工单价提高。

(4)劳动力市场供需变化。在劳动力市场如果需求大于供给,人工单价就会提高;供给大于需求,市场竞争激烈,人工单价就会下降。

(5)政府推行的社会保障和福利政策也会影响人工单价的变动。

第三节　材料预算价格的确定

材料预算价格,是指材料(包括成品、半成品、零件、构件)由来源地运到工地仓库或施工现场存放材料地点后的出库价格。

在水运工程中,材料款项占整个造价的 60%~70%,它是工程直接费的主要组成部分。建筑产品基本上是各种材料和构件的堆积和组合,材料耗用量非常大,会直接影响到建设费用的大小。因此,正确确定建安工程材料预算价格,有利于合理确定建安工程造价,有利于施工企业和建设单位开展经济核算,有利于推行建安工程招标投标承包制。

材料预算价格按照编制的范围划分,有地区材料预算价格和某项工程专用的材料预算价格。两者的区别在于地区材料预算价格是以某一地区(或以地区中的某一中心城市)为对象而编制的,使用范围为该地区的所有工程。一般直接作为编制地区单位估价表的依据。某项工程专用的材料预算价格是以某一工程,(一般为大型重点建设工程)为对象编制的,并专为该项工程使用。在具体的计算过程中,虽然两者在材料来源地、运输费计算等数据处理上有些判别,但编制原理基本上是一致的。

一、材料预算价格组成与编制依据

1. 材料预算价格的组成

材料预算价格是指材料由其来源地(或交货地)运到建设工地仓库后的全部费用。由下列费用组成:

(1)材料原价:是指以材料出厂价格计算的材料购买价格。

(2)材料供销部门手续费:是指材料经过物资部门或供销部门供应时附加的手续费。

(3)包装费:是指为了便于运输或保护材料而进行包装所需的费用。

(4)运输费:是指材料由来源地运至工地仓库全部运输过程中所发生的一切费用。

(5)材料采购及保管费:是指材料供应部门和工地仓库材料管理部门在组织材料采购和保管过程中所需的各项费用。

2. 材料预算价格的计算公式

$$材料预算价格 = [材料原价 \times (1 + 供销部门手续费) + 包装费 + 运杂费] \times (1 + 采购保管费率) - 包装品回收值$$

3. 材料预算价格的编制依据

(1)预算定额内所需的材料和构件的名称、品种、规格、单位以及单位重量。

(2)国家统一分配、主管部门分配的物资出厂价格、地方材料出厂价格,五金、交电、水暖器材和其他有关产品价格及价格信息。

(3)各种材料来源地、进货数量及比例和运输方式及比例的合理方案。

(4)铁路、公路、水路和地方运输及装卸的费用标准,以及相应的里程图表。

(5)建设地区运输总平面图和施工组织设计资料。

(6)其他有关资料。

二、材料预算价格的确定方法

(一)材料原价的确定

1. 材料原价的计算原则

(1)国家统一分配的材料(统配材料),以国家规定的出厂价格计算。

(2)中央各部分配的材料(部管材料),以各工业部门规定的出厂价格计算。

(3)地方分配的材料(地方材料),按地方主管部门规定的价格计算。

(4)从商业部门购买的材料,按商业批发价格计算。

(5)从建材市场上购买的材料,按有关管理部门测算、公布的参考价格计算。

(6)国外进口的材料,按外贸部门规定的价格按合同规定的价格计算。

2.材料原价的计算方法

在编制材料预算价格时,尤其是在编制地区材料预算价格时,由于考虑材料的供应渠道不同,材料的来源地不同,因此计算材料原价应采取加权平均的方法进行综合考虑。材料的加权平均原价的计算公式为:

$$材料加权平均原价 = 各地材料原价 \times 各地权数$$

例如,某工程用生石灰 10 000t 由甲、乙、丙三地供应,甲地供应 5 000t,原价为每吨 15 元,乙地供应 3 000t,原价为每吨 12 元,丙地供应 2 000t,每吨原价为 13 元,则该种材料的原价计算如下:

(1)各地材料供应比重(权数):

$$甲地:5\ 000 \div 10\ 000 = 50\%$$
$$乙地:3\ 000 \div 10\ 000 = 30\%$$
$$丙地:2\ 000 \div 10\ 000 = 20\%$$

(2)加权平均原价为:$15 \times 50\% + 12 \times 30\% + 13 \times 20\% = 13.7(元)$

(二)供销部门手续费的确定

1.计费规则

(1)只有通过专门的供销部门如物资局、材料采购站购买的材料才计算供销部门手续费。

(2)直接向生产厂家订货或在工程本地车站、码头交货的材料一般不计算供销部门手续费。

(3)由物资部门供应的材料,不管在物资部门内部周转几次,只计算一次供销部门手续费。

(4)在编制材料预算价格时,对于某些材料部分经过供销部门,部分不经过供销部门的应首先确定经仓比重。

2.供销部门手续费的计算方法

供销部门手续费按材料原价或加权平均原价、供销部门手续费率和经仓比重计算。

供销部门手续费率应按照国家有关管理部门的规定执行,目前多数省份是按照表3-6所示的费率计算供销部门手续费。

表3-6

序 号	材料名称	费率(%)	备 注
1	金属材料	2.50	包括有色、黑色、炉料、生铁
2	木材	3.00	包括竹、胶合板
3	机电产品	1.80	
4	化工产品	2.00	包括液体、橡胶及制品
5	轻工产品	3.00	
6	建筑材料	3.00	包括一、二、三类物资

$$供销部门手续费 = 材料原价 \times 供销部门手续费率 \times 经仓比重$$

例如,工程所使用的某规格型钢,其综合原价为每吨 1 200 元,经测算经仓比重为 80%,按 2.5% 的供销部门手续费率计算供销部门手续费为:

$$1\ 200 \times 80\% \times 2.5\% = 24(元)$$

(三)材料包装费的确定

编制建安工程材料预算价格时,材料包装一般分两种情况来考虑:一种情况是材料原带包装,另一种情况是采购单位自备包装。对于这两种不同的情况应采取不同的处理方法确定。

1. 材料原带包装

即由生产厂负责包装的材料;其包装费已计入原价中。在编制材料预算价格时,不得另行计算材料包装费,但应计算包装品的回收价值,并从材料预算价格中扣除。包装品回收值计算公式为:

$$包装品回收值 = \frac{包装品原价 \times 回收量比重 \times 回收折价率}{包装品标准容量}$$

上面公式中包装品回收量比重、回收折价率应按表 3-7 中所示的指标执行。

表 3-7

种 类	回收量比重(%)	回收折价率(%)	种 类	回收量比重(%)	回收折价率(%)
木制品	70	20	纸袋	60	50
铁皮	50	50	麻袋	60	50
铁丝	20	50	铁桶	95	50

例如,工程所用某强度等级的袋装水泥,原包装纸袋每个 0.8 元,每袋标准容量为 50kg,根据表 3-8 中的回收量比重、回收折价率计算的材料包装品回收值为:

$$\frac{0.8 \times 60\% \times 50\%}{0.05} = 4.8(元)$$

表 3-8

品 种	周转使用次数	使用期间维修费率(%)	回收量比重(%)	回收折价率(%)
麻袋	5		60	50
铁桶	15	75	60	50

2. 采购单位自备包装容器

1) 对于多次使用的

多次使用者,应按照包装品周转使用的次数采用摊销的办法计算包装费,列入材料预算价格中。包装费的公式为:

$$材料包装费 = \frac{包装品原价 \times (1 - 回收量比重 \times 回收折价率) + 使用期间维修费}{包装品周转次数 \times 包装品标准容量}$$

公式中回收比重、回收折价率、包装品周转使用次数及维修费率应按表 3-8 中所示的指标执行。

例如,建安工程所用柴油假设按采购单位自备包装品考虑,铁桶标准容量为 150kg,每个铁桶原价为 280 元,其每千克柴油预算价格中的包装费为:

$$包装费 = \frac{280 \times (1 - 95\% \times 50\%) + 280 \times 75\%}{15 \times 150} = 0.16(元)$$

2) 对于一次使用的

应首先计算包装品原值,然后计算包装品回收值,并将包装品原值扣抵回收值后的净值作为材料包装费计入材料预算价格。其计算公式如下:

$$材料包装费 = 包装品原值 - 包装品回收值$$

例如,某工程于某地购买圆木,在铁路运输中,每个车皮可装圆木 $30m^3$,每个车皮需要包装用的车位柱 16 根,每根单价 2.00 元,铁丝 10kg,每千克 1.40 元,试计算每立方米木材的包装费。

每立方米木材所用的包装品原价为:

$$(2 \times 16 + 1.4 \times 10) \div 30 = 1.53(元/m^3)$$

每立方米木材所用的包装品的回收值为(车位柱回收量按70%,回收价值率按20%计算,铁丝回收值按规定计算):

$$(2 \times 16 \times 70\% \times 20\% + 1.4 \times 10 \times 20\% \times 50\%) \div 30 = 0.20(元/m^3)$$

材料预算价格应计入的材料包装费为:

$$1.53 - 0.20 = 1.33(元/m^3)$$

(四)材料运输费的确定

1. 材料运输费的概念

材料运输费用是指材料由来源地起运至施工工地仓库后的全部运输过程中所支付的一切费用(包装费除外),如火车、汽车、船舶及马车等的运输费、运输保险费及装卸费等。

一般建筑材料运费占材料费的 10%~15%,砖的运输往往占材料的 30%~50%,砂子和石子的运费有时可以占到材料费的 70%~90%,由此可见运费直接影响建筑建筑工程的造价。因此,就地取材、减少运输距离,是有很重要的意义的。

2. 材料运输流程和运输费用的组成内容

1) 运输流程

材料是由生产厂或供销部门通过一定的运输方式运到工地仓库或施工现场堆放材料地点的。运输流程如图 3-2 所示。

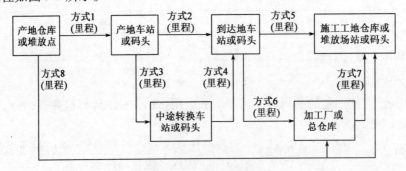

图 3-2 材料运输流程示意图

根据图 3-2 可知,材料运输过程是:

方式1:将材料由生产厂或物资部门通过马车、汽车、火车专用线、驳船等方式运至产地的火车站或码头。

方式2:通过铁路、水路等方式将材料由产地车站、码头运至工程所在地的码头或车站。

方式3、方式4:先将材料通过铁路、水路等运输方式运至中转车站或码头,然后再次启运,运至工程所在地的车站或码头。

方式5:将材料由工程所在地车站或码头通过汽车、马车或铁路专用线等方式运至施工工地仓库或材料堆放场。

方式6、方式7:先将材料通过上述方式运至工程所在地的加工厂或总仓库,然后再将材料运至工地仓库或堆放场。

方式8:通过汽车长途运输将材料由产地仓库或堆放点直接运至工程所在地的加工厂、总仓库或施工工地的材料仓库和堆放场。

2)材料运输费的组成内容

计算材料运输费,应按其实际运输流程;计算材料由来源地启运开始,直至运到施工现场仓库或堆放场地为止的一切费用。因此,材料运输费组成内容一般包括有:车船运费、调车费或驳船费、装卸费、附加工作费(堆放整理费),以及材料合理运输损耗费等。

3. 材料运输费计算依据及说明

(1)主要材料来源地、运输方式和进货数量比重的确定。材料运输费用水平的高与低,与材料来源地和运输方式的选择有密切关系。因为材料必须由来源地运到施工现场,材料来源地一经确定,运输方式和运输距离也就随之确定了。材料来源地离施工工地越近,材料运输费越少,反之,运输费就越高。特别是地方材料的运费如果来源地选择不当,运费就会超过原运费几倍。同时,正确确定材料来源地、运输方式,还能避免长距离和相向运输,节约运输力。

但是,不能单凭其距离施工现场的远近来判断,而必须与其他有关因素联系起来考察。例如,要结合材料来源地的可供量、出厂价格水平、运输条件等因素,进行经济比较后确定。如果最后的材料来源地,不能全部满足需要,就必须有一部分来自稍远的产地。进货量比重是确定同一材料来自各地区时它们运输重量的权数,是计算加权平均运输费的重要数据。

(2)建设地区运输总平面图和施工组织设计资料。根据这些资料中的各种材料存放地点及它们距火车站、码头、中心仓库等距离,计算各种运输距离。

(3)国拨材料运输费的综合费率。凡由地方物资部门或供销部门供应材料,应当按当地物资部门规定的综合费率计算运输费。例如,某省规定的运输费综合费率表,见表3-9。

运输费综合费率表　　　　表3-9

材料名称	综合费率(%)	其中		
		管理费(%)	利息(%)	进货费(%)
金属材料:有色金属	4.50	2.50	1.00	1.00
黑色金属	6.30	2.50	1.00	2.80
机电产品	4.50	1.80	1.00	1.70
化工产品	6.00	2.00	1.00	3.00
液体化工产品	7.00	2.00	1.00	4.00
橡胶及制品	5.00	2.00	1.00	2.00
建筑材料:一类物资	18.00	3.00	1.00	14.00
二类物资	11.00	3.00	1.00	7.00
三类物资	24.00	3.00	1.00	20.00

对于国拨材料,除了按照表3-9的综合费率计算长途运输费外,还应另外根据有关费用标准,计算市内运输费。

(4)运价标准。全国营业的铁路货物运输,除了水陆联运、国际联运过境运输,以及未与铁路网办理通道的临时营业铁路运输外,均按铁道部规定的《铁路货物价规则》和铁路运价标准计算。

水路运输,按交通部和各地交通部门规定的水路运输规则计算。

汽车运输,按各省、市、自治区公路(市内)汽车货物运输规则计算。市内运输装卸费按各地区规定的货物装卸搬运价格计算。

在外埠采购的材料,均应按运输流程和采取的运输方式,按相应的运价标准计算长途运输费和市内运输费。

(5)单位质量的确定。材料单位质量是决定材料运输费用的依据。对有规定单位质量的材料,原则上按规定的单位质量为准,有些比较特殊的材料,如无法得到其单位质量时,从体积和面积的比例上,适当计算出其近似质量。带有包装的材料,在计算运输费时,则需将材料运输单位质量加上包装的质量。某省规定的材料运输单位质量见表3-10。

材料运输单位质量表 表3-10

序号	名称	规格	单位	质量(kg)	序号	名称	规格	单位	质量(kg)
1	红白松原木		m³	810	12	毛石		m³	1 700
2	红白松成材		m³	759	13	炉渣		m³	850
3	硬杂原木		m³	950	14	油毡	400g	捆	28
4	硬杂成材		m³	850	15	平板玻璃	2mm	10m²	50
5	软杂原木		m³	780	16	平板玻璃	3mm	10m²	75
6	软杂成材		m³	760	17	平板玻璃	4mm	10m²	100
7	红(青)砖	240mm×115mm×53mm	千块	2 600	18	平板玻璃	5mm	10m²	125
8	黏土瓦		千块	3 000	19	平板玻璃	6mm	10m²	150
9	混砂		m³	1 650	20	平板玻璃	8mm	10m²	175
10	净砂	10mm以内	m³	1 500	21	平板玻璃	10mm	10m²	200
11	河石		m³	1 600	22	平板玻璃	12mm	10m²	225

(6)附加整理费。按各地规定取费标准计算。

(7)材料的运输损耗率。按各省、市、自治区规定执行。

4.材料运输费的计算

1)铁路运输费的计算

当材料需经铁路运输时,而且交货价格是按供应单位仓库或起运站交货规定的,必须在熟悉国家铁路部门规定的运费计算规则基础上,正确计算材料的铁路运费、装卸费、调车费。

(1)按货物质量规定运费标准(亦称运价率)。即按"整车"货物或"零担"货物分别规定标准。整车货物的以吨为单位计价,不足一吨者按一吨计算;零担货物以10kg为一个计价单位,不足10kg者按10kg计算。

(2)按货物的等级规定运费标准。即根据货物价值大小、运输难易程度,有无危险性等情况,将货物分成若干等级(运价号),不同等级规定不同的运费标准。

(3)按不同里程分别规定全程的运费标准,例如:50km以内规定一个全程计费标准,51~80km规定另一个全程计费标准。

(4)装卸费。由铁路负责装卸的整车货物,自货场堆放地点到货车上和自货车上卸至堆放地点,均需按铁路规定的费率计算装车费和卸车费。

铁路装卸费标准各地区、各种货物均不一样,应按照装货及卸货地区铁路局规定的费率计算。

(5)调车费。当材料仓库或堆置场有铁路专用线,或者在车站站界内有专用装运材料地点,需要用铁路机车取送车辆时,应计算调车费。

我国铁路部关于调车费规定,往专用线上取送车辆时(不论车皮多少),按往返里程计算。每机车公里收取0.32元。取车时不再收费。

调车费要分摊到单位质量材料上。计算公式如下:

$$单位质量材料的调车费 = \frac{距车站中心里程 \times 2 \times 每机公里调车费用}{每次车辆数 \times 车厢技术装载量}$$

2)水路运输费的计算

(1)水路运输费内容

水路运输费用系指沿海、内河的运输。材料如需由沿海、内河运输并且材料价格是按供货工厂交货或启运港口码头交货确定的,均需计算水路运费。水路运输费用应按交通运输部规定的建筑材料及设备的沿海和主要河流、地方内河运输价格表计算。

①驳船费:指在港口用驳船从码头至船舶取送货物的费用,每吨货物驳船费率由各港口分别按不同类别货物规定。

②装卸费:每个港口,分别按不同货物规定每吨货物装卸费。

③运费:水路运费也按货物的不同等级、不同运价里程和质量分别规定的。但是水路运输运价有自身的特点:水路运输没有整船与零担之分;在同样里程条件下,由于航线的不同,航行区段不同,其运价率不一样;水路运输有特殊运价的规定,即有联运价、直接到达的运价及附加费的规定。

(2)水路运费计算方法

水路运输运费与铁路运费计算方法基本相同,即应根据货物等级、运输里程和运价标准计算。

3)公路运输费用的计算

(1)公路运输费及其内容

当材料经过公路,由汽车运到工地仓库时,而且材料出厂价格是按供应者仓库或起运站交货条件规定的,应计算材料的公路运输费用。

地方性建筑材料很大部分是通过公路运输的,其运费占地方性建筑材料预算价格的比重较大,因此,要特别注意对公路运输费的正确计算。

公路汽车运输费,一般要计算装卸费和运费两个费用因素。如果装卸费已包括在运价标准之内,则不要另算装卸费。其中:

装卸费,一般以吨为单位计算,其取费标准应根据交通部及各地运输部门规定计算。

运费,全国各地区公路运输运价的规定不够一致,基本一致点大体如下:运价有等级之分,但不同省货物等级的划分方法不一样;公路运价是按吨公里规定的,有的还按长短途分别规定不同的运价标准,在短途运价中有的还规定有吨次费;公路运价是按不同地区、不同区段分别规定的;公路运价与铁路运价一样,有整车与零担之分;公路运输有特殊的运价规定,如山区或雨季运输加成费、空驶补贴费、长大货物特殊到家价、特种车辆运价。

(2)公路运输费计算方法

公路运费计算公式为:

$$公路运费 = 吨公里运价 \times 运输里程 + 运输基价$$

因此,计算公路运费时,首先要计算运距,然后再根据上述有关规定查出吨公里运价和运输基价,代入上式后就求得单位材料的公路理费。

(五)材料采购及保管费的确定

材料采购及保管费是指材料部门在组织采购、供应和保管材料过程中所发生的各项费用。材料采购保管费的费用内容包括:采购、保管人员的工资、职工福利费,办公费,差旅交通费,固定资产使用费,工具用具使用费,劳动保护费,检验试验费,材料储存损耗等。

材料采购保管费的计费基础为:材料原价、供销部门手续费、包装费与运输费之和。

其计算公式为:

材料采购保管费 = (原价 + 供销部门手续费 + 包装费 + 运输费) × 采购保管费率

式中的采购保管费率见表3-11。

采购保管费率表　　　　　表3-11

材料种类	采购费率(%)	保管费率(%)	采购保管费率(%)
木材、水泥	1.0	1.5	2.5
一般建材	1.2	1.8	3.0
暖卫配件	1.8	0.7	1.5

三、水运工程混凝土单价的确定

在水运工程中,混凝土常常作为主体结构的组成部分,一般工程也经常用到,在设计图中主要以混凝土的强度等级来作为控制指标,因此,我们必须掌握混凝土单价的确定,才能编制工程概预算。

(一)混凝土单价编制依据

1. 混凝土配合比定额

(1)普通混凝土:包括半干硬性混凝土、泵送混凝土、水下混凝土。

(2)抗冻混凝土:包括半干硬性混凝土、泵送混凝土。

(3)砂浆:包括水泥砂浆、特种砂浆。

水运工程中执行交通部(2004-7-1)批准颁发的《水运工程混凝土和砂浆材料用量定额》,如表3-12~表3-14所示。

普通半干硬性混凝土（每立方米碎石混凝土） 表3-12

碎石最大粒径（mm）	强度等级	水灰比	水泥 32.5级（kg）	水泥 42.5级（kg）	碎石（m³）	中(粗)砂（m³）	水（m³）	基价（元）
20	C10	0.70	222	459	0.83	0.63	0.195	120.12
	C15	0.61	251	524	0.85	0.59	0.192	128.43
	C20	0.61	316	573	0.88	0.56	0.191	147.90
	C25	0.52	367		0.88	0.53	0.189	161.91
	C30	0.46	417		0.88	0.50	0.190	175.63
	C35	0.41	471		0.87	0.47	0.191	190.04
	C40	0.42			0.88	0.46	0.191	207.89
	C45	0.37			0.87	0.42	0.192	228.22
	C50	0.34			0.86	0.40	0.193	243.70
40	C10	0.70	205	423	0.86	0.61	0.180	110.89
	C15	0.61	232	483	0.88	0.58	0.177	118.76
	C20	0.61	291	529	0.91	0.55	0.176	136.32
	C25	0.52	338		0.91	0.51	0.174	148.90
	C30	0.46	384		0.90	0.49	0.175	161.32
	C35	0.41	434		0.90	0.46	0.176	175.04
	C40	0.42			0.91	0.045	0.176	191.45
	C45	0.37			0.91	0.41	0.177	210.58
	C50	0.34			0.90	0.40	0.178	225.10

不同品种不同强度等级水泥用量指标调整表 表3-13

实际使用品种及等级	定额中品种及等级	普通水泥 32.5级	普通水泥 42.5级
普通水泥	32.5级	1.00	1.15
	42.5级	0.87	1.00
矿渣水泥	32.5级	1.10	1.26
	42.5级	0.97	1.11

注意：

①上述定额表系《沿海港口水工建筑工程定额》的配套部分，可作为编制概预算时确定混凝土和砂浆材料用量的依据。其他相关工程也可参考使用。

②定额中为每立方米混凝土及砂浆体积的材料用量，定额已包括了材料在施工中的工地小搬运和操作损耗，以及砂、石筛洗的损耗，砂用量已考虑了自然条件下含水增加的体积，使用时不论砂和碎石的实际容量及实际含水率多少，均不作调整。

③定额中水泥以普通水泥为准，水泥强度等级按经济合理的原则确定，一般情况下，编制概预算时不得调整；使用中，如果实际确定的水泥品种和强度等级与定额规定的水泥品种和强度等级不同时，可参照表3-13调整水泥用量。此表系按强度要求确定，如不能满足耐久性要求时，应以耐久性要求为准进行调整。

④泵送混凝土和水下灌注混凝土定额是按使用萘系减水剂确定的,以量的形式表示(抗冻混凝土包括引气剂),使用中不得调整。

抗冻半干硬性混凝土(每立方米碎石混凝土)　　　　表3-14

碎石最大粒径(mm)	强度等级	抗冻等级	水灰比	水泥 32.5级 (kg)	水泥 42.5级 (kg)	碎石 (m³)	中(粗)砂 (m³)	水	引气剂 (kg)	基价(元)
20	C20	F150	0.55	336		0.85	0.51	0.183	0.054	151.08
		F200	0.55	336		0.85	0.51	0.183	0.054	151.08
	C25	F200	0.47	389		0.84	0.49	0.181	0.062	165.47
		F250	0.47	389		0.84	0.49	0.181	0.062	165.47
	C30	F250	0.41	448		0.83	0.46	0.182	0.072	181.35
		F300	0.41	448		0.83	0.46	0.182	0.072	181.35
	C35	F300	0.36	513		0.81	0.43	0.183	0.082	198.50
		F350	0.36	513		0.81	0.43	0.183	0.082	198.50
	C40	F350	0.38		486	0.84	0.42	0.183	0.078	214.47
40	C20	F150	0.55	309		0.87	0.50	0.168	0.049	138.67
		F200	0.55	309		0.87	0.50	0.168	0.049	138.67
	C25	F200	0.47	357		0.87	0.48	0.166	0.057	152.08
		F250	0.47	357		0.87	0.48	0.166	0.057	152.08
	C30	F250	0.41	411		0.86	0.45	0.167	0.066	166.57
		F300	0.41	411		0.86	0.45	0.167	0.066	166.57
	C35	F300	0.36	471		0.84	0.42	0.168	0.075	182.39
		F350	0.36	471		0.84	0.42	0.168	0.075	182.39
	C40	F350	0.38			0.87	0.42	0.168	0.072	197.21

⑤定额中半干硬性混凝土坍落度以30mm为准,设计坍落度每增减10mm,水泥用量相应增减2%;泵送混凝土坍落度以140~160mm为准,水下灌注混凝土坍落度以190~220mm为准,设计坍落度在基准范围之外时,坍落度每增减10mm,水泥用量相应增减1.5%。

⑥定额中的细集料以中(粗)砂为准,若采用细砂时,水泥用量增加6%。砂的规格按细度模数M_x的大小划分如下:

粗砂M_x为3.7~3.1。中砂M_x为3.0~2.3 细砂为2.2~1.6。

⑦定额按强度要求(抗冻混凝土并考虑抗冻要求)制定。如定额中的水灰比不能满足耐久性要求时,应根据《水运工程混凝土施工规范》(JTJ 268—1996)和《海港工程混凝土结构防腐蚀技术规范》(JTJ 275—2000)中按耐久性要求的水灰比最大允许值调整水泥用量(其他材料不作调整)。其计算公式为:

$$混凝土水泥用量 = \frac{定额用水量}{按耐久性要求的水灰比最大允许值} \times 1.01$$

$$泵送混凝土(水下混凝土)水泥用量 = \frac{定额用水量}{按耐久性要求的水灰比最大允许值} \times 1.026$$

按耐久性要求的水灰比量大允许值见规范的有关规定。

⑧定额中砂和碎石的用量按体积计算,砂用量已考虑了自然条件下含水增加的体积,使用时不论砂和碎石的实际含水量多少均不作调整。

⑨使用定额时要按设计要求的混凝土标号查用,当设计抗压、抗冻标号与本定额所列标号不一致时,应按设计要求的两个指标中的大值套用。

⑩定额中的水灰比不能满足抗渗要求时,根据《港口工程技术规范》要求的水灰比调整水泥用量(调整方法同耐久性混凝土水泥用量)。

2. 材料预算价格

根据工程所在地区现行的材料预算价格,水泥以32.5级普通硅酸盐水泥的单价为标准,碎石按骨料粒径大小查相应单价,中粗砂以当地材料预算价格的工程用砂为标准,水采用当地规定的价格计算。

(二)混凝土单价的编制方法

一般采用单位估价表的方法来进行编制每个工程所需要的各种强度等级的混凝土,如表3-15所示。

单 位 估 价 表　　　　　　　　　表3-15

	碎石最大直径400mm				
	每立方米混凝土				
	材料名称	单位	单价	数量	合计
混凝土强度等级 C40	32.5级水泥	kg	0.336	423.00	142.13
	400mm碎石	m³	41.000	0.91	37.31
	中(粗)砂	m³	26.000	0.45	11.70
	水	m³	1.800	0.39	0.70
	基价				191.84元/m³

第四节　施工船机(艘)台班使用费的确定

施工船机艘(台)班使用费(亦称艘或台班单价、艘或台班预算价格),是指一(艘)台班施工船机正常工作一个(艘)台班所应分摊的各种费用和所应耗用的工、料费用之和。施工船机使用费以"艘班"或"台班"为计量单位,一(艘)台船机工作8h为一个"艘班"或"台班"。

提高施工船舶机械化水平,是我国水工建筑业的发展方向,它不但有利于大幅度提高劳动生产率和加快建设速度,有利于提高工程质量,节约原材料消耗,也有利于减轻工人的体力劳动。所以,必须遵循独立自主、自力更生、艰苦奋斗、勤俭建国的方针,结合我国国情,不断提高具有我国特点的施工船舶机械化水平。施工船舶机械化水平的提高,在基本建设预算上的反映,就是在工程预算单价以及整个工程预算造价中的施工船舶机械使用费比重增加。因此,正确地确定施工船机(艘)台班使用费,不仅有利于正确计算工程预算造价,而且由于建筑安装企业的施工船机使用费支出能够得到合理的补偿,也有利于施工企业的经济核算和不断提高施工企业技术装备水平。

一、水运工程船舶费用的确定

(一) 船舶艘班费用定额船机分类

施工船机分为:打桩船,起重船,挖泥船,混凝土搅拌船,驳船,拖轮,浮坞,钻孔炸礁船,打夯船、钻探船、辅助船舶、潜水组。

(二) 工程船舶费用组成及计算方法

沿海港口水工建筑及装卸机械设备安装工程船舶机械艘(台)班费用定额对应的是"沿海港口水工建筑工程"和"沿海港口装卸机械设备安装工程定额"中出现的船机类型。是编制工程概预算时,计算船机费用的依据之一。工程船舶分第一类费用(即固定费用是不可调的)和第二类费用(即可变费用)。

1. 工程船舶第一类费用(即不变费用)

(1) 基本折旧费,指船舶在规定的使用期内陆续收回其原始价值的费用。
计算公式为:

$$基本折旧费 = \frac{计算价值 \times (1 - 残值率)}{耐用总艘班}$$

式中:
①计算价值:按交通部四个航务工程局截至1992年底的船舶进行测算。

a. 进口船舶,按进口时的外币价值(美元)为基础,如果是其他币种,按当时兑换率折算为美元,然后按 1 美元 = 5.80 元人民币折算为人民币;

b. 国产船舶按购置时的账面价值计算。

②残值率:船舶按5%计算;运输机械按2%计算;特大型机械按3%计算;中上型机械按5%计算。

③耐用总艘(台)班 = 耐用年限 × 年定额艘班。起重船、打桩船、挖泥船为 14 年;其余船为 12 年。

施工机械部分,仍以1988年的全国统一定额为基础,大中型机械的折旧费,大修费、经修费分别乘以1.68系数,小型机械的上述三项费用各乘以1.44系数。

(2) 船舶检修费,指船舶使用到达规定的检修间隔期必须进行检修所需的费用。其计算公式为:

$$船舶检修费 = \frac{一次检修费 \times 全期检修次数}{耐用总艘班}$$

全期检修次数除方驳铁驳无检修外,均为一次。

(3) 船舶小修费,指船舶使用达到规定的小修间隔期,必须进行小修所需的费用。其计算公式为:

$$船舶小修费 = \frac{一次小修费 \times 全期小修次数}{耐用总艘班}$$

$$全期小修次数 = \frac{耐用年限}{小修间隔期} - (全期检修次数 + 1) \quad (船舶小修间隔期按两年一次)$$

(4)船舶航修费,指船舶在使用过程中经常性保养维修的费用。其计算公式为:

$$船舶航修费 = \frac{一次航修费 \times 全期小修次数}{年定额艘班} \quad (每年一次)$$

(5)机械大修费和经修费:

①机械大修费,指机械使用到达规定的大修间隔期必须进行大修所需的费用。

②机械经修费,指机械小修及各级保养所需的擦拭润滑材料、工具、属具及替换设备的摊销及维护的费用。

(6)辅助材料费,指船舶在使用中辅助材料的消耗、工属具及替换设备的修理更新、低值易耗品的摊销、润滑油、液压油料、擦拭材料等的费用。

(7)安拆及辅助设施费,安拆费系指机械本体及不可分割的辅助装置或附属设施每一次的组装、拆卸所发生的人工、材料、配合机具等费用,以及试运转费。辅助设施费系指安装机械的基础、底座、机械操作时所需的工作台架、固定锚桩等费用。

(8)船舶管理费,指船舶管理部门所发生的费用。其计算公式为:

船舶管理费 = (基本折旧费 + 检修费 + 小修费 + 航修费 + 辅助材料费) × 管理费率
(管理费率取6.5%)

2. 工程船舶第二类费用(即可变费用)

(1)工人工资,指船员、驾驶员和机械使用工人的工资、工资包括的内容和取值详见工资单价计算表。

(2)动力费,指船舶和机械在使用过程中所消耗的燃料、电力及淡水。

第二类费用的取费单价列于表3-16、表3-17中。

2004年第二类费用取费单价表 表3-16

项目	工资(元/人)		柴油 (元/kg)		汽油 (元/kg)	水 (元/t)	电 (元/度)
	船员	驾驶员和机械使用工	船用	机用	船用		
取费单价	46.40	33.88	2.61	2.48	2.77	8.30	0.56

注:①燃料单价允许依据各地的实际价格调整;

②人工单价按表3-17的规定,依据工程所在地区进行调整。调整后的船机艘(台)班单价作为计算定额直接费的依据,不能作为取费基础。

1994年各地区船员、驾驶员和机械使用工工资单价表(元/人) 表3-17

工资区类别 项目	六	七	八	十	十一
船员	34.79	35.07	35.36	36.8	38.02
驾驶员和机械用工	22.34	22.54	22.74	23.75	24.6

(3)有关说明:

①打桩船已包括正常情况下通用背板、替打、桩帽的费用。

②潜水组每组日按400元计算,包括空压机设备一套,潜水售人员一组,没有减压设备的潜水工作船一艘以及其他潜水设备等。

③在需要安装拆卸的机械中,除打桩机、龙门式起重机、塔式起重机、混凝土搅拌站等未包括安拆费用,发生时应另行计算外,其余机械台班费内已包括安拆费用。

④定额中凡应计算养路费、车船使用税的项目,均已按各省、市、自治区、国务院有关部门的规定标准综合列入台班费用基价内,使用时不得调整。

⑤船舶机械停置费按下列公式计算:

$$内燃船舶停置费 = 航修费 + 管理费 + 工资 + 5\%燃料费$$

$$蒸汽机船舶停置费 = 航修费 + 管理费 + 工资 + 25\%燃料费 + 20\%淡水费$$

$$机械停置费 = 1/3 经修费 + 工资$$

(4)航道养护费按各地规定执行。

其计费办法如下:

①各类船舶机械均以 8h 为一个艘(台)班。船机在一个工作艘(台)班内,使用时间在 2h 以内(包括 2h,以下同)时,按 1/4 艘(台)班;在 4h 以内时,按 1/2 艘(台)班;在 6h 以内时,按 3/4 艘(台)班,超过 6~8h,按一个艘(台)班计算。

船舶机械在同一工作台班内使用时间应另行计算。

②法定节、假日停工和自然影响不能施工时,不计收费用。因船舶机械本身原因不能施工时,不计收费用,如影响其他配合机械不能施工时,也不计收费用。

③为了提高船舶机械的利用率,克服不合理的停置和积压,凡按实际使用台班计费的工程,在施工期间除了上条规定外的停置期间收停置费(小型机械不计收停置费),在一个工作日内,已计收一个使用艘(台)班费者,不用计收停置费,没有收足艘(台)班使用费者,不足部分计收停置艘(台)班费。

④船舶机械在执行迁调期间艘(台)班费的计算

自航的船舶及自行机械一律计收使用艘(台)班费;被拖船舶及不自行的机械在调迁期间一律按一天一个停置艘(台)班计算费。

⑤由于工程施工需要,对船舶机械进行改装和复原等所发生的一切费用另行计算。

二、水运工程机械费用的确定

(一)机械台班费用定额分类

土石方机械,水平运输机械,起重及垂直运输机械,打桩钻孔机械,木作、钢筋及混凝土凝土机械,钢结构加工及焊接机,动力机械,泵类机械,地下工程机械,其他机械。

(二)工程机械费用组成和计算方法

施工机械台班使用费由两项费用组成,即第一类费用(不变费用)和第二类费用(可变费用),如图 3-3 所示。

施工机械分为:

第一类费用的特点是不管机械运转程度如何,都必须按所需分摊到每一台班中去,不因施工地点、条件的不同而发生变化,是一项比较固定的经常性费用,故称为"不变费用"。在"施工机械台班费用定额"中,此类费用诸因素及合计数是直接以货币形式表示的,这种货币指标适用于全国任何地区,所以,在编制施工机械台班预算价格时,不能随意改动也不必重新计算,从《全国统一施工机械台班费用定额》中直接转抄所列的价值即可。

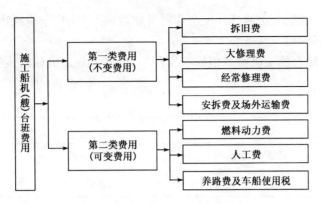

图 3-3 施工船机(艘)台班费用组成内容

第二类费用的特点是只有在机械作业运转时才发生,所以也称作一次性费用或可变费用。第二类费用必须按照《全国统一施工机械台班费用定额》规定的相应实物量指标分别乘以预算价格统制地区人工日工资标准,燃料等动力资源的价格进行计算。

1. 工程机械第一类费用(即不变费用)

1) 折旧费

折旧费是指机械设备在规定的使用期内,陆续收回其原值及所支付贷款利息。其计算公式为:

$$台班折旧费 = \frac{机械预算价格 \times (1 - 残值率) \times 贷款利息系数}{耐用总台班}$$

$$贷款利息系数 = 1 + \frac{1}{2} \times 贷款年利率 \times (折旧年限 + 1)$$

(1) 机械预算价格(机械原值):指机械出厂(或到岸完税)价格和生产厂(销售单位交货地点或口岸)运至使用单位机械管理部门验收入库的全部费用。其计算公式依据机械来源的不同按以下公式计算:

$$国产机械预算价格 = 出厂(或销售)价格 + N$$
$$国产运输机械预算价格 = 出厂(或销售)价格 \times (1 + 购置附加费率) + N$$
$$进口机械预算价格 = 到岸价格 + 关税 + 增值税 + W$$
$$进口运输机械预算价格 = (到岸价格 + 关税 + 增值税) \times (1 + 购置附加费率) + W$$

式中:N——供销部门手续费加一次运杂费;

W——外贸部门手续费加银行财务费加国内一次运杂费。

①国产机械出厂(或销售)价格的确定:主要是通过施工机械展销会上各厂家的报价、全国有关生产厂家函调和面询价格及施工企业提供的当前购入账面实际价格等资料,合理确定的。

国产机械供销部门手续费和一次运杂费,按机械出厂价格的5%计算。

②进口机械到岸价格是依据外贸、海关等部门的有关资料和施工企业购置机械设备实际价格及相应外汇汇率计算的。

③进口机械设备的有关费用项目包括关税、增值税、车辆购置附加费、外贸部门手续费、银行财务费及一次运杂费等。

(2) 残值率:指施工机械报废时其回收残余价值占原值的比率。依据财政部、中国人民银行(93)财预字第 6 号《施工、房地产开发企业财务制度》第三十三条中规定:净残值率按照固定资产原值的 3%~5% 确定。

根据上述规定,结合施工机械残值回收实际情况,各类施工机械的残值率确定如表 3-18 所示。

表 3-18

机 械 类 别	残值率(%)	机 械 类 别	残值率(%)
运输机械	2	中、小型机械	4
特、大型机械	3	掘进机械	5

(3)耐用总台班:指机械设备从开始投入使用至报废前所使用的总台班数。其计算公式为:

$$耐用总台班 = 大修间隔台班 \times 使用周期(大修周期)$$

式中,大修间隔台班是指机械设备从开始投入使用起至第一次大修(或自上次大修起至下次大修)止的使用台班数。

使用周期(即大修周期)是指机械设备在正常施工作业条件下,其寿命期(即耐用总台班数)按规定确定的大修理次数,其计算公式为:

$$使用周期 = 寿命期大修理次数 + 1$$

定额中耐用总台班、大修间隔台班和使用周期,均以技术经济定额中规定数据计算。

(4)折旧年限:指国家规定的固定资产计提折旧的年限。

(5)贷款年利率:定额贷款年利率是按贷款利率综合取定的。

2)大修理费

指机械设备按规定的大修间隔台班进行必要的大修理,以恢复机械的正常功能所需的费用。其计算公式如下:

$$台班大修理费 = \frac{一次大修理费 \times (使用周期 - 1)}{耐用总台班}$$

(1)一次大修理费:指机械设备按规定的大修范围、修理工作内容所需要更换配件、消耗材料及机械和工时以及送修运杂费(送外埠修理除外)等。

(2)定额一次大修理费:是以技术经济定额中规定数据为基础,依市场价格对配件、辅料及人工等费用作适当调整后确定。

(3)经常修理费:是指机械设备除大修理以外的各级保养(包括一、二、三级保养)及临时故障排除所需费用;为保障机械正常运转所需替换设备、随机配备工具、附具的摊销及维护费用;机械运转及日常保养所需润滑、擦拭材料费用和机械停置期间的维护保养费用等,其计算公式为:

$$台班经修费 = \frac{\sum(各级保养一次费用) \times 寿命期各级保养总次数 + 临时故障排除费}{耐用总台班}$$

为简化计算,编制台班费用定额时也可采用下列公式:

$$台班经修费 = 台班大修理费 \times K$$

$$K = \frac{机械台班经常修理费}{机械台班大修理费}$$

(1)各级保养一次费用:分别指机械在各个使用周期内为保证机械处于完好状况,必须按规定的各级保养间隔周期,保养范围和内容进行的一、二、三级保养或定期保养所消耗的工时、配件、辅料、油燃料等费用。

(2)寿命期各级保养总次数:分别指一、二、三级保养或定期保养在寿命期内各个使用周期中保养次数之和。

(3)机械临时故障排除费用、机械停置期间维护保养费:指机械除规定的大修理及各级保养以外,临时故障所需费用以及机械在工作日以外的保养维护所需润滑擦拭材料费,可按各级保养(不包括例保辅料费)费用之和的3%计算。即:

$$机械临时故障排除费用及机械停置期间维护保养费 = \sum(各级保养一次费用 \times 寿命期各级保养总次数) \times 3\%$$

(4)替换设备及工具附具台班摊销费:指轮胎、电缆、蓄电池、运输皮带、钢丝绳、胶皮管、履带板等消耗性设备和按规定随机配备的全套工具附具的台班摊销费用。其计算公式:

$$替换设备及工具附具台班摊销费 = \sum[(各类替换设备数量 \times 单价 \div 耐用台班) + (各类随机工具附具数量 \times 单价 \div 耐用台班)]$$

(5)例保辅料费,即机械日常保养所需润滑擦拭材料的费用。

3)安拆费及场外运费

(1)安拆费:指机械在施工现场进行安装、拆卸所需的人工费、材料费、机械费、试运转费以及安装所需的辅助设施的费用(包括:安装机械的基础、底座、固定锚桩、行走轨道、枕木等的折旧费及其搭设、拆除费用)。其计算公式为:

$$台班安拆费 = \frac{机械一次安拆费 \times 年平均安拆次数}{年工作台班} + 台班辅助设施摊销费$$

$$台班辅助设施摊销费 = \frac{辅助设施一次费用 \times (1 - 残值率)}{辅助设施耐用台班}$$

(2)场外运费:指机械整体或分体自行停放场地运至施工现场或由一个施工地点运至另一个施工地点,所发生的运距在25km以内的机械进出场运输及转移费用(包括机械的装卸、运输、辅助材料及加线费等)。其计算公式为:

$$台班场外运费 = \frac{(一次运输胶装卸费 + 辅助材料一次摊销费 + 一次架线费) \times 年平均场外次数}{年工作台班}$$

现行定额台班基价中未列该项费用的,一是金属切削加工机械等一般均固定在车间内无需经常安拆运输的机械;二是不需拆卸安装自身又能开行的机械,如:水平运输机械。特、大型机械可按附表规定计算一次性安拆费及场外运费。

2. 工程机械第二类费用(即可变费用)

1)动力、燃料消耗指标

动力、燃料消耗指标是指机械在运转施工作业中耗用的电力、固体燃料(煤、木柴)、液体燃料(汽油、柴油)和水等的数量标准。

定额机械燃料动力消耗量,以实测的消耗量为主,以现行定额消耗量和调查的消耗量为辅的方法确定.计算公式如下:

$$台班燃料动力消耗量 = \frac{实测数 \times 4 + 定额平均值 + 调查平均值}{6}$$

(1)台班电力消耗量的测算公式:

$$Q = \frac{KW \times 8 \times K_1 \times K_2 \times K_3}{K_4}$$

式中：Q——台班电力消耗量(kWh)；

KW——电动机容量；

8——台班工作制小时数；

K_1——电动机时间利用系数；

K_2——电动机能力利用系数；

K_3——动力线路电力损耗系数；

K_4——电动机有效利用系数。

(2)台班油料消耗量的测算公式：

$$Q = \frac{HP \times K_1 \times K_2 \times K_3 \times K_4 \times G \times 8}{1\,000}$$

式中：Q——台班耗油量(kg)；

HP——发动机额定功率；

8——台班工作制小时数；

K_1——时间利用系数；

K_2——能力利用系数；

K_3——车速油耗系数；

K_4——油料损耗系数；

G——额定功率耗油量。

2)人工消耗指标

人工消耗指标是指机上司机、司炉及其他操作人员的工作日以及上述人员在机械规定的年工作台班以外增加的工日数量标准。其计算公式为：

$$定额机上人工工日 = 机上定员工日 \times (1 + 增加工日系数)$$

$$增加工日系数 = \frac{年制度工作日 - 年工作台班 - 管理费内非生产天数}{年工作台班}$$

增加工日系数取定为 0.25（指增加的原机械保管费下的属于年工作台班以外的机上人员工日）。

操作机械的人工应按机械性能和操作需要配备。一般大型机械配备两人，中小型机械配备一人，不需要专业人员操作的机械不配备。

第五节 单位估价表的编制

一、单位估价表编制的基本方法

(一)单位估价表的主要内容

单位估价表的内容主要有三部分：

(1)完成该分项工程所需消耗的人工、材料、施工船机的实物数量。该内容在单位估价表中用数量一栏表示，从需要编制单位估价表的相应预算定额中抄录。

(2)该分项工程消耗的人工、材料、施工船机的相应预算价格，即相应的工日单价、材料预算价格和施工船机(艘)台班使用费。该内容在单位估价表中用单价一栏表示,从为编制单位估价表而编制的日工资级差单价表、材料预算价格汇总表和施工船机(艘)台班使用费计算表中或《沿海港口水工建筑及装卸机械设备安装工程定额工、料、机基价单价》摘录。

(3)该分项工程直接费用的人工费、材料费和施工船机使用费。该内容在单位估价表中合价一栏表示。它是根据第一部分中的三个"量"和第二部分中的3个"价"对应相乘计算求得。将人工费、材料费和施工船机使用费相累加,即得该定额计量单位建筑安装产品的工程预算单价。

(二)单位估价表的计算公式

定额计量单位建筑安装工程产品的工程预算单价(即分项工程直接费单价),可以根据以下公式进行计算:

$$人工费 = \sum(工日数量 \times 相应等级的工日单价)$$

$$材料费 = \sum(材料消耗数量 \times 相应的材料预算价格)$$

$$施工船机使用费 = \sum(施工船机艘(台)班使用量 \times 相应施工船机使用费)$$

(三)单位估价表的表式和填写方法

为了编制、审查和使用的方便,应该把工程预算单价各项费用的依据和计算过程,通过表格形式反映出来,这就是通常所说的单位估价表。

1. 表式

单位估价表可以是一个分项工程编一张表,也可以将几个分项工程编在一张表上。

1)表头

表头应具有以下的基本因素:

填写分部分项工程的名称及其定额编号,并在表格的右上角标明计量单位。单位估价表的计量单位应与定额计量单位一致。

2)表格的设计

单位估价表为项目、定额编号、单位、单价、数量、合价横向多栏式。如一张表上编制几个分项工程的单位估价表,可只列一栏共同使用的单价,而每一分项工程只列数量和全价两栏。

单位估价表的纵向依次为人工费、材料费、船机使用费和合计栏,材料费和船使用费应按材料和船机种类分列项目。

2. 表格填写方法

(1)单位估价表的"费用项目"栏应包括的基本因素是:定额中所规定的为完成定额计量单位产品所需要的各种工料与船机名称。

(2)定额编号栏:按预算定额中相应的子目(工程内容、施工条件、质量要求等)填写。

(3)单位栏:按预算定额中的工、料、施工船机等的计量单位填写。

(4)单价栏:填写与工、料、施工船机名称相适应的预算价格。

(5)数量栏:填写预算定额中的工、料、施工船机(艘)台班数量。

(6)合价栏:为各自单价和数量相乘之积。

最后各"费用项目"的合计数,就是该单位估价表计算出来的定额计量单位建筑安装产品的工程预算单价,即该分项工程的直接费单价。

二、单位估价表编制实例

利用单位估价表求出各部分项工程的价值,从而计算出水运建筑安装工程的全部概预算费用,称为"单价法"。利用单价法来编制工程概预算,可以简化计算程序,提高工程概预算的质量,加快编制速度,因此,我国各地区各种类型的建筑工程都普遍以单位表作为编制建安工程概预算和进行工程结算的依据。现以水运工程为例,叙述单位估价表的具体编制方法。

[例1] 码头水下基槽挖泥单位估价表的编制如表3-19所示。

单 位 估 价 表　　　　　　　　　　　　　表3-19

工程名称:×××码头水下基槽挖泥

费用项目名称	定 额 编 号		4m³ 抓斗挖泥船挖泥 P45-1293	
			定额单位100m³	
	单位	单价(元)	数量	合计(元)
一、人工费	工日	46.4	0.22	10.21
二、材料费	元		0	0
三、船机费				1 416.04
4m³ 抓斗挖泥船	艘班	3 467.76	0.167	579.11
500m³ 泥驳	艘班	1 861.24	0.293	545.34
294kW 拖轮	艘班	2 287.88	0.124	283.69
其他船机	%	7.89	0.56	
合计				1 426.25
人工费				10.21
材料费				0
船机费				1 416.04

表3-19中,定额编号P45-1293表示该分项工程套用的是2004年《沿海港口水工建筑工程定额》第45页的第1293项子目(或步距)。表中的人工费、材料费、船机费的单位价值是指基本价格中所确定的那些内容,编制单位估价表时就直接采用工程所在地区上级规定的基本价格,依次填入表中。因此,编制单位估价表时,首先要收集这些资料作为依据。单位价值定额单位数量就是合价数值。然后再把人工、材料、船机的合价相加就是定额单位的合计单价或称基价。表中定额单位是挖100m³泥,价值为1 426.25元,即挖每立方米泥单价为14.16元。

[例2] 某省建筑工程编制一砖内墙分项工程的地区统一单位估价表,地区统一预算定额中该分项工程的实物消耗量标准如下:

综合工日:15.22 工日　　　　　　材料用量:M2.5 混合砂浆 2.35m³
机械台班:200L 砂浆搅拌机 0.28 台班　　　　红砖 5.26 千块
　　　　塔吊 0.47 台班　　　　　　水 1.06m³

该省统一的相应预算价格资料如下:

人工工日单价:每工日 16.75 元
材料预算价格:红砖,每千块 177.00 元
　　　　　M2.5 混合砂浆,每 m³115.61 元　　　水,每 m³0.50 元

施工机械台班使用费:200L 灰浆搅拌机,每台班 37.64 元

塔吊,每台班 462.38 元

根据上述资料,按规定的表式编制单位估价表,见表 3-20。

单 位 估 价 表

砖 石 工 程

表 3-20

定额编号及名称:03-166　　　一砖内墙　　　定额单位:每 10m³ 砌体

项 目		单 位	单 价	数 量	合计(元)
人工费		工日	16.75	15.22	254.94
材料费	红砖	千块	177	5.26	931.02
	M2.5 混合砂浆	m³	115.61	2.35	271.68
	水	m³	0.5	1.06	0.35
	小计				1 203.23
机械费	200L 灰浆搅拌机	台班	37.64	0.28	10.54
	塔吊	台班	462.38	0.47	217.32
	小计				227.86
合计		元			1 686.03

[例3]　码头方块混凝土预制单位估价表的编制如表 3-21 所示。

单 位 估 价 表

表 3-21

单位名称:×××码头方块混凝土预制

费用项目名称		定额编号		预制 C40 混凝土空心方块 P351-3425	
		单位	单位价值	定额单位:10m³	
				数量	合计(元)
一、人工费		工日	31.30	26.57	831.64
二、材料费		元			2 602.25
混凝土		m³	191.84	10.25	1 966.36
板枋材		m³	1 290.00	0.04	45.15
定型组合钢模	板面	kg	3.60	24.00	86.40
	骨架、支撑	kg	3.10	55.00	170.50
	连接卡具	kg	3.60	5.00	18.00
铁件		kg	3.80	22.00	83.60
底胎模摊销水泥		kg	0.29	69.00	20.01
其他材料		%	8.88	1.00	212.23
三、船机费		元			1 135.63
45m³/h 混凝土搅拌站		台班	1 007.72	0.11	110.85
30t 门座式起重机		台班	788.77	0.77	607.35
5t 自卸汽车		台班	329.69	0.22	72.53
其他船机		%		0.62	4.90
固定预制厂使用费		元	340.00	1.00	340.00
合计		元			4 569.52

这种表格是一种广泛采用的简便形式,起到了单位估价的作用,表中的人工、材料、船机等费用都可在基本价格中相应查到,只是材料费中的C40(强度等级)混凝土还要通过一定的计算。其方法是根据交通运输部批准颁发的《水运工程混凝土和砂浆材料用量定额》和《沿海港口水工建筑及装卸机械设备安装工程定额工、料、机基价单价》相应的基本价格来编制其单价。

思考与练习题

1. 单位估价表编制的基本原理是什么?
2. 人工工日单价的组成内容有哪些?
3. 怎样编制材料预算价格?
4. 怎样编制船机艘(台)班使用费定额?
5. 何为工资标准?日工资标准是如何计算的?
6. 怎样编制混凝土的单价?

第四章 水运工程造价的确定

第一节 水运项目总投资的确定

一、港口建设工程总投资(总概算)费用构成

沿海港口建设项目的总概算,应包括建设项目从可行性研究到竣工验收所需的全部建设费用。总概算按其投资构成分为工程费用、其他费用、预留费用、建设期贷款利息。具体划分如图4-1所示。

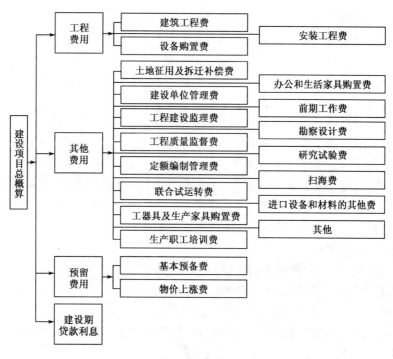

图4-1 建设项目总概算示意

第一部分。工程费用包括:建筑工程费、安装工程费、设备购置费。
第二部分。其他费用包括:土地征用及拆迁补偿费、建设单位管理费、工程建设监理费、工程质量监督费、定额编制管理费、联合试运转费、工器具及生产家具购置费、生产职工培训费、办公和生活家具购置费、前期工作费、勘察设计费、研究试验费、扫海费、进口设备和材料的其他费、其他。
第三部分。预留费用包括:基本预备费、物价上涨费。
第四部分。建设期贷款利息。

这里要注意:由于其投资构成重点是第一部分工程费用,其费用应根据设计对工程项目的划分,套用有关定额及取费标准,编制单项或单位工程概算。

综合性港口建设项目,其单项或单位工程一般的划分如下:

(1)港口主体工程项目:
①各种码头、栈(引)桥、引堤、护岸、防波堤、导流堤、灯塔、灯标、水文气象观测站等;
②港池及航道疏浚;
③港区堆场、道路、生产仓库、筒仓、货棚、油罐及管道等;
④翻车机房、廊道、解冻库、卸车设施等;
⑤大型土石方及软基加固工程等;
⑥装卸机械设备购置及安装工程、港作车船购置、机修设备购置及安装工程等。

(2)辅助生产工程项目:
①机械库、工具库、材料库、车库等;
②机修厂、机修车间、木工车间、木材干燥室、中心实验室等;
③港口办公室、作业区办公室、候工室等;
④港监、船检、外轮理货用房等;
⑤航修站、洗仓站等。

(3)公用设施工程项目:
①交通运输工程(港区内外铁路专用线、公路、桥涵等);
②给排水工程(水源设施、净水厂、加压站、清水池、水塔、雨污水泵站、给排水管道、渠道等);
③动力系统工程(压缩空气站、锅炉间、液体燃料贮运设施等);
④供电照明工程(电源设施、港外输电线路、港区网络、变(配)电站、车间电力及照明设施等);
⑤通信导航工程(海岸电台、交换台、长途或地区线路和相应设备、港口导航系统等);
⑥自动控制工程(计算机控制系统、闭路电视等);
⑦采暖、通风工程等;
⑧消防工程(消防站(包括各种消防设施、车辆)等);
⑨环保工程(环保监测设备、污水处理厂、绿化等);
⑩劳动保护与安全卫生(各种安全、卫生设施等)。

(4)生活福利等服务性工程项目(单身宿舍、卫生所、招待所、食堂、浴室等)。
(5)临时工程项目。

二、费用及计算方法的说明

除第一部分费用将在第二节介绍外,下面主要是对港口建设工程其他费用的说明。

(一)其他费用的说明

1. 土地征用及拆迁补偿费

该费用是指依据批准的设计文件规定的用地范围,按照《中华人民共和国土地管理法》等法律、法规规定应支付的土地征用及拆迁补偿等费用。

该费用包括：土地补偿费、征用耕地安置补助费、征地动迁费、复耕费。

其计算方法为：根据设计提出的用地（包括水面）数量和其附着物的情况，以及实际发生的费用项目，按照国家有关规定和工程所在地地方政府制定的标准计算。

2. 建设单位管理费

该费用是指建设单位为工程建设项目从立项、筹建、建设、联合试运转、竣工验收、交付使用及后评估等工作所发生的管理费用。

其费用包括：建设单位开办费、建设单位经费。

其计算方法为：以工程费用的总和为基础乘以表4-1给出的费率计算。

建设单位经费费率 表4-1

序号	工程费用总和(万元)	费率(%)
1	<500	1.75
2	<1 000	1.58
3	<5 000	1.37
4	<10 000	1.16
5	<30 000	1.02
6	<50 000	0.91
7	≥50 000	0.81

3. 工程建设监理费

该费用是指建设单位委托具有相应资质等级的水运工程建设监理单位，按照工程建设监理办法进行全面监督与管理所发生的费用。

其计算方法为：以工程费用总计为基础按表4-2规定的标准计算。

工程建设监理费标准 表4-2

序号	总概算工程费用总计M(万元)	设计阶段(含设计招标)监理取费a(%)	施工(含施工招标)及保修阶段监理取费b(%)
1	$M<500$	$a>0.20$	$b>2.50$
2	$500\leq M<1\,000$	$0.15<a\leq 0.20$	$2.00<b\leq 2.50$
3	$1\,000\leq M<5\,000$	$0.10<a\leq 0.15$	$1.40<b\leq 2.00$
4	$5\,000\leq M<10\,000$	$0.08<a\leq 0.10$	$1.20<b\leq 1.40$
5	$10\,000\leq M<50\,000$	$0.05<a\leq 0.08$	$0.80<b\leq 1.20$
6	$50\,000\leq M<100\,000$	$0.03<a\leq 0.05$	$0.60<b\leq 0.80$
7	$M\geq 100\,000$	$a\leq 0.03$	$b\leq 0.60$

4. 工程质量监督费

该费用是指工程质量监督部门，依据国家有关法规、技术规范、规程和质量检验评定标准，对工程质量和建设行为以及按规定应进行质量监督的生产单位生产的建筑构件实施质量监督管理所发生的费用。

其计算方法为：以工程费用建安工作量总和为基础，按表4-3规定的标准计算。

工程质量监督费标准 表4-3

序号	年度总概算工程费用建安工作量总和（万元）	工程质量监督费率（%）
1	≤1 000	0.100
2	≤10 000	0.075
3	>10 000	0.050

5. 定额编制管理费

该费用是指水运工程造价管理部门为组织定额的编制和管理所需要的工作经费。定额编制管理费由建设单位按期缴纳给水运工程定额站，由定额站统一管理使用。

其计算方法为：根据国家规定，按工程费用（扣除设备购置费）总和的0.08%计算。

6. 联合试运转费

该费用是指新建、扩建工程项目，在竣工验收前按照设计规定的工程质量标准，进行单机重载试车，整个生产运行系统空载或重载联合试运转所发生的全部费用抵扣试车期间收入的差额。

该费用包括：试运转所需要的原料、燃油料和动力的消耗，船舶和机械使用费，工具用具和低值易耗品费，其他费用以及施工单位参加联合试运转人员的人工费等。

其计算方法为：以工程费用中的装卸机械设备购置费为基础：单一的杂货、集装箱码头按0.3%，油码头、散货码头和综合性码头按0.7%计算。

7. 工器具及生产家具购置费

该费用是指为保证建设项目初期正常生产所必须购置的第一套不够固定资产标准的设备、仪器、生产工具和生产家具的费用。

其计算方法为：以工程费用中的装卸机械设备购置费为基础乘以1.6%~4.0%计算。

8. 生产职工培训费

该费用是指工程竣工验收前，生产单位为保证生产的正常运行而安排的提前进港人员的经费和培训人员所需的培训费。

该费用包括：提前进港人员和需培训人员的人工费、教育经费、劳动保险费、差旅交通费、办公费、会议费、技术图书资料费、零星固定资产购置费、工具用具使用费、水电费等属于生产筹备发生的费用和培训人员的实习费等。

其计算方法为：按设计定员，每人2 000元标准计算。

9. 办公和生活家具购置费

该费用是指为保证新建或扩建项目初期正常生产、运行和管理所必须购置的办公、生活家具和用具的购置费。

该费用包括：办公室、会议室、资料档案室、阅览室、文娱活动室、食堂、浴室、单身职工宿舍等的家具、用具和器具的购置费。

其计算方法为:按设计定员,每人1 000元标准计算。

10. 前期工作费

该费用是指为建设项目编制可行性研究报告,进行环境预评价及投资估算,为可行性研究安排的勘察、测量、试验以及在初步设计之前进行的设计、方案比选、工程咨询和评估等支付的费用。

其计算方法为:按国家和有关部门规定的标准计算。

11. 勘察设计费

该费用是指初步设计和施工图设计的勘察费,设计费(包括非标设计费)、概算、预算编制费。但不包括临时工程设计费。

其计算方法为:按国家颁发的工程勘察设计收费标准和有关规定计算。

12. 研究试验费

该费用是指为本建设项目提供或验证设计参数、数据资料等进行必要的研究试验,按施工要求在施工中必须进行的试验、验证及支付科技成果、技术专利等的一次性技术转让费。

该费用包括:自行或委托其他部门研究试验所需人工费、材料费、试验设备及仪器使用费等。

其计算方法为:按设计提出的研究试验内容和要求计算。

13. 扫海费

该费用是指为保证船舶进出港安全,在工程竣工验收前,在港区水域、航道、锚泊地等扫海需要的费用。

其计算方法为:扫海面积由设计单位根据有关部门的规定提出,按有关规定计列费用。

14. 进口设备和材料的其他费

该费用包括:国内接运保管费、从属费用和技术合作费。这些费用应按有关规定分别以内币或外币计列。

1)国内接运保管费

该费用是指进口设备和材料从到达港口运到施工现场仓库或指定堆放地点的运杂费及保管费等费用。

其计算方法为:按进口设备和材料原价外币金额和现行外汇牌价折算成人民币,进口设备按0.5%~2%计算;进口材料按2%~5%计算。

2)从属费用

该费用是指进口设备和材料的外贸手续费、中国银行手续费、外国银行手续费、海关关税、增值税、海关监管手续费、商品检验费、车辆购置附加费、承诺费等。

其计算方法为:按国家有关规定或贷款协定计算。

3)技术合作费

该费用包括:

(1)引进技术和进口设备派出人员进行设计联络、设备材料监检、培训等的差旅费和生活费用等。

(2)国外工程技术人员来华差旅费、生活费和接待费用等。

(3)国外设计及技术资料、软件、专利和技术转让费、延期或分期付款利息等。

(4)利用外资贷款建设项目的外方监理费。

其计算方法为:按照合同和国家有关规定计算。

15. 其他

该费用是指根据建设任务的需要,必须在建设项目列支的其他费用,例如施工机构迁移费、施工专用设备购置费、水资源费、工程保险费等。

(二)预留费用的说明

该费用包括两项费用:

1. 基本预备费

该费用是指在初步设计和概算内难以预料的工程和费用。具体费用包括:

(1)在不突破批准的初步设计和概算范围内,技术设计、施工图设计及施工过程中所增加的工程和费用;设计变更、局部地基处理等增加的费用。

(2)一般自然灾害造成的损失和预防自然灾害所采取的措施费用。

(3)竣工验收时为鉴定工程质量对隐蔽工程进行必要的挖掘和修复费用。

其计算方法为:以工程费用与港口建设工程其他费用之和为基础,按5%计算。外币部分的预备费按外币计列。

2. 物价上涨费

该费用是指建设项目在建设期间由于价格等变化引起工程造价变化的投资增加额。其费用包括:人工费、设备、材料、施工船机价差,建筑安装工程费及港口建设工程其他费用的调整,利率、汇率调整等。

其计算方法为:根据合理建设工期和分年度投资(仅限工程费用和其他费用两部分,不含土地征用及拆迁补偿费)按年投资价格指数计算。

其计算公式为:
$$E = \sum_{n=1}^{N} F_n [(1+P)^n - 1]$$

式中:E——物价上涨费;

N——合理建设工期(按施工条件设计确定);

n——施工年度;

F_n——第 n 年的年度投资;

P——年投资价格指数年投资价格指数应以国家或有关部门发布的价格指数为准。

(三)建设期贷款利息

该费用是指本建设项目投资中分年度使用国内贷款或国外贷款部分,在建设期内应归还的工程贷款利息。国外贷款部分,其利息按外币计列。

在编制概算时,建设期贷款利息可根据需计息的分年度投资(包括工程费用、其他费用、基本预备费、物价上涨费等按现行利率计算)。

其计算公式为:

建设期贷款利息 = ∑[本年初需付息贷款本息累计 + (本年度付息贷款额÷2)] × 年利率

第二节 航务工程造价的确定

一、水运工程费用项目的特殊要求

(一) 水运工程施工生产的特点

水运工程包括航务工程和疏浚工程,它与工业与民用建筑工程相比较有它自己的特点和必须遵循的客观规律。

(1)施工生产的工作面主要在水上进行,不但在内河而且经常在沿海或外洋施工作业,受自然条件影响很大,不仅受雨季、冬季气候的影响,而且经常受到枯水、洪水、潮水、台风、大雾、波浪、流速等自然因素的限制,使施工生产增加了许多困难,这就必须采取相应的措施,减少施工工期和工程费用的影响。

(2)产品类型复杂、结构多样化。每个水运建设工程都由于它的使用功能和工程所在地的施工条件和地质条件不同,而设计的结构形式都不一样,几乎每一个工程都有独特的结构。因此,对于新形式、新结构、新材料就需要采用不同的施工方法,而且大多数工程都要进行科学研究试验提供有关数据后才能进行设计和施工。

(3)由于水运基本建设工程产品庞大,结构变化复杂,需要采用大型船机和专用施工设备如某新建港口一期煤码头工程建设中就采用了500t起重船在水上进行作业。

(4)在疏浚工程中,由于各种工程的施工条件、土质情况以及各类船舶适应能力不同,受客观条件的影响很大,如自然条件(风、雾、浪、潮汐、流速等)和施工干扰(船舶避让、供应条件、停电、限电等)以及浚挖或吹填过程中因遇到粗砂面经常造成停工。

(5)卸泥地点和距离等因素对工程费用都有较大的影响。

(二) 水运工程费用项目的特殊要求

一般说来,水运工程费用项目与工业民用建筑工程费用项目是基本相同的,但由于水运工程所具有的特点,反映在费用项目方面就相应具有特殊的要求。

在航务工程方面,为保证各项水运工程多快好省地进行施工、需要修建临时工程如临时码头、临时铁路、公路专用线等,这就要求计划临时工程费用项目;在外海施工时,费用项目还要求增加外海值班拖轮以及考虑外海施工系数,当采用新结构、新工艺、新材料时,不但要列专用设备购置费,而且要求列科学研究试验费等。

在疏浚工程方面,一般都是使用的大型施工船舶,而且一个工程有几种类型的船舶互相配合在适应位置上进行施工作业,因此,概预算费用项目就要求列开工展布、收工集合,另外,还有浚前扫床费、疏浚测量费,外海施工增加费特殊要求。

水运工程费用项目约占项目总投资50% ~60%,(建筑工程造价和安装工程造价)是工程造价中最活跃的部分。根据交通部文件交水发[2004]247号《沿海港口建设工程概算预算编制规定》及配套的《沿海港口水工建筑工程定额》、《港口装卸沿海机械设备安装工程定额》、《沿海港口水工建筑及装卸机械设备安装工程船舶机械艘(台)班费用定额》、《水运工程混凝土和砂浆材料用量定额》和《沿海港口水工建筑工程参考定额》规定,如图4-2所示,由直接工程费、间接费、利润、税金和专项费用五部分组成。

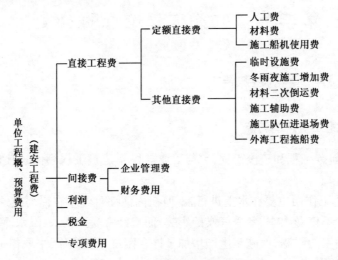

图 4-2 单位工程概、预算费用组成示意

在确定各项费用之前,首先要了解沿海港口水工建筑及装卸机械设备安装工程根据其主体工程的建设规模和施工难易程度。工程分类标准见表 4-4。

表 4-4

序号	工程分类 工程名称	工程分类标准	
		一 类	二 类
一	一般水工工程	沿海码头≥10 000吨级	沿海码头≤10 000吨级
		河口及长江干线码头≥3 000吨级	河口及长江干线码头≤3 000吨级
		对应码头类别的栈(引)桥	对应码头类别的栈(引)桥
		直立式防波堤、挡砂堤	斜坡式防波堤、挡砂堤
		海上孤立建(构)筑物	—
		—	引堤、海堤、护岸、围堰
		取水构筑物	—
		水上软基加固	—
二	陆域构筑物工程	翻车机房、坑道、廊道、栈桥及筒仓	其他
三	堆场道路	集装箱及10 000吨级以上散货泊位的堆场道路	其他货种的堆场道路
四	大型土石方工程	—	统归为二类
五	装卸机械设备安装工程	集装箱、散货、装卸设备码头;液体危险品码头装卸机械设备安装	其他装卸机械设备安装

注意:防波堤、引堤兼码头,按工程类别高的确定。

二、直接工程费(定额直接费和其他直接费)

(一)定额直接费

该费用是指施工过程中耗费的构成工程实体和有助于工程形成的各项费用。具体包括人工费、材料费、施工船机使用费等。

其计算公式为：
$$直接工程费 = \sum(分项工程量 \times 相应项目预算定额基价)$$

1. 人工费

该费用是指直接从事建筑安装工程施工的生产工人开支的各项费用。构成人工费的基本要素有两个，即人工工日消耗量和人工日工资单价。人工费的基本计算公式为：
$$人工费 = \sum(实物工程量 \times 人工工日概预算定额用量 \times 相应等级的日工资单价)$$

生产工人日工资单价由生产工人基本工资、工资性补贴、生产工人辅助工资、职工福利费及劳动保护费组成。

人工工日消耗量是指在正常施工生产条件下，生产单位假定建筑安装产品（分部分项工程或结构构件）必须消耗的某种技术等级的人工工日数量。它由分项工程所综合的各个工序施工劳动定额包括的基本用工、其他用工两部分组成，构成人工定额消耗量。

根据交通部文件交水发[2004]247号文件，建安工人人工工资单价的基价及各地区单价均为31.30元/工日。

注意：使用时要对下述地区的地区工资单价进行调整：

(1) 东北、华北按上述工资单价乘以系数1.04。

(2) 特区（指深圳、珠海、厦门、汕头和海南省）工资单价增加3.94元/工日。

(3) 对材料采购、保管、运输人员、机械操作人员，项目施工管理人员的工资，在人工费中不包括，分别计入其他相关的费用中。

2. 材料费

建筑安装工程费中的材料费，是指施工过程中耗费的构成工程实体的原材料、辅助材料、构配件、零件、半成品的费用。构成材料费的两个基本要素是材料消耗量和材料预算价格。

材料费的基本计算公式为：
$$材料费 = \sum[分项工程的工程量 \times 相应预算定额基价中的材料费 \\ （或相应地区单位估价表中的材料费）]$$

或
$$材料费 = \sum[实物工程量 \times 材料定额消耗量 \times 材料相应预算价格]$$

材料预算价格内容包括材料原价、材料运杂费、运输损耗费、采购与保管费及检验试验费。

预算定额中的材料消耗量是指在合理和节约使用材料的条件下，生产单位假定建筑安装产品（分部分项工程或结构构件）必须消耗的一定品种规格的材料、半成品、构配件等的数量标准。它包括材料净耗量和材料不可避免的损耗量。概算定额中的材料消耗量则是由扩大分部分项工程包含的各分部分项工程预算定额材料消耗量综合而定的。

注意：材料费中不包括施工机械、运输工具使用或修理过程中的动力、燃料和材料等费用，以及组织和管理项目施工生产所搭设的大小临时设施耗用的材料等费用。

3. 施工船舶及机械使用费

建筑安装工程费中的施工船机使用费，是指施工船机作业所发生的船机使用费以及船机安、拆和场外运费。构成施工船机使用费的基本要素是船机艘（台）班消耗量和船机艘（台）单价。

其计算公式为：

$$\text{施工船机使用费} = \sum(\text{实物工程量} \times \text{船机定额艘(台)班消耗量} \times$$
$$\text{船机艘(台)班综合单价}) + \text{其他船机使用费}$$

船机艘(台)班综合单价包括折旧费、大修费、经常修理费、安拆费及场外运输费、燃料动力费、人工费及运输机械养路费、车船使用税及保险费。

概预算定额中的船机艘(台)班消耗量,它是指在正常施工条件下,生产单位假定建筑安装产品(分部分项工程或结构构件)必须消耗的某类某种型号施工船机的艘(台)班数量。

编制概、预算时,计算船舶及机械艘(台)班费用单价应执行交通部颁发的《沿海港口水工建筑及装卸机械设备安装工程船舶艘(台)班费用定额》。

(二)其他直接费

其他直接费是指定额直接费以外施工过程中发生的其他直接费。

1. 临时设施费

临时设施费是指施工企业为进行建筑安装工程施工所必须的生活和生产用的临时建筑物、构筑物和其他临时设费用等。其费用包括:临时设施的搭设、维修、拆除费或摊销费。

其计算办法为:以各类工程的基价定额直接费为基础,按表4-5所示的费率计算。

临时设施费率(%) 表4-5

序号	专业工程名称	工程类别	一类工程	二类工程
1	一般水工工程		1.392	1.253
2	陆域构筑物工程		1.309	1.178
3	堆场道路工程		1.215	1.094
4	大型土石方工程	机械施工	—	0.387
5		人力施工	—	3.359
6	装卸机械设备安装工程		1.486	1.337

2. 冬季、雨季及夜间施工增加费

该费用是指工程在冬季、雨季及夜间施工增加的费用。

该费用包括:冬季、雨季夜间施工工效降低;冬季施工时需要采取防寒、保暖措施;雨季施工时需采取防雨、防潮、防冲措施;夜间施工时的夜班津贴、照明及有关设施的折旧、维修、安装、运输管理所增加的费用。但不包括蒸汽养护混凝土构件的费用以及属于企业管理费开支的值班人员夜餐津贴和现场一般照明等费用。

其计算方法为:以各类工程基价定额直接费为基础,按表4-6a)和表4-6b)所示的费率计算。

冬季雨季及夜间施工增加费费率(%) 表4-6a)

序号	专业工程名称	工程类地区	一类工程			
			东北地区	华北地区	长江干线与鞍山及其上游地区	华东、中南、西南地区
1	一般水工工程		1.859	1.581	1.209	0.744
2	陆域构筑物工程		1.745	1.484	1.135	0.698
3	堆场道路工程		1.655	1.407	1.076	0.662
4	装卸机械设备安装工程		2.476	1.981	1.486	0.99

表4-6b)

序号	工程类别地区 专业工程名称		二类工程			
			东北地区	华北地区	长江干线与鞍山及其上游地区	华东、中南、西南地区
1	一般水工工程		1.674	1.423	1.088	0.670
2	陆域构筑物工程		1.571	1.335	1.021	0.628
3	堆场道路工程		1.49	1.266	0.968	0.596
4	大型土石方工程	机械施工	0.928	0.774	0.619	0.387
5		人力施工	1.768	1.503	1.149	0.884
6	装卸机械设备安装工程		2.228	1.783	1.337	0.891

3. 材料二次倒运费

该费用是指在施工现场发生的材料、成品及成品的二次倒运。

其计算办法为：以各类工程的基价定额直接费为基础，按表4-7所示的费率计算：

材料二次倒运费费率（％） 表4-7

序号	工程类别专业 工程名称	一类工程	二类工程
1	一般水工工程	0.353	0.318
2	陆域构筑物工程	0.306	0.275
3	堆场道路工程	0.304	0.274
4	装卸机械设备安装工程	0.495	0.446

注意： 大型土石方工程不计算此项费用。

4. 施工辅助费

该费用包括：

（1）生产工具用具使用费：指施工生产所需不属于固定资产的生产工具及检验、试验用具等的购置、摊销和维修费，以用于支付给生产工人自备工具的补贴费。

（2）检验试验费：指建筑材料、构件和建筑安装物进行一般鉴定、检查所发生的费用，包括自设试验室进行试验所耗用的材料和化学用品费用等，以及技术革新和研究试验费。不包括新结构、新材料的试验费和建设单位要求对具有出厂合格证明的材料进行检验、对构件破坏性试验及其他特殊要求检验试验的费用。

（3）工程定位复测、工程交点、场地清理等费用。

其计算方法为：以各类工程的基价定额直接费为基础，按表4-8所示的费率计算：

施工辅助费费率（％） 表4-8

序号	工程类别 专业工程名称	一类工程	二类工程
1	一般水工工程	1.116	1.004
2	陆域构筑物工程	1.047	0.942
3	堆场道路工程	1.011	0.910

续上表

序 号	专业工程名称	工程类别	一类工程	二类工程
4	大型土石方工程	机械施工	—	0.309
5		人力施工	—	1.326
6	装卸机械设备安装工程		1.783	1.605

5. 施工队伍进退场费

该费用是指施工单位承担工程施工时,所使用的船舶及机械进入和退出施工现场的费用及派出部位施工力量所发生的往返调遣费用。

其费用包括:调遣期间职工工资、差旅交通费、施工船舶、机械、工器具、周转材料和生产及管理用具的调遣和运杂费,以及船舶、机械在调遣时需要开舱、封舱、改装、复原、拆卸、安装的费用。

其计算办法为:以各类工程的基价定额直接费为基础,按表4-9所示的费率计算。

施工队伍进退场费费率(%) 表4-9

序 号	专业工程名称	工程类别 距离	一类工程		二类工程	
			施工单位基地距工程所在地距离			
			25km以内	25km以外	25km以内	25km以外
1	一般水工工程		0.707	1.326~4.861	0.636	1.193~4.375
2	陆域构筑物工程		0.655	1.228~4.503	0.590	1.105~4.053
3	堆场道路工程		0.61	1.144~4.194	0.549	1.029~3.774
4	大型土石方工程	机械施工	—	—	0.309	1.160~3.868
5		人力施工	—	—	—	0.541~1.805
6	装卸机械设备安装工程		0.99	0.990~5.447	0.891	0.891~4.092

6. 外海工程拖船费

该费用是指码头、防波堤、栈(引)桥等工程使用挖泥船、打桩船、起重船、打夯船等大型工程船舶在外海施工时,由于风浪、水流等原因不能连续驻船作业,必须拖回临时停泊地而发生的船舶拖运费。

其计算办法为:以各类工程的基价定额直接费为基础,按表4-10所示的费率计算。

外海工程拖船费费率(%) 表4-10

序 号	专业工程名称	工程类别	一类工程	二类工程
1	一般水工工程		1.133	1.020
2	陆域构筑物工程		0.604	0.544

注意:陆域构筑物工程、堆场道路工程、大型土石方工程不计此项费用。

三、间接费的确定(企业管理费和财务费用)

(一)企业管理费

该费用是指施工企业为组织施工生产和经营活动所发生的管理费用。

其费用包括管理人员工资、办公费、差旅交通费、固定资产使用费、工具用具使用费、劳动保险费、工会经费、职工教育经费、财产保险费、财务费、税金、其他费用。

其计算方法为：以各类工程的基价定额直接费、其他直接费之和为基础，按表 4-11a)和表 4-11b)所示的费率计算。

企业管理费费率（％） 表 4-11a)

序号	工程类别 距离 专业工程名称	一类工程					
		施工单位基地距工程所在地距离					
		25km 内	100km 内	300km 内	500km 内	1 000km 内	1 000km 外
1	一般水工工程	8.919	9.712	10.237	10.791	11.058	11.918
2	陆域构筑物工程	8.564	9.321	9.821	10.349	10.604	11.425
3	堆场道路工程	8.257	8.987	9.471	9.98	10.226	11.018
4	装卸机械设备安装工程	7.035	7.498	7.805	8.128	8.283	8.786

企业管理费费率（％） 表 4-11b)

序号	工程类别 距离 专业工程名称		二类工程					
			施工单位基地距工程所在地距离					
			25km 内	100km 内	300km 内	500km 内	1 000km 内	1 000km 外
1	一般水工工程		8.027	8.741	9.214	9.711	9.952	10.727
2	陆域构筑物工程		7.708	8.389	8.839	9.314	9.543	10.282
3	堆场道路工程		7.431	8.089	8.523	8.982	9.203	9.916
4	大型土石方工程	机械施工	1.530	1.710	1.830	1.955	2.016	2.212
5		人力施工	8.097	8.905	9.439	10.002	10.274	11.151
6	装卸机械设备安装工程		6.332	6.748	7.024	7.315	7.455	7.907

（二）财务费用

该费用是指企业为筹集资金而发生的各项费用，包括企业经营期间发生的短期贷款利息净支出、汇兑净损失、调剂外汇手续费、金融机构手续费，以及企业筹集资金发生的其他财务费用。

其计算方法为：以各类工程的基价定额直接费、其他直接费之和为基础按表 4-12 所示的费率计算。

财务费用费率（％） 表 4-12

序 号	工程类别 专业工程名称		一类工程	二类工程
1	一般水工工程		0.754	0.679
2	陆域构筑物工程		0.708	0.637
3	堆场道路工程		0.642	0.578
4	大型土石方工程	机械施工	—	0.311
5		人力施工	—	0.9
6	装卸机械设备安装工程		0.496	0.446

四、利润的确定

该费用是指施工企业完成所承包工程获得的盈利。

利润以基价定额直接费、其他直接间接费之和为基础计算。编制概（预）算时利润按7%计算；大型土石方工程的填料价值，其利润按3%计算。

五、税金的确定

该费用是指国家税法规定，应计入建筑安装工程造价内的营业税、城市维护建设税及教育费附加。

其计算公式为：税金 = (直接工程费 + 间接费 + 利润) × 税率

税率 = {1/[1 - 营业税税率 × (1 + 城市维护建设税税率 + 教育费附加税率)]} - 1

注意：按规定如下三种地点选取税率。

(1) 纳税地点在市区的：

$$税率(\%) = \frac{1}{1 - 3\% - (3\% \times 7\%) - (3\% \times 3\%)} = 3.41\%$$

(2) 纳税地点在县城、乡镇的：

$$税率(\%) = \frac{1}{1 - 3\% - (3\% \times 5\%) - (3\% \times 3\%)} = 3.35\%$$

(3) 纳税地点不在市区、县城、乡镇的：

$$税率(\%) = \frac{1}{1 - 3\% - (3\% \times 1\%) - (3\% \times 3\%)} = 3.22\%$$

六、专项费用的确定

该费用是指需要独立计算的费用，此项费用应计算税金。

七、各项费率汇总

水工建筑及装卸机械设备安装工程各项费率汇总如表4-13a)和表4-13b)所示。

水工建筑及装卸机械设备安装工程各项费率汇总表（一类工程） 表4-13a)

	费用项目及名称		计算基础	费率(%)			
				一般水工工程	陆域构筑物工程	堆场道路工程	装卸机械设备工程
1	其他直接费	临时设施费	基价定额直接费	1.392	1.309	1.215	1.486
2		冬季、雨季及夜间施工增加费		(0.744)见费率表			
3		材料二次搬运费		0.353	0.306	0.304	0.495
4		施工辅助费		1.116	1.047	1.011	1.783
5		施工队伍进退场费 25km 内		0.707	0.655	0.61	0.99
		25km 外		(0.326~4.861)见费率表			
6		外海工程拖船费		1.133	—	—	0.604
7	间接费	企业管理费	基价定额直接费 + 其他直接费	见费率表			
8		财务费用		0.754	0.708	0.642	0.496

水工建筑及装卸机械设备安装工程各项费率汇总表（二类工程）　　表 4-13b

	费用项目及名称		计算基础	费率(%)					
				一般水工工程	陆域构筑物工程	堆场道路工程	大型土石方工程		装卸机械设备工程
							机械施工	人力施工	
1	其他直接费	临时设施费	基价定额直接费	1.253	1.178	1.904	0.387	3.359	1.337
2		冬季、雨季及夜间施工增加费		见费率表					
3		材料二次搬运费		0.318	0.275	0.274	—		0.446
4		施工辅助费		1.004	0.942	0.910	0.309	1.326	1.605
5		施工队伍进退场费 25km 内		0.636	0.590	0.549	0.309	—	0.891
		25km 外		见费率表					
6		外海工程拖船费		1.02	—	—	—		0.544
7	间接费	企业管理费	基价定额直接费 + 其他直接费	见费率表					
8		财务费用		0.679	0.637	0.578	0.311	0.9	0.446

八、各项费用计算程序及计算方法

水工建筑及装卸机械设备安装工程各项费用计算程序及计算方法如表 4-14 所示。

水工建筑及装卸机械设备安装工程各项费用计算程序及计算方法表　　表 4-14

序号	项　目	说明及计算方法
（一）	基价定额直接费	指按定额规定的人工、材料、船机舱(台)班 基价计算的工、料、机费用之和
（二）	定额直接费	指按工程所在地的人工、材料、船机舱(台)班价格计算的工、料、机费用之和
（三）	其他直接费	（一）×其他直接费费率
（四）	直接工程费	（二）+（三）
（五）	企业管理费	[（一）+（三）]×企业管理费费率
（六）	财务费用	[（一）+（三）]×财务费用费率
（七）	利润	[（一）+（三）+（五）+（六）]×利润率
（八）	税金	[（四）+（五）+（六）+（七）]×税率
（九）	专项费用	专项费用 =（1 + 税率）× 独立计算的费用
（十）	单位工程概预算金额	（四）+（五）+（六）+（七）+（八）+（九）

第三节　疏浚工程造价的确定

一、疏浚工程费用项目的划分

疏浚工程费由直接费、间接费、计划利润、税金和专项费用共五项组成。如单位工程概、预算金额组成示意见图 4-3。

单项工程（单独建设时）还应根据《〈港口建设工程概算预算编制规定〉》计列"其他费用"和"概算预留费"等有关费用。

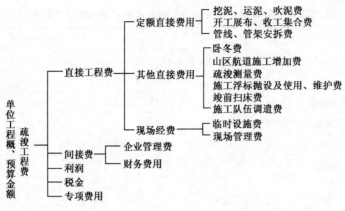

图4-3 单位工程概、预算金额组成示意

(一)直接工程费

1. 定额直接费

1)挖泥、运泥、吹泥费

该费用是指在挖泥、运泥、吹泥过程中各类船舶和排管的使用费。编制概算时,按《疏浚工程概算定额》(以下简称《概算定额》)计算;编制预算时,按《疏浚工程预算定额》(以下简称《预算定额》)和《疏浚工程船舶艘班费用定额》(以下简称《艘班费用定额计算》)计算。

使用《预算定额》时,除该定额另有规定外,船队组成按定额规定配套计算,运距增加时不得改变基本配套,而应按超运距增加拖轮、泥驳艘班数。

使用《艘班费用定额》时,其第二类费用中的人工费按不同区域划分,燃料(油)单价(包括油的出厂价、运杂费、储存费和送上船的费用)按700元/t计算,由于使用市价油而发生的价差,列入专用费用。

人工费和燃料费用的变化,由疏浚工程定额站进行测算报部批准后执行。

2)开工展布、收工集合费

此项费用已综合考虑了船舶进退场因素,编制概算时按《概算定额》计算;编制预算时,按《预算定额》计算。开工展布、收工集合的次数一个单位工程原则上只计算一次。但对自航耙吸挖泥船的一次开工展布、收工集合费按10km挖槽长度考虑,小于10km时仍按一次计算,超过10km时按二次计算。如施工现场无需抛设挖泥浮标时,则不列开展布、收工集合费。对经常不断进行维护的疏浚工程则按月计算一次。

3)管线、管架安拆费

该费用在编制概算时按《概算定额》计算;编制预算时按《预算定额》计算。

2. 其他直接费

1)卧冬费

该费用是指各类船舶在烟台和黄河以北地区(包括烟台和黄河地区)施工时因卧冬需要而增加的费用。编制概、预算时烟台及其以北沿海地区船舶使用艘班费增加15%。黑龙江地区船舶使用艘班增加30%。黄河以北内河地区船舶使用艘班费增加15%。

2)山区航道施工增加费

该费用是指挖泥船在山区河流航道上施工时因洪水影响,施工天数少,流速大、工效低等因素影响而增加的费用。编制概算、预算时船舶使用艘班费增加10%～35%,黄河及其以北内河地区使用山区航道增加费后不再计算卧冬增加费。

3)疏浚测量费

该费用包括浚前、浚中、浚后的施工测量费。编制概算、预算时沿海地区以及长江和黑龙江地区按每万立方米450元计算。内河地区按每万立方米700元计算,不足1万立方米的按1万 m^3 计费。

4)施工浮标抛拆及使用、维护费

该费用是指浮标的抛拆、使用及维护所发生的费用。浮标抛设的数量和浮标规格的选用,编制概预算时按施工条件或施工组织设计确定;浮标的抛拆使用及维护沿海地区每座天按110元计算,内河地区按50元计算。浮标的抛拆需要使用航标船时,其航标船的调遣费按相同功率的拖轮的调遣费用计算。

5)浚前扫床费

该费用是指新建工程因对水下情况不明,需在施工前扫床所发生的费用(不包括清理障碍物和扫床船舶的调遣费)。编制概、预算时按扫床面积每平方千米2万元计费。

6)施工队伍调遣费

该费用是指施工船舶、设备等根据建设任务的需要,由原施工地点(或由基地)至另一施工地点所发生的往返调遣费用。

具体费用内容包括被调遣船舶准备、结束调遣和执行调遣中的船舶艘班费及封舱、开舱、改装、拆除、复原所发生的费用和过闸费,以及管线人员、设备、仪器、材料、的调遣费等。

其计费方法为:编制概、预算时按以下规定计算:

(1)船舶在调遣航行期间,自航船舶按使用艘班费计算,被拖船舶按停置艘班费计算,调遣航行期间自航船舶的航速按表4-15的规定计算。

调遣航行期间自航船舶的航速表　　　　表4-15

序号	船舶名称	航速(n mile/h)				
		空放	拖载			
			一般海区	南海	内河	山区
1	1 940kW(2 640马力)拖轮	13	7	6	7	6.5
2	590～1 440kW(800～1 960马力)拖轮	11	7	6	7	6
3	295～440kW(400～600马力)拖轮	9	7	6	7	6
4	自航耙(500m以上)	11	—	—	—	—
5	自航耙(500m)	7	—	—	—	—
6	自航链斗	6	—	—	—	—
7	自航抓斗	7	—	—	—	—
8	295～440kW(400～600马力)拖轮	9	—	—	4	3
9	295～440kW(400～600马力)拖轮	8.5	—	—	4	3
10	295～440kW(400～600马力)拖轮	7	—	—	3.5	3
11	295～440kW(400～600马力)拖轮	7	—	—	3.5	3

(2)船舶在准备调遣,结束调遣期间按停置艘班费计算,疏浚工程船舶及辅助船舶在准备、结束调遣期间需要的艘班数按表4-16的规定计算。

疏浚工程船舶及辅助船舶准备,结束调遣的艘班数量表　　表4-16

序　号	调遣船舶	准备、结束(艘班)	
		沿海地区	内海地区
1	绞吸挖泥船	45	15
2	链斗挖泥船(500m³以下)	40	16
3	链斗挖泥船(750m³以下)	30	—
4	抓斗、铲斗挖泥船	18	6
5	自航耙吸挖泥船	18	—
6	起重船	8	3
7	拖轮	12	4
8	驳船(运管线、钢桩等)	30	10

(3)人员、设备、仪器、材料等的调遣费按船舶调遣费的5%计算。

3.现场经费

(1)临时设施费:指用于管线工、测工和船员的陆地住宿、设施、临时工棚、岸上小型标志、临时水位站和信号灯的费用;由施工单位按费率包干使用。

其计费方法为:按直接费的2%计算。

(2)现场管理费:指施工单位为了组织和管理生产业务所发生的各项管理费用。

其计费方法按《港口建设工程概、预算编制规定》计列。

(二)间接费

1.企业管理费

该费用是指施工单位为了管理和组织疏浚业务所发生的各项管理费用。具体项目及内容为:

1)工作人员工资

该费用是指施工企业的政治、行政、技术、试验、警卫、消防、炊事和勤杂人员以及行政管理部门汽车司机等的基本工资,辅助工资和工资性质的津贴(包括副食品补贴、煤粮差价补贴、上下班交通补贴)不包括由材料采购保管费、职工福利基金、工会经费、营业外开支的人员,以及专项工程人员的工资。

2)工作人员工资附加费

该费用是指按照国家规定计算的支付工作人员的职工福利基金和工会经费。

3)工作人员劳动保护费

该费用是指按国家有关部门规定标准发放的劳动保护用品的购置费、修理费和保健费、防暑降温费及技术安全设施等。

4)职工教育经费

该费用是指按财政部有关规定在工资总额1.5%范围内掌握开支的在职职工教育经费。

5）办公费

该费用是指行政管理办公用的文具、纸张、账表、印刷、邮电、书报、会议、水电、烧水和集体取暖（包括现场临时宿舍取暖）用煤等费用。

6）差旅交通费

该费用是指职工因公出差、调动工作（包括家属）的差旅费、住勤补助费、市内交通费和误餐补助费，职工探亲路费、劳动力招募费、职工离退休一次性路费、工伤人员就医路费以及行政管理部门使用的交通工具的油料、养路费、车船使用税。

7）固定资产使用费

该费用是指行政管理和试验部门使用的属于固定资产的房屋、设备、仪器等的折旧基金、大修理基金、维修、租赁费以及房产税，土地使用税等。

8）行政工具使用费

该费用是指行政管理使用的，不属于固定资产的工具、器具、交通工具和检验、试验、测绘、消防用具等的购置、摊销和维修费。

2. 其他费用

该费用是指上述项目以外的其他必要的费用支出，包括：定额测定费、支付临时管理费，施工现场一般照明费、民兵训练以及经有权部门批准应由企业负担的企业性上级管理费、印花税、业务活动经费等。

其计费办法为：按直接费的 10% 计算。

(三) 利润

它是指按国家规定的利润率计算的利润。

其计费办法为：按直接费与间接费合计的 7% 计算。

(四) 税金

它是指国家规定疏浚施工单位在对外承揽疏浚业务时需缴纳的营业税、城市维护建设税和教育费附加。

其计费办法为：营业税按直接费、间接费与计划利润之和除临时设施费和劳保支出的合计的 3% 计算。城市维护建设税按营业税税额的 7% 计算。如工程所在地税务部门另有规定的，则按工程所在地税务部门有关规定计算。教育费附加按营业税税额的 2% 计算。

$$税金 = 计征基数 \times 税率$$

式中：计征基数 =（直接费 + 间接费 + 计划利润）-（临时设施费用 + 劳保支出）；

$$税率(\%) = \frac{3\% + 3\% + 7\% + 3\% + 2\%}{1 - 3\% - 3\% - 7\% - 2\%} = 3.38\%$$

(五) 专项费用

专项费用是指特区津贴、边防津贴、高原津贴和高价油价差、航修费、港务费、海洋废弃物倾倒费等需要独立计算的调差费用，以及维护性疏浚工程泥土处理所发生的占地补偿费等。

专项费用中的高价油价差按本办法及配套定额计算，其他专项费用按工程所在地的当地政府有关规定计算。

专项费用应计算税金，但不参与计算间接费和计划利润。

二、综合系数

为简化概算、预算的编制,将完税工程造价中的直接费、间接费、计划利润和税金换算汇总成以直接费为教育处基础的综合系数。其计算公式为:

$$完税的单位工程造价 = 直接费 \times 1.302\,486$$

单位疏浚工程造价的综合系数为1.302 486,具体构成见综合系数计算表4-17。

表4-17

序号	项 目			费率(%)	计 算 式
(1)	一、直接费			100.000 0	以直接费为100%
(2)	二、施工取费	(一)间接费	1.施工管理费	100.000 0	(1)×10%
(3)			2.临时设施费	2.000 0	(1)×2%
(4)			3.劳动支出	3.000 0	(1)×3%
(5)			4.流动资金贷款利息	2.400 0	(1)×2.4%
(6)			5.其他	0.500 0	(1)×0.5%
(7)			6.小计	17.900 0	(1)+(2)+(4)+(5)+(6)
(8)		(二)计划利润		8.253 0	[(1)+(7)]×7%
(9)		(三)税金	1.营业税	3.757 5	[(13)-(3)-(4)]×3%
(10)			2.城市建设维护税	0.263 0	(9)×7%
(11)			3.教育费附加	0.075 1	(9)×2%
(12)			4.小计	4.095 6	[(1)+(7)+(8)-(2)(3)]×3.27%+(1-3.27%)
(13)	三、合计(综合系数)			130.248 6	(1)+(7)+(8)+(12)

注:①综合系数未包括专项费用,若发生时另计。
②综合系数用于计算单位工程概、预算。若单独建设疏浚工程时,还需计列概算的"其他费用""预留费用"等的有关费用。

单项疏浚工程(单独编制概算时)还应根据《港口建设工程概、预算编制规定》计列"其他费用"和"概算预算费"等的有关费用。预算包干时,疏浚工程预算费用增加3%。

定额直接费、其他直接费、现场经费、企业管理费、财务费用定义都同水运工程概预算编制规定。为了计算方便(基价)烟台和黄河北地区施工增加费及山区航道施工增加费的计算基础,由原来挖泥船艘班数改为定额直接费,各项费率也有所变化。

第四节 航道整治工程造价的确定

一、航道整治工程项目划分

(1)大型土石方工程:指陆上爆破石方,新开河道挖土方、陆域回填等。

(2)炸礁工程:包括炸礁、清碴。

(3)筑坝工程:指各种丁坝、顺坝、锁坝、潜坝等。

(4)护岸工程。

（5）疏浚工程。

（6）通信、导航工程。

（7）临时工程：包括围堰、施工排水等。

（8）其他工程。

二、航道整治工程费用组成

航道整治工程概算和预算的编制，是以《内河航运建设工程概算预算编制规定》和《内河航运建设工程定额》为主要依据，选择规定中的总概算费用组成和单位工程费用组成、如图4-4、图4-5所示。

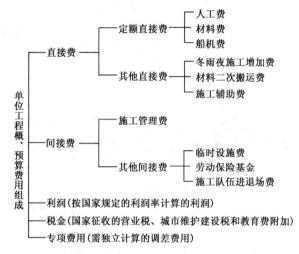

图4-4 单位工程费用组成示意

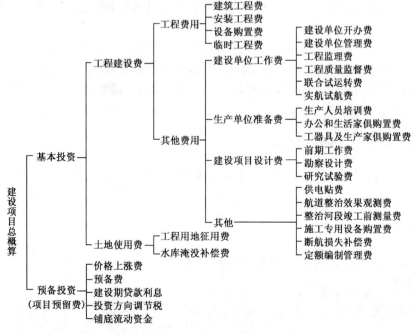

图4-5 总概算费用组成示意

三、几项费用的说明

(一)建筑与安装生产工人工资单价

(1)工资单价按工资地区类别和不同的工程类别划分,给出7个工资区和6个工程类别的人工工资单价,具体单位见表4-18。

建筑安装生产工人工资单价目表(单位:元)　　　　表4-18

项 目		工 资 区 类 别						
		五	六	七	八	九	十	十一
航务建筑工程		6.71	6.83	6.97	7.13	7.19	7.34	7.44
整治建筑工程	筑坝、护岸	7.45	7.57	7.73	7.88	7.95	8.11	8.21
	炸礁	6.1	6.2	6.36	6.51	6.55	6.69	6.78
大型土石方工程	机械施工	4.97	5.07	5.21	5.35	5.41	5.5	5.55
	人力施工	5.43	5.52	5.67	5.81	5.86	5.96	6.05
设备及大型钢结构制作安装工程		6.45	6.56	6.72	6.87	6.94	7.1	7.2

(2)工资单价的内容包括:标准工资、工资性津贴、辅助工资、工资附加费及劳动保护费。

(3)在使用时应根据工程所在地区的工资区类别和工程项目来选用工资单价标准。

(二)材料预算价格

计算定额直接费时所使用的材料价格为地方主管部门颁发的材料预算价格。

(1)如果所在地区已将材料价格放开,预算价和市场价没有区别时,则省市自治区的交通主管部门和地方基建主管部门,对主要材料规定基价按其计算定额直接费。基价价格与材料预算价格的价差列入专项费用。

(2)如果钢材、水泥需由建设单位自行组织采购或没有渠道进货时,可自行组价。在计算定额直接费时应使用组价中的计划价格,组价与计划价格的价差列入专项费用。

(3)对于自行采购和地方材料,则应根据开采工艺、弃、运、筛等情况自行组价,该价视同预算价,用以计算定额直接费。

(三)船舶机械艘(台)班费用单价

船舶机械艘(台)班费用单价执行《内河航运建设工程船机艘(台)班费用定额》中的基价。

(四)其他直接费

该费用包括冬雨夜施工增加费、材料二次搬运费和施工辅助费,其含义与沿海编制规定相同,这里不再重复。

(五)间接费

该费用包括施工管理费和其他间接费。

1.施工管理费

该费用包括工作人员工费、职工教育经费、办公费、差旅交通费、固定资产使用费、工具用具使用费、流动资金贷款利息和其他费用。

其计算方法以定额直接费为基础,按工程项目给出不同费率。

2.其他间接费

该费用包括:临时设施费、劳动保险基金和施工队伍进退场费,见表4-19、表4-20。

施工队伍进退场费费率表(%)　　　　　表4-19

项　目		单程进退场距离(千米以内)					
		25	100	200	300	400	500
航务建筑工程		1.45	2.50	2.90	3.40	3.85	4.35
整治建筑工程	筑坝、护岸	0.87	1.50	1.74	2.04	2.30	2.60
	炸礁	2.50	3.92	6.06	8.20	13.34	12.50
大型土石方工程	机械施工	1.60	2.75	3.19	3.57	4.05	4.55
	人力施工	0.35	0.55	0.65	0.74	0.85	0.94
设备及大型钢结构制作安装工程		2.90	5.00	5.80	6.80	7.70	8.70

建筑安装工程各项费率汇总表(%)　　　　　表4-20

费用项目名称	航务建筑	整治建筑		大型土石方		设备制作安装	
		筑坝、护岸	炸礁	机械	人力	制作	安装
冬雨夜施工增加费	1.50	1.00	1.00	1.35	2.50	1.70	1.70
材料二次搬运费	0.45	0.20	0.50	—	—	0.50	0.50
施工辅助费	2.16	1.44	2.20	1.40	2.00	2.60	2.60
施工管理费	13.50	9.00	12.00	10.50	20.00	17.00	28.00
临时设施费	3.50	0.80	0.80	2.50	4.50	1.50	4.20
劳动保险基金	2.50	2.00	2.00	2.30	3.30	2.50	2.50
施工队伍进退场费	1.45	0.87	2.50	1.60	0.35	2.90	2.90

注:1.冬季雨季及夜间施工增加费表内费率以华东、中南、西南地区为准,东北地区乘以2.00系数,华北、西北地区乘以1.60系数。

2.施工管理费表内费率适用于一般地区,东北地区乘以1.15系数。

3.施工队伍进退场费表内费率以25km以内为准,超过25km的费率以及有关规定详见"施工队伍进退场费费率表"。

其计算方法为:前两项均按工程项目划分,给出不同费率进行计算。最后一项按进退场距离分成六档,每一档均按不同工程项目给出不同费率计算。

(六)计划利润

计划利润是指按国家规定的计划利润计算的利润。

航务建筑工程、整治工程、大型土石方工程和设备及大型钢结构制作安装工程其计划利润均按直接费与间接费之和的7%计算。此外:

(1)钢闸(阀)门及大型钢结构制作工程中的主体结构钢材本身的价值,其计划利润按钢材价值的2%计算。

(2)大型土石方回填中的填料价值,其计划利润按填料价值的3%计算。

(七)税金

税金是指国家对施工企业承担建设工程和安装工程的施工收入征收的营业税、城市维护建设税和教育费附加。

其计算公式为:

税金=[(直接费+间接费+计划利润)-(临时设施费+劳动保险基金)]×含税税率

含税税率以工程所在地划分:

$$市区:3.38\%$$
$$县城镇:3.32\%$$
$$其他地区:3.19\%$$

(八)专项费用

专项费用是指定额直接费的计价标准中需独立计算的调差费用。专项费用只包括价差费用本身和按规定计算的税金,不参与计算其他直接费、间接费和计划利润。

该费用主要指人工、材料、燃料的价差。

(九)工程总概算中的其他费用

凡与1994年取费办法中基本相同的费用项目这里不再重复介绍,只介绍内河特有的项目。

1. 实载试航费

该费用是指航道整治工程中新开发的航道、整治后提高通航等级的航道和渠化的航道,在竣工验收前按设计要求的通航船舶的吨级、编队及载重的要求,组织实船通航试验所发生的费用。

该费用根据试航天数,按营运船舶的费用标准及有关规定计算。

2. 航道整治效果观测费

该费用是指在竣工验收前对整治的航道区域在不同水位下进行水下地形和水文情况的观测,用以验证模型试验、验证整治效果等所发生的数量和其他工作费。

该费用参照《工程勘察取费标准》和有关规定计算。

3. 治河段竣工前测量费

该费用是指新开发航道、提高通航等级的航道和渠化后的航道,在竣工验收前所进行的全河段航道全程图和各整治滩段的扩大图比测图的测量费。

该费用参照《工程勘察取费标准》和有关规定计算。

4. 断航损失补偿费

该费用是指在通航河段兴建航运工程而临时断航造成损失的补偿费。

该费用根据断航期限、运量情况以及采取的措施等进行估算。

(十)水库淹没补偿费

该项费用为土地使用费内容之一,是指航运枢纽工程因形成水库后对库存区(包括淹没、浸没和坍岸区)淹没损失的补偿费和有关工程费。

该费用按国家有关政策、规定、按实际发生的项目,经测算分析进行专题计算。

(十一)项目预留费

内容及计算公式与沿海编制办法基本相同。只是"建设期贷款利息"在沿海编制办法中不在预留费用中,而是单独列出,称为第四部分费用。

四、使用中注意的问题

(1)鉴于内河编制规定是1992年4月1日起执行,已时隔四年之久,在此期间内有些调价文件颁发,使用时应予注意,例如:

①交通部交基发[1994]1257号文《关于调整内河航运建设工程工程造价的通知》。

②交通部交基发[1995]670号关于《在编制水运工程总估算和总概算时把"工程监理费"和"工程质量监督费"从"建设单位管理费"中剔出单独列》的通知。

③交通部交基发[1995]96号关于《调整水运工程年价格上涨指数等》的通知。

④国家物价局、建设部文件[1992]价费字375号关于《发布工程勘察和工程设计收费标准的通知》本文从1992年8月10日起执行。

(2)内河定额是初次编制,正表中有相当一部分是移植和参照了其他专业部或地方定额的项目,在使用中如果发现有问题应及时反映给部水运工程定额站,以便进行修改。

第五节 港口建设工程取费标准与其他规定

一、施工取费分类标准与规定

水工建筑工程及装卸机械设备安装工程按不同的工程类型划分为以下几类取费标准。

(一)一般水工工程

一般水工工程包括各种码头、防波堤、海堤、栈引桥、灯塔、取水构筑物、围堰、护岸、水上软基加固等港口水工建筑物及有关的配套设施。

在上述单位工程中,对以下三个分部工程另有规定:

(1)施打钢桩及制作安装钢拉杆:指码头、引桥、系靠船墩等主体工程中施打的钢板桩、钢管桩以及制作安装钢拉杆。

(2)安装大型钢结构:指码头、引桥等主体工程中使用的钢桥、钢栈桥、钢梁、钢桁架等;包括以下两个部分:

①每榀(根)自重在500kN以上的。

②每榀(根)自重虽不足500kN,但由于批量大,其钢结构价值占该单位工程造价的1/3以上的。

(3)安装橡胶护舷:指码头、系靠船墩等主体工程中安装的各种橡胶护舷。

(4)陆域构筑物工程:指港区内的翻车机房、廊道、坑道、陆上软基加固等陆域构筑物及有关的配套设施。

(5)堆场道路工程:指港区内的堆场道路工程。

(6)大型土石方工程:指在一个单位工程中开挖或回填的土石方工程在 $10\,000\,m^3$ 以上的无结构要求的工程,如码头后方堆场道路、翻车机房、廊道的陆上开挖,码头和护岸后方、堆场道路结构以下、翻车机房、突堤码头堤心的回填。但不适应于防波堤、引堤、基床、棱体、倒滤层、护岸、围埝等结构要求的工程。棱体与码头(或护岸)后方的界线按工种定额规定划分。大型土石方工程应划分为机械施工、人力施工两类。

(7)装卸机械设备安装工程:指各种装卸船设备、库场装卸设备、装卸车辆设备、输送设备及其他设备的安装。

(二)施工计费规定

1. 基价定额

水工建筑工程及装卸机械设备安装工程的计费基础为基价定额直接费,本规定中的计费基础适应于计算其他直接费、间接费和利润。

基价定额直接费是指按定额规定的人工、材料、船机艘(台)班基价计算的工、料、机费用之和。其中:

(1)水工建筑工程的外购钢桩、大型钢结构、钢拉杆及橡胶护舷,按其基价中确定的购置价格的 10% 计入计费基础;自制钢桩、大型钢结构及钢拉杆,按其基价的 30% 计入计费基础。

(2)大型土石方工程的填料价值不参与计算其他直接费、间接费,只计算利润。

(3)装卸机械设备安装工程的设备购置费不参与计算施工取费。

(4)混凝土及钢筋混凝土预制及现浇工程中,采用商品混凝土时:

①按相应定额中自拌同规格混凝土计算基价(工料机项目、规格不变);

②计算市场价时,商品混凝土实际价格计入市场价、定额中混凝土搅拌机械不计,固定预制场使用费不计,其余不变。

2. 关于外海系数

按本规定计算的基价定额直接费、定额直接费适用于内港工程。外海工程在编制概、预算时,按单位工程的人工费乘以 1.10 系数;船舶及水上施工机械使用费乘以 1.25 系数。

其中,外海工程是指:

(1)防波堤本身;

(2)设计有防波堤,在防波堤未建成之前其护掩区水域工程(不包括陆上工程)需要提前施工的;

(3)由于风浪影响,水域工程施工期(不包括封冻期)月平均工作日少于 15 天的工程。

3. 关于间接费

在孤岛施工的工程按规定的费率乘以 1.2 系数。

孤岛是指远离大陆且无基本的施工条件的岛屿,但不包括崇明岛、海南岛等。

二、港口建设工程其他费用

(一)土地征用及拆迁补偿费

该费用是指依据批准的设计文件规定的用地范围,按照《中华人民共和国土地管理法》等法律、法规规定应支付的土地征用及拆迁补偿等费用。

1. 费用内容

(1)土地补偿费:指被征用土地地上、地下附着物及青苗补偿费,征用城市郊区的菜地等缴纳的菜地开发建设基金,耕地占有税或城镇土地使用税,土地登记费及征地管理费等。

(2)征用耕地安置补助费:指征用耕地需要安置农业人口的补助费。

(3)征地动迁费:指被征用或占用土地上的房屋及附属构筑物、城市公用设施等的拆除、迁建补偿费,搬迁运输费,企业单位因搬迁造成的减产停产损失补偿费,拆迁管理费等。

(4)复耕费:指临时占用的耕地、鱼塘等,待工程竣工后将其归还所发生的费用。

2. 计算方法

土地征用及拆迁补偿费应根据设计提出的用地(包括水面)数量和其附着物的情况,以及实际发生的费用项目,按照国家有关规定和工程所在地地方政府制定的标准计算。

(二)建设单位管理费

该费用是指建设单位为工程建设项目从立项、筹建、建设、联合试运转、竣工验收、交付使用及后评估等工作所发生的管理费用。建设单位管理费包括建设单位开办费和建设单位经费两项内容。

1. 建设单位开办费

建设单位开办费是指新组建的建设单位为保证正常开展管理工作所需的初始费用。
费用内容包括:
(1)办公和生活临时用房工程费。
(2)临时仓库、货场等临时设施工程费。
(3)车辆和办公生活设备、检验试验设备费。
(4)其他用具用品购置以及用于开办工作的其他费用。

其计算方法为:根据设计提出的项目按照有关的定额和计费标准确定,或者根据设计提出的项目参照已完工程的资料估算。

2. 建设单位经费

建设单位经费是指建设单位为建设项目的立项、筹建、建设、竣工验收、交付使用及后评估等工程所发生的日常管理费用。

费用内容包括:
(1)工作人员的基本工资、工资性补贴、劳动保险费、职工福利费、工会经费、劳动保护费、办公费、差旅交通费、固定资产使用费、工具用具使用费、技术图书资料费、职工教育经费、工程招标费、合同契约公证费、咨询费、法律顾问费、业务招待费、竣工交付使用清理及竣工验收等费用。

（2）房产税，车、船使用税，印花税。

（3）临时设施费。临时设施费是指建设单位所用临时设施的搭设、维修、摊销或租赁费。其计算方法为：以工程费用的总和为基础乘以表4-21所列的费率计算。

建设单位经费费率表 表4-21

序　号	工程费用总和（万元）	费率（%）
1	<500	1.75
2	<1 000	1.58
3	<5 000	1.37
4	<10 000	1.16
5	<30 000	1.02
6	<50 000	0.91
7	≥50 000	0.81

（三）工程建设监理费

工程建设监理费是指建设单位委托具有相应资质等级的水运工程建设监理单位，按工程建设监理办法进行全面监督与管理所发生的费用。监理费用以工程费用总计为基础按表4-22规定的标准计算。

工程建设监理费标准表 表4-22

序　号	总概算工程费用总计 M（万元）	设计阶段（含设计招标）监理取费 a（%）	施工（含施工招标）及保修阶段监理取费 b（%）
1	$M<500$	$a>0.20$	$b\geq 2.50$
2	$500\leq M<1\,000$	$0.15<a\leq 0.20$	$2.00<b\leq 2.50$
3	$1\,000\leq M<5\,000$	$0.10<a\leq 0.15$	$1.40<b\leq 2.00$
4	$5\,000\leq M<10\,000$	$0.08<a\leq 0.10$	$1.20<b\leq 1.40$
5	$10\,000\leq M<50\,000$	$0.05<a\leq 0.08$	$0.80<b\leq 1.20$
6	$50\,000\leq M<100\,000$	$0.03<a\leq 0.05$	$0.60<b\leq 0.80$
7	$M\geq 100\,000$	$a\leq 0.03$	$b\leq 0.60$

（四）工程质量监督费

工程质量监督费是指工程质量监督部门，依据国家有关法规、技术规范、规程和质量检验评定标准，对工程质量和建设行为以及按规定应进行质量监督的生产单位生产的建筑构件实施质量监督管理所发生的费用。工程质量监督费以工程费用建安工作量总和为基础，按表4-23规定的标准计算。

工程质量监督费标准表   表4-23

序　号	总概算工程费用建安工作量总和(万元)	工程质量监督费费率(%)
1	≤1 000	0.1
2	≤10 000	0.075
3	>10 000	0.05

(五)定额编制管理费

该费用是指水运工程造价管理部门为组织定额的编制和管理所需要的工作经费。定额编制管理费由建设单位按期缴纳给水运工程定额站,由定额站统一管理使用。

其计算方法为:根据国家规定,按工程费用(扣除设备购置费)总和的0.08%计算。

(六)联合试运转费

该费用是指新建、扩建工程项目,在竣工验收前按照设计规定的工程质量标准,进行单机重载联合试运转所发生的全部费用抵扣试车期间收入的差额。不包括应由设备安装工程项下开支的调试费及试车费的费用。

费用内容包括:

试运转所需要的原料、燃油料和动力的消耗,船舶和机械使用费,工具用具和低值易耗品费,其他费用以及施工单位参加联合试运转人员的人工费等。

其计算方法为:以工程费用中的装卸机械购置费为基础:单一的杂货、集装箱码头按0.3%,油码头、散货码头和综合性码头按0.7%计算。

(七)工器具及生产家具购置费

该费用是指为保证建设项目初期正常生产所必须购置的第一套不够固定资产标准的设备、仪器、生产工具和生产家具的费用。

其计算方法为:以工程费用中的装卸机械设备购置费为基础乘以1.6%~4.0%计算。

(八)生产职工培训费

该费用是指工程竣工验收前,生产单位为保证生产的正常运行而安排的提前进港人员的经费和培训人员所需的培训费。

费用内容包括:

提前进港人员和需要培训人员的人工费、教育经费、劳动保险费、差旅交通费、办公费、会议费、技术图书资料费、零星固定资产购置费、工具用具使用费、水电费等属于生产筹备发生的费用和培训人员的实习费等。

其计算方法为:按设计定员,每人2 000元标准计算。

(九)办公和生活家具购置费

该费用是指为保证新建或扩建项目初期正常生产、运行和管理所必须购置的办公、生活家具和用具的费用。

费用内容包括：

办公室、会议室、资料档案室、阅览室、文娱活动室、食堂、浴室、理发室、单身职工宿舍及设计文件规定必须建设的医务室、招待所等的家具、用具和器具的购置费。

其计算方法为：按设计定员，每人1 000元标准计算。

（十）前期工作费

该费用是指为建设项目编制可行性研究报告，进行环境预评价及投资估算，为可行性研究安排的勘察、测量、试验以及在初步设计之前进行的设计、方案比选、工程咨询和评估等支付的费用。

前期工作费按国家和有关部门规定的标准计算。

（十一）勘察设计费

该费用是指初步设计和施工图设计的勘察费，设计费（包括非标准设计费），概算、预算编制费。但不包括临时工程设计费。

其计算方法为：按国家颁发的工程勘察设计收费标准和有关规定计算。

（十二）研究试验费

该费用是指为本建设项目提供或验证设计参数、数据资料等进行必要的研究试验，按设计要求在施工中必须进行的试验、验证及支付科技成果、技术专利等的一次性技术转让费。

费用内容包括：自行或委托其他部门研究试验所需人工费、材料费、试验设备及仪器使用费等，研究试验费按设计提出的研究试验内容和要求计算。

（十三）扫海费

该费用是指为保证船舶进出港安全，在工程竣工验收前，在港区水域、航道、锚泊地等扫海需要的费用。

其计算方法为：扫海面积由设计单位根据有关部门的规定提出，按有关规定计列费用。

（十四）进口设备和材料的其他费

该费用包括国内接运保管费、从属费用和技术合作费。计算时应按有关规定分别以内币或外币计列。

1. 国内接运保管费

该费用是指进口设备和材料从到达港口运到施工现场仓库或指定堆放地点的运杂费及保管费等费用，如合同规定的进口设备和材料的到岸价为舱底价时，还应包括卸船费。

其计算方法为：按进口设备（包括备品备件）和材料原价外币金额和现行外汇牌价折算成人民币后，进口设备按0.5%～2%计算；进口材料按2%～5%计算。超限设备运输的特殊措施费，按有关规定另行计算。

2. 从属费用

该费用是指进口设备和材料的外贸手续费、中国银行手续费、外国银行手续费、海关关税、增值税、海关监管手续费、商品检验费、车辆购置附加费、承诺费等。

其计算方法为:按国家有关规定或贷款协定计算。

3.技术合作费

(1)为引进技术和进口设备派出人员进行设计联络、设备材料监检、培训等的差旅费和生活费用等。

(2)国外工程技术及人员来华差旅费、生活费和接待费用等。

(3)国外设计及技术资料、软件、专利和技术转让费、延期或分期付款利息等。

(4)利用外资贷款建设项目的外方监理费。

(5)上述费用按照合同和国家有关规定计算。

(十五)其他

该费用是指根据建设任务的需要,必须在建设项目列支的其他费用,例如施工机构迁移费、施工专用设备购置费、水资源费、工程保险费等。

三、港口建设工程预留费用

预留费用包括基本预备费和物价上涨费。

(一)基本预备费

该费用是指在初步设计和概算内难以预料的工程和费用。
费用内容包括:

(1)在不突破批准的初步设计和概算范围内,技术设计、施工图设计及施工过程中所增加的工程和费用;设计变更、局部地基处理等增加的费用。

(2)一般自然灾害造成的损失和预防自然灾害所采取的措施费用。

(3)竣工验收时为鉴定工程质量对隐蔽工程进行必要的挖掘和修复费用。

其计算方法为:以工程费用与港口建设工程其他费用之和为基础,按5%计算。外币部分的基本预备费按外币计列。

(二)物价上涨费

该费用是指建设项目在建设期间由于价格等变化引起工程造价变化的投资增加额。
费用内容包括:

人工费、设备、材料、施工船机价差,建筑安装工程费及港口建设工程其他费用的调整,利率、汇率调整等。

其计算方法为:根据合理建设工期和分年度投资(仅限工程费用和其他费用两部分,不含土地征用及拆迁补偿费)按年投资指数计算。

计算公式为:

$$E = \sum_{n=1}^{N} F_n \left[(1+p)^n - 1 \right]$$

式中:E——物价上涨费;

N——合理建设工期(按施工条件设计确定);
n——施工年度;
F_n——第 n 年的年度投资;
p——年投资价格指数。
年投资价格指数应以国家或有关部门发布的价格指数为准。

四、建设期贷款利息

建设期贷款利息是指本建设项目投资中分年度使用国内贷款或国外贷款部分,在建设期内应归还的工程贷款利息。国外贷款部分,其利息按外币计列。

在编制概算时,建设期贷款利息可根据需付息的分年度投资(包括工程费用、其他费用、基本预备费、物价上涨费等按现行利率计算。

其计算公式为:

建设期贷款利息 = $\sum$[本年初需付息贷款本息累计 + (本年度付息贷款额 ÷ 2)] × 年利率

五、概(预)算表格

所用概(预)算表格如表 4-24 ~ 表 4-29 所示。

总 概 算 表   表4-24

工程名称:_____   概(预)表一   (共 页第 页)

序号	单项(单位)工程概算表编号	工程或费用项目名称	概算价值(万元)					技术经济指标			占总投资(%)	备注
			建筑工程费	安装工程费	设备购置费	其他费用	合计	单位	数量	单位价值(元)		
1	2	3	4	5	6	7	8	9	10	11	12	13

审核: 复核: 编制:

内外币总概算表

表 4-25

建设项目名称：　　　　　　　　　　　　　　　　　　　　　　　　　　　　概(预)表二

序号	单项(单位)工程概算表编号	工程或费用项目名称	概算价值(万元) 单位：内币:( ) 外币:( )									
			建筑工程费		安装工程费		设备购置费		其他费用		合计	
			内币	外币	内币	外币	内币	外币	内币	外币	内币	外币

审核：　　　　　　　　　　　复核：　　　　　　　　　　　编制：

单位工程概算表

表 4-26

工程名称：　　　　　　　　　　工程代号：　　　　　　　　　　概(预)表三

序号	定额号	分部分项工程名称	单位	工程数量	基价(元)		市场价(元)		备注
					单价	合计	单价	合计	
		合计							

定额直接费合计：(概算扩大系数：)

其中：人工费：

　　　　材料费：

　　　　船机费：

施工取费合计：

专项费用：

单项(单位)工程费合计：

审核：　　　　　　　　　　　复核：　　　　　　　　　　　编制：

单项(单位)工程预算表 表4-27

工程名称：　　　　　　　　　　　　工程代号：　　　　　　　　　　　概(预)表四

序号	定额号	分部分项工程名称	单位	工程数量	基价(元)		市场价(元)				
					单价	合计	单价	合计	人工费	材料费	船机费

定额直接费合计：

施工取费合计：

专项费用：

单项(单位)工程费用合计：

审核：　　　　　　　　　　　复核：　　　　　　　　　　　编制：

主要材料汇总表 表4-28

建设项目名称：　　　　　　　　　　　　　　　　　　　　　　　　概(预)表五

序号	单项(单位)工程概(预)表编号	工程或费用项目名称	钢材(t)	水泥(t)	板枋材(m^3)					

补充单位估价表 表4-29

定额项目名称：_____ 单位：_____ 编号：_____ 概（预）表六

费用项目名称		单 位	单 价	数 量	合 价	编制依据及说明
合计						
其中	人工费					
	材料费					
	船机费					

思考与练习题

1. 什么是水运工程概预算？水运工程概预算分为几种？
2. 水运工程概预算是由哪些费用组成的？每一种费用包括哪些内容？如何计算？
3. 水运工程的施工特点是什么？
4. 确定外海工程有哪些规定？
5. 结合本地区的有关规定，掌握各项费用的计取方法及取费标准。
6. 什么是建筑安装工程计划利润？

第五章 一般土建工程工程量计算

第一节 工程量概述

一、工程量的概念和作用

(一)工程量概念

工程量是指以物理计量单位或自然计量单位所表示的建筑工程各个分项工程或结构构件的实物数量。所谓物理计量单位,就是以法定的计量单位表示的工程数量,如毫米(mm)、厘米(cm)、米(m)、平方米(m^2)、立方米(m^3)以及千克(kg)、吨(t)等。所谓自然计量单位,是指以工程子目中所规定的施工对象本身的自然组成情况,如台、组、套、件、个等为计量单位所表示的工程数量。

工程量是根据设计图纸规定的各个分部分项工程的尺寸、数量以及设备、材料明细表等具体计算出来的。

工程量是编制工程预算的原始数据,也是一项工作量大、且十分细致的工作,工程量计算的精确程度和快慢与否,直接影响预算的编制质量和速度。

正确地计算工作量对基本建设的计划、统计、施工作业计划工作,对合理安排施工进度、合理组织劳动和物资供应都是不可缺少的,是财务管理与会计核算,以及成本计划执行情况分析的重要依据,对企业管理有直接影响。

(二)工程量作用

(1)工程量是确定工程造价的重要依据:只有准确地计算工程量,选套相应的预算单价,才能正确地计算出工程直接费,才能合理地确定工程造价。

(2)工程量是施工企业搞好生产经营的重要依据:工程量指标是施工企业编制施工组织设计,安排工程作业计划,组织劳动力和物资供应,进行成本分析和实现经济核算的必不可少的基础资料。

(3)工程量是业主管理工程建设的重要依据:工程量指标是业主编制建设计划,筹集建设资金,安排工程价款拨付和结算、进行财务管理和核算的基本依据。

(4)工程量是业主招标文件的重要组成部分。

(5)定额消耗量是承包人投标报价的重要参考依据。

二、工程量计算依据及一般原则

(一)工程量计算依据

(1)工程设计施工蓝图、标准图册、设计说明书;

(2)施工组织设计或施工方案；
(3)工程量计算规则及使用说明；
(4)有关工具书及技术资料。

(二)工程量计算的一般原则

1. 工程量计算必须参照相关定额

工程量计算应参照《沿海港口水工建筑工程定额》(以下简称《水工定额》)、《全国统一建筑工程基础定额》(以下简称《基础定额》)和《建设工程工程量清单计价规范》(以下简称《计价规范》)的规定进行。

1)项目的划分应一致

计算工程量时根据施工图纸所列出的分项工程的项目(所包括的工作内容和范围)，应与《水工定额》、《基础定额》和《计价规范》中相应的项目一致。有些项目内容单一，一般不会出错，有些项目综合了几项内容，则应加以注意。例如打桩船打钢筋混凝土方桩项目中，若已包括稳桩夹桩与桩头处理的工作内容，计算工程量时，就不能再列夹桩与桩头处理的项目。

2)计算单位应一致

计算工程量时所采用的单位应与《水工定额》、《基础定额》和《计价规范》相应项目中的计量单位一致。如现浇钢筋混凝土柱、梁、板的定额计量单位是 m^3，而整体楼梯定额计量单位是投影面积 m^2，则工程量计算时也应分别按体积和投影面积计算。此外定额中有些计量单位常为扩大计量单位如 $10m^2$、$100m^2$、$10m^3$ 等。计算时还应注意计量单位的换算。

3)计算方法应一致

《水工定额》、《基础定额》和《计价规范》的各分部都列有工程量计算规则，计算中应遵循这些规则，才能保证工程量计算的准确性。例如，计算砖墙工程量时，定额中规定了哪些是应扣除的体积，哪些是不应扣除的体积，应按其规定计算而不能擅自决定。

2. 工程量计算必须与设计图纸相一致

设计图纸是计算工程量的依据，工程量计算项目应与图纸规定的内容保持一致，不得随意修改内容去高套或低套定额。

3. 工程量计算必须准确

在计算工程量时，必须严格按照图纸所示尺寸计算，不得任意加大或缩小。各种数据在工程量计算过程中一般保留小数点后三位数字，计算结果通常保留两位小数，以保证计算的精度。

三、计算工程量顺序

计算工程量应按照一定的顺序依次进行，既可以节省看图时间，加快计算进度，又可以避免漏算或重复计算。

(一)单位工程计算顺序

1. 按施工顺序计算法

按施工顺序计算法就是按照工程施工顺序的先后次序来计算工程量。如一般水工重力式码头工程,按照水下挖泥、基础、墙身、墙后回填、胸墙混凝土浇注、码头面与附属设施施工等顺序进行计算。又如一般民用建筑,按照土方、基础、墙体、脚手架、地面、楼面、屋面、门窗安装、外抹灰、内抹灰、刷浆、油漆、玻璃等顺序进行计算。

2.按《水工定额》、《基础定额》和《计价规范》顺序计算法

计算工程量可按照《水工定额》、《基础定额》和《计价规范》上的分章或分部分项工程顺序来计算工程量。这种计算顺序法对初学编制预算的人员尤为合适。

(二)分部分项工程计算顺序

1.按照顺时针方向计算法

按顺时针方向计算法就是先从平面图的左上角开始,从左至右,然后再由上而下,最后转回到左上角为止,这样按顺时针方向转圈依次进行计算工程量。例如计算外墙、地面、天棚或码头桩基、上部结构、附属设施等分项工程,都可以按照此顺序进行计算,如图5-1所示。

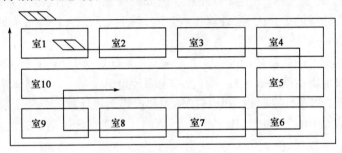

图5-1 顺时针方向计算法示意图

2.按"先横后竖、先上后下、先左后右"计算法

此法就是在平面图上从左上角开始,按"先横后竖、从上而下、自左到右"的顺序进行计算工程量。例如房屋的条形基础土方、基础垫层、砖石基础、砖墙砌筑、门窗过梁、墙面抹灰等分项工程,均可按这种顺序进行计算工程量,如图5-2所示。

3.按图纸分项编号顺序计算法

此法就是按照图纸上所注结构构件、配件的编号顺序进行计算工程量。例如计算混凝土构件、门窗、屋架等分项工程,均可以按照此顺序进行计算,如图5-3所示。

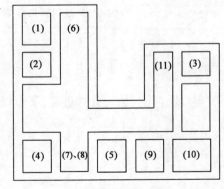

图5-2 横竖计算法示意图

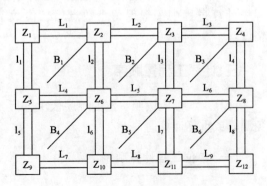

图5-3 按编号顺序计算法示意图
Z-柱;L-主梁;l-次梁;B-板

四、工程量计算步骤

（一）熟悉图纸

1.粗略看图,初步建立水工建筑及房屋立体概念

(1)了解工程的基本概况。例如建筑物的层数、高度、基础形式、结构形式、大概的建筑面积等。

(2)了解工程的材料和做法。例如基础是砖、石还是钢筋混凝土的,墙体砌砖还是砌块,楼地面的做法等。

(3)了解图中的梁表、柱表、混凝土构件统计表、门窗统计表,要对照施工图进行详细核对。一经核对,在计算相应工程量时就可直接利用。

(4)了解施工图表示方法。

2.重点看图,建立建(构)筑物详细清晰的立体图形概念

重点看图,需要着重弄清的问题有:

(1)房屋室内外高差,以便在计算基础和室内挖、填工程时利用这个数据。

(2)建筑物层高、墙体、楼地面、面层、门窗等相应工程的内容是否因楼层或段落不同而有所变化(包括尺寸、材料、做法、数量等变化),以便在有关工程量计算时区别对待。

(3)工业建筑设备基础、地沟等平面布置大概情况,以利于基础和楼地面工程量计算。

(4)建筑物构配件如平台、阳台、雨篷、台阶等设置情况,便于计算其工程量时明确所在部位。

3.修正图纸

具体是指按照图纸会审记录、设计变更通知单的内容修正,订正全套施工图,以避免走"回头路",造成重复劳动。

（二）列出计算式

工程项目列出后,根据施工图所示的部位、尺寸和数量,按照一定的计算顺序和工程量计算规则,列出该分项工程量计算式。计算式应力求简单明了,并按一定的次序排列,以便于审查核对。例如,计算面积时,应该为宽×高;计算体积时,应该为长×宽×高,等等。

（三）演算计算式

分项工程量计算式全部列出后,先对各计算式进行逐式计算,然后再累计各算式的数量;其和就是该分项工程的工程量,将其填入工程量计算表中的"计算结果"栏内即可。

（四）调整计量单位

计算所得工程量,一般都是以 m、m^2、m^3 或 kg 为计量单位,但预算定额往往是以 100m,$100m^2$、$100m^3$,或 10m、$10m^2$、$10m^3$,或吨等为计量单位。这时,就要将计算所得的工程量,按照预算定额的计算单位进行调整,使其一致。

工程量计算应采用表格形式,以便进行审核。

五、工程量计算常用的数学公式

工程量计算常用的数学公式主要有平面图形计算公式和立体图形计算公式,如表 5-1、表 5-2 所示。

平面图形计算公式 表 5-1

图形		尺寸符号	面积(F) 表面积(S)	重心(G)
正方形		a——边长; d——对角线	$F = a^2$ $a = \sqrt{F} = 0.707d$ $d = 1.414a = 1.414\sqrt{F}$	在对角线交点上
长方形		a——短边; b——长边; d——对角线	$F = a \cdot b$ $d = \sqrt{a^2 + b^2}$	在对角线交点上
三角形		h——高; l——$\frac{1}{2}$周长; a、b、c——对应角 A、B、C 的边长	$F = \dfrac{bh}{2} = \dfrac{1}{2}ab\sin C$ $l = \dfrac{a+b+c}{2}$	$GD = \dfrac{1}{3}BD$ $CD = DA$
平行四边形		a、b——邻边; h——对边间距离	$F = b \cdot h = a \cdot b\sin\alpha$ $= \dfrac{AC \cdot BD}{2}\sin\beta$	对角线交点上
梯形		$CE = AB$; $AF = CD$; $a = CD$(上底边); $b = AB$(下底边); h——高	$F = \dfrac{a+b}{2} \cdot h$	$HG = \dfrac{h}{3} \cdot \dfrac{a+2b}{a+b}$ $KG = \dfrac{h}{3} \cdot \dfrac{a+2b}{a+b}$
弓形		r——半径; s——弧长; a——中心角; b——弦长; h——高	$F = \dfrac{1}{2}r^2\left(\dfrac{a\pi}{180} - \sin\alpha\right)$ $= \dfrac{1}{2}[r(s-b)+bh]$ $S = r \cdot a \cdot \dfrac{\pi}{180} - 0.175r \cdot a$ $h = r - \sqrt{r^2 - \dfrac{1}{4}a^2}$	$G_0 = \dfrac{1}{12} \cdot \dfrac{b^2}{F}$ 当 $\alpha = 180°$ 时 $G_0 = \dfrac{4r}{3\pi} = 0.4244r$
名称	形状	尺寸符号	公式 代表符号: F——面积;S——表面积;V——体积	
圆片		R——大圆半径; r——小圆半径; θ——圆心角	$F = \dfrac{\pi\theta}{360°}(R^2 - r^2)$ $= 0.00872\theta(R^2 - r^2)$	

续上表

名称	形 状	尺 寸 符 号	公式 代表符号：F——面积；S——表面积；V——体积
圆形		L——圆周长； R——半径； d——直径	$L = 2\pi R = \pi d$ $= 3.1416 d$ $F = \pi R^2$
空心圆		r——小圆半径； R——大圆半径； d——小圆直径； D——大圆直径	$F = \dfrac{\pi}{4}(D^2 - d^2)$ $= \pi(R^2 - r^2)$
椭圆		d——小圆直径； D——大圆直径； P——周长	$F = \pi R r = \dfrac{\pi}{4}Dd$ $P = \pi \sqrt{R^2 + r^2}$ $= \pi \sqrt{\dfrac{D^2 + d^2}{4}}$
扇形		l——弧长； r——半径； α——圆心角	$F = \dfrac{1}{2}rl = \dfrac{\alpha}{360°}\pi r^2$ $= 0.008727 r^2 \alpha$ $l = r\alpha \dfrac{\pi}{180} = 0.01745 r\alpha$
等边多边形		$F = \dfrac{h}{2}aK = a^2 \times$ 固定值	

角数	边数	固定值	角数	边数	固定值
三角形	3	0.433	七角形	7	3.634
正方形	4	1.000	八角形	8	4.828
五角形	5	1.720	九角形	9	6.182
六角形	6	2.598	十角形	10	7.694

立体图形计算公式　　　　　　　表5-2

名称	形 状	尺 寸 符 号	公式 代表符号：F——面积；S——表面积；V——体积
角柱		B——直截断面； P——底面周长； h——高	$S_{全} = Ph + 2S_{底}$ $S_{侧} = Ph$ $V = S_{底}h = B \cdot h$
直角锥		P——底面周长； r——内接圆半径； R——外接圆半径； a——正多边形边长； n——正多边形边数； l——斜高	$S = \dfrac{1}{2}Pl + S_{底}$ $S_{侧} = \dfrac{1}{2}Pl$ $V = \dfrac{h}{3}S_{底} = \dfrac{harn}{6} = \dfrac{han}{6}\sqrt{R^2 - \dfrac{a^2}{4}}$

续上表

名称	形 状	尺 寸 符 号	公式 代表符号：F——面积；S——表面积；V——体积
截头直角锥		P_1、P_2——两端周长； S_1、S_2——两端面积； l——斜高	$S = \dfrac{1}{2}l(P_1+P_2)+S_1+S_2$ $S_{侧}=\dfrac{1}{2}l(P_1+P_2)$ $V=\dfrac{h}{3}(S_1+S_2+\sqrt{S_1 S_2})$
直圆锥		h——高； r——圆锥底半径； l——母线长	$S = \pi r l + \pi r^2$ $S_{侧} = \pi r l = \pi r\sqrt{r^2+h^2}$ $V = \dfrac{\pi r^2 h}{3} = 1.0472 r^2 h$
截头直圆锥		h——高； D——下底直径； d——上底直径； l——母线	$S=\dfrac{\pi}{2}\left[l(D+d)+\dfrac{1}{2}(D^2+d^2)\right]$ $S_{侧}=\pi l(R+r)=\dfrac{\pi}{2}l(D+d)$ $V=\dfrac{\pi h}{3}(R^2+r^2+rR)=\dfrac{\pi h}{12}\times(D^2+d^2+dD)$
截头矩形角锥		a、b——下底边长； $a_1 b_1$——上底边长； h——高	$S=(a+a_1+b+b_1)h+a_1 b_1+ab$ $V=\dfrac{h}{6}[(a_1+2a)b+(2a_1+a)b_1]$ $=\dfrac{h}{6}[ab+(a+a_1)(b+b_1)+a_1 b_1]$
直圆柱		r——半径； h——高	$S=2\pi r(r+h)$ $S_{曲}=2\pi r h$ $V=\pi r^2 h=\dfrac{d^2 \pi}{4}h$
斜切直圆柱		r——半径； h、h_1、h_2——高度； α——两底面夹角	$S=\pi r(h_1+h_2+r)+\sqrt{r^2\left(\dfrac{h_1-h_2}{2}\right)^2}$ $=S_{曲}+\pi r^2\left(1+\dfrac{1}{\cos\alpha}\right)$ $S_{曲}=\pi r(h_1+h_2)$ $V=\pi r^2=\dfrac{h_1+h_2}{2}$
中空圆柱		$S_{曲}$——内外曲面面积； R——大圆半径； r——小圆半径； h——高度	$S=2\pi h(R+r)+2\pi(R^2-r^2)$ $S_{曲}=2\pi h(R+r)$ $V=\pi h(R^2-r^2)$

续上表

名称	形　状	尺　寸　符　号	公式　代表符号：F——面积；S——表面积；V——体积
圆球		r——球半径； d——球直径	$S = 4\pi r^2 = 12.566\ 4r^2$ $\quad = \pi d^2 = 3.141\ 6d^2$ $V = \dfrac{4}{3}\pi r^3 = \dfrac{1}{6}\pi d^3$
球缺		r——球缺半径； h——球缺的高； a——平切圆半径	$S = \pi(2rh + a^2) = \pi(h^2 + 2a^2)$ $S_曲 = 2\pi rh = \pi(a^2 + h^2)$ $a^2 = h(2r - h)$ $V = \dfrac{\pi h}{6}(3a^2 + h^2) = \dfrac{\pi h^2}{3}(3r - h)$
球带体		r——球半径； a、b——平切圆半径； h——球带的高	$S = \pi(2rh + a^2 + b^2)$ $S_曲 = 2\pi rh$ $V = \dfrac{\pi h}{6}(3a^2 + 3b^2 + h^2)$ $r^2 = a^2 + \left(\dfrac{a^2 - b^2 - h^2}{2h}\right)$
圆环		R——圆环体平均半径 D——圆环体平均直径 d——圆环体截面直径 r——圆环体截面半径	$S = 4\pi^2 Rr = 39.478Rr = 9.869\ 6Dd$； $V = 2\pi^2 Rr = 19.739r^2 R$； $d = \dfrac{\pi^2}{4}Dd^2$； $r = 2.467\ 4Dd^2$
交叉圆柱体		r——圆柱半径； L_1、L——圆柱长	$V = \pi r^2\left(L + L_1 - \dfrac{2r}{3}\right)$
桶形体		d——两底的直径； D——最大的直径； h——桶高	$V_1 = \dfrac{1}{3}\pi h(2R^2 + r^2)$ $\quad = \dfrac{1}{12}\pi h(2D^2 + d^2)$ $V_2 = \dfrac{1}{15}\pi h\left(2D^2 + Dd + \dfrac{3}{4}d^2\right)$ 注：V_1 为假设制桶之木片弯成圆弧形； $\quad V_2$ 为假设制桶之木片弯成抛物线形
楔形		h——楔形高； a、a_1、a_2——楔形三条棱长； b——楔形底长	$V = \dfrac{1}{6}(a + a_1 + a_2)bh$

第二节　土建工程量基数的计算

基数是指在工程量计算中可以反复多次使用的基本数据。在实际工作中,可以提前把这些数据计算出来,以备计算各分项工程的工程量时查用。这些数据可以概括为"三线一面"和"两表"。

一、"三线一面"的计算

(一)"三线"的计算

1. 外墙外边线($L_外$)

外墙外边线就是外墙外皮一周的总长度。
其计算公式为:
$$L_外 = 建筑平面图的外墙外围周长之和$$

2. 外墙中心线($L_中$)

外墙中心线就是外墙厚度中心位置一周的总长度。
其计算公式为:
$$L_中 = L_外 - 4 \times 墙厚$$

3. 内墙净长线($L_内$)

内墙净长线就是所有相同内墙的总长度。
其计算公式为:
$$L_内 = 建筑平面图的相同内墙长度之和$$

(二)"一面"的计算

"一面"是指首层建筑面积(S_1)。
其计算公式为:
$$S_1 = 建筑物底层勒脚以上外墙外围水平投影面积$$

(三)"三线一面"的运用和实例

1. 与"线"有关的计算项目

1)外墙中心线

它包括外墙基挖地槽、基础垫层、基础砌筑、墙基防潮层、基础梁、圈梁、墙身砌筑等分项工程。

2)内墙净长线

它包括内墙基挖地槽、基础垫层、基础砌筑、墙基防潮层、基础梁、圈梁、墙身砌筑、墙身抹灰等分项工程。

3) 外墙外边线

它包括勒脚、腰线、勾缝、外墙抹灰、散水等分项工程。

2. 与"面"有关的计算项目

它包括平整场地、地面、楼面、屋面和天棚等分项工程。

一般的土建工程,都可在这三条"线"和一个"面"的基数上,连续计算出它的工程量。也就是,先把这三条"线"和一个"面"计算好,作为基数,然后利用这些基数再计算与它们有关的分项工程量。

例如,以外墙中心线长度为基数,可以连续计算出与它有关的地槽挖土、墙基垫层、墙基砌体、墙基防潮层等分项工程量,其计算程序为:

$$\frac{地槽挖土(m^3)}{L_{中}\times 断面}\longrightarrow \frac{墙基垫层(m^3)}{L_{中}\times 断面}\longrightarrow \frac{墙基砌体(m^3)}{L_{中}\times 断面}\longrightarrow \frac{墙基防潮层(m^3)}{L_{中}\times 断面}$$

3. 工程计算示意图

工程计算示意图如图 5-4 和图 5-5 所示。

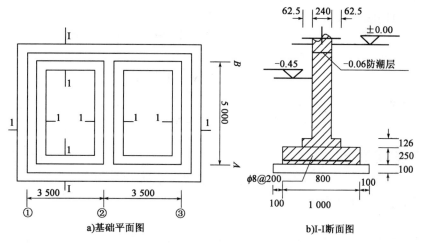

图 5-4 工程计算示意图(尺寸单位:mm)

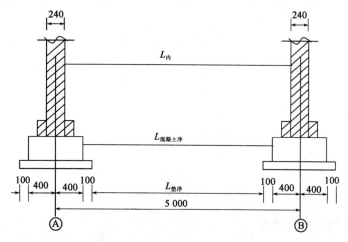

图 5-5 不同的净长线示意图(尺寸单位:mm)

[例1] 根据图5-4,计算"三线一面"。

[解] (1)外墙外边线
$$L_{外} = (7.24 + 5.24) \times 2 = 24.96 \text{m}$$

(2)外墙中心线
$$L_{中} = 24.96 - 4 \times 0.24 = 24 \text{m}$$

(3)内墙净长线
$$L_{内} = 5 - 0.24 = 4.76 \text{m}$$

(4)"一面"
$$S_1 = 7.24 \times 5.24 \approx 37.94 \text{m}^2$$

值得注意的是,不同分项工程(如垫层、混凝土基础、砖基础和砖墙)有不同的净长线,如图5-5所示。

[例2] 根据图5-4、图5-5计算下列基础数据。

(1)内墙净长线 $L_{内}$;
(2)内墙混凝土基础净长线 $L_{混凝土净}$;
(3)内墙混凝土垫层净长线 $L_{垫净}$。

[解] (1)内墙净长线
$$L_{内} = 5 - 0.24 = 4.76 \text{m}$$

(2)内墙混凝土基础净长线
$$L_{混凝土净} = 5 - 0.80 = 4.20 \text{m}$$

(3)内墙混凝土垫层净长线
$$L_{垫净} = 5 - 1.00 = 4.00 \text{m}$$

二、"两表"的计算

(一)门窗洞口数量统计表

门窗洞口数量统计表见表5-3。

门窗洞口数量统计表　　　　　　表5-3

门窗洞口编号	标准图集	洞口外围尺寸(m)		每樘面积(m²)	樘数(个)	合计面积(m²)	小气窗(个)	第一层				
								$L_{中}$			$L_{内}$	
		高	宽					2B	1.5B	1B	1B	0.5B
合计												

(二)墙体预埋件数量统计表

墙体预埋件数量统计表见表5-4。

墙体预埋件数量统计表　　　　　　表 5-4

名称	编号	混凝土强度等级	外形尺寸（m）			每根体积（m³）		根数（个）	合计体积（m³）		第一层				
											$L_{中}$			$L_{内}$	
			长	宽	高	整根	埋入		合计	埋入	$2B$	$1.5B$	$1B$	$1B$	$0.5B$
合计															

（三）"两表"的运用

门窗洞口数量统计表与墙身砌体及门窗洞口等分项工程的计算密切相关；墙体预埋件数量统计表与墙身砌体、钢筋混凝土过梁、圈梁、混凝土过梁等分项工程的计算关系密切。

特别强调，在计算基数时，一定要非常认真细致，因为 70%～90% 的工程项目都是在三条"线"和一个"面"的基数上连续计算出来的，如果基数计算出错，那么，这些在"线"或"面"上计算出来的工程量则全错。所以，计算出正确基数极为重要。

第三节　水工工程量计算规则

预算中的工程量计算规则是计算工程量，也是编制施工图预算的依据。本节有关工程量计算规则是依据中华人民共和国交通部（2004 年 7 月 1 日）批准的《沿海港口水工建筑工程定额》、《沿海港口水工建筑工程参考定额》及《沿海港口装卸机械设备安装工程定额》等定额编写的。

一、航务工程的工程量计算规则

（一）土方工程

1. 主要计算规则说明

（1）定额的基本运距，除注明者外，挖泥船挖泥，水下清渣 5km；方驳装抛、安放为 1km；陆上机械挖土方为 1km。如果运距不足就不作调整；如果超过则按有关超运距定额调整。

（2）定额的计量单位规定，分别见各项说明。"自然方"是指未经扰动的自然状态的土方；"松方"是指自然方经过人力或机械开挖松动过的土方或备料堆置土方；"实方"是指回填并经过压实后的填筑方。

（3）定额的施工水位以设计规定为准，如设计无规定时，在潮港中，以建筑物所在地平均高潮位以下 1m 为界线；在无潮港中，以建筑物所在地施工季节的历年平均水位为分界线。

（4）水下挖泥和水上基床抛填水深的计算规定如下：

挖泥水深 = 施工水位 − 挖槽底的设计高程 + 平均允许超深 − 1/2 平均泥层厚度

基床抛填水深＝施工水位－基床面的设计标高

（5）码头基床抛石和深水独立墩基床抛石定额划分为综合定额和单项定额，编制概算时以综合定额为准，编制预算时以单项定额为准。

（6）陆上铺填工艺中的"直接来料铺筑"，是指施工单位使用本单位方驳，并负责装船以及工地范围内的运输和抛填工作；"民船装运抛"是指材料发给其他运输机构负责装船、运输和抛填，施工单位只需派人指挥抛填和进行水下检查工作，材料单价应包括装船、运输和抛填费用。"外租船"抛填是指租用其他运输机构船只，施工单位负责装船以及工地范围内的运输和抛填工作，材料单价应计算到工地范围装船码头的材料堆场为准。中外租船的费用，按15kW 机动艇和50t 铁驳计算。

（7）"一般石方开挖"定额适用于明挖石方工程和底宽超过 7m 的沟槽，上口断面大于 $200m^2$ 的基坑石方开挖工程。倾角小于或等于 20°，开挖厚度大于 5m（垂直于设计面的平均厚度）的坡面石方开挖执行一般石方开挖定额。

（8）"坡面一般石方开挖"定额适用设计倾角大于 20°和厚度 5m 以内的石方开挖工程。

（9）基坑石方开挖定额，适用于上口断面 $200m^2$ 以内，深度小于上口短边长度或直径的工程。

（10）陆上铺填工程定额单位除注明外，均为实方（即填筑方、图纸方、压实方）。

（11）水下挖泥工程定额分为 $2m^3$ 抓斗挖泥船挖泥，$4m^3$ 抓斗挖泥船挖泥，$8m^3$ 抓斗挖泥船挖泥和基槽水下清淤四项。定额单位均按自然方计算。

（12）水下炸礁工程的"爆破层平均厚度"是指被炸岩层的平均净厚，不包括炮孔超钻及计算工程量的超深部分。

（13）水下炸礁工程定额适用于水深 15m 以内，如水深超过 15m 而在 20m 以内时，钻孔炸礁定额中的Ⅷ-Ⅶ级岩石中的空压机台班数乘以 1.5 系数。裸露爆破炸礁工程定额适用于流速不大于 1.2m/s，水深 15m 以内，如水深超过 15m 而在 25m 以内时，人工和船舶、潜水组等均乘以 1.2 系数。

（14）钻孔炸礁定额中的 2×1.6mm 铜芯线为水深 15m 时的用量，如水深超过 15m 时，每增加 1m 其用量增加 8.0%，裸露炸礁定额中，水深超过 15m 时，每增加 1m 同样增加 8.0%。

（15）砌筑定额的石料规格标准如下：

①块石：每块体积一般为 $0.01\sim0.05m^3$，长度为宽度的 2~3 倍，形状不规则。

②毛条石：一般为长方形，长度在 60cm 以上，四楞方正，表面凹凸不超过 20mm。

③粗料石：毛条石经过修边、加工、外露面方正，各相邻面正交，表面凹凸不超过 10mm，石料厚度不少于 30cm，长度不少于厚度的 2 倍。

④细料石：外露面四楞方正，表面凹凸不超过 5mm，石料厚度不少于 20cm，长度不少于厚度的 2 倍。

（16）砌体砂浆勾缝定额为单项定额。各项浆砌石料定额中均已包含了砂浆勾平缝的工程内容，如果设计规定不需勾缝时，则在砌筑定额的基础上，按勾缝定额中的平缝数量扣减，如果设计规定需勾凸缝时则在砌筑定额的基础上，按勾缝定额中的凸缝数量予以增加。

（17）各类工程项目中土方、石方级别的划分标准：

①陆上开挖土壤类别划分为四类，详见 2004 年《沿海港口水工建筑工程定额》附表。

②陆上石方开挖水下炸礁岩石级别划分，详见 2004 年《沿海港口水工建筑工程定额》附表。

③水下挖泥土质类别划分为四类，详见 2004 年《沿海港口水工建筑工程定额》附表。

2. 主要工程量计算办法

(1)开挖及回填工程量应根据设计断面进行计算,同时还应根据港口工程质量检验评定标准和有关施工技术规范所规定的超深、超宽、增加坡度及正值误差计算所增加的工程量。

在定额项目中,如对超深、超宽做出规定的,则按项说明执行。

(2)铺填和砌筑工程中的工程量,按设计图纸计算时,不扣除预埋件和直径在0.5m以内的排水孔洞所占的体积。

(3)码头后填料如设计没有划分棱体与场地填方的界限时,由设计人员根据回填料的物理力学指标定出棱体的范围,或按码头二倍高度确定其宽度,据以计算工程量。

(4)陆上铺填和水上抛填的地基沉降量由设计单位根据实际情况和有关资料确定,计入工程量。

(5)爆破工程:陆上爆破按设计断面加超深0.2m和每边超宽0.3m计算。水下炸礁按设计断面加超深0.5m和每边超宽1.0m计算。

(6)2m^3抓斗挖泥船水下挖泥按设计断面加超深0.3m和每边超宽1.0m计算;4m^3抓斗挖泥船水下挖泥按设计断面加超深0.4m和每边超宽1.2m计算;8m^3抓斗挖泥船水下挖泥按设计断面加超深0.5m和每边超宽1.5m计算,如图5-6所示。

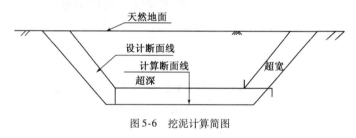

图5-6 挖泥计算简图

(二)基础工程

1. 主要计算规则说明

(1)定额中钢筋混凝土方桩、钢筋混凝土管桩、钢筋混凝土板桩、钢板桩等适用于一般情况下施打带形或成排直桩,不适用于在沉井内或浅滩区、障碍物繁多地区特殊情况下的打桩。

(2)基础打入桩在以下情况下应采取定额正表(不包括超1km运距附表)乘以系数计算:
①打斜桩时,按打直桩定额正表乘以1.23计算;
②打水上同节点双向叉桩时,按打直桩定额正表乘以1.31计算;
③打水上墩台式基桩及引桥墩桩时(包括直桩、斜桩或叉桩),按打直桩定额正表乘以1.45计算;
④引桥设计纵向中心线岸端起点至码头前沿线的最短距离大于500m时,引桥中所含墩桩,仍按墩台式基桩的系数计算;码头部分的基桩:按第1条计算时,应再乘以1.15;按第2条计算时,应再乘1.11。

(3)土壤级别按桩入土难易程度划分:
①打桩工程土壤级别判定详见2004年《沿海港口水工建筑工程定额》附表5-8。
②打桩穿过一、二、三级土层时,如果二级土层的连续厚度(以I_2表示)或二级土各层厚度之和(以$\sum I_2$表示)以及三级土层的连续厚度(以I_3表示)或三级土各层厚度之和(以$\sum I_3$表

示),当遇到下列情况时,按下述规定执行:

a. 当 $2m < I_2 \leqslant 4m$ 或 $7m < \sum I_2 \leqslant 8m$ 时,按一级土定额正表乘以 1.20 计算;

b. 对于钢筋混凝土方桩,钢筋混凝土管桩。当设计要求桩尖进入($N>40$)的二级土层厚度 1m 以上,且最后平均贯入度小于 3mm/击,按一级土定额正表乘以 1.20 计算;

c. 当 $4m < I_2 \leqslant 5m$ 或 $8m < \sum I_2 \leqslant 10m$ 时,按二级土定额正表计算;

d. 当 $5m < I_2 \leqslant 6m$ 或 $10m < \sum I_2 \leqslant 13m$ 时,按二级土定额正表乘以 1.22 计算;

e. 当 $I_2 > 6m$ 或 $\sum I_2 > 13m$ 时,按二级土定额正表乘以 1.41 计算;

f. 当 $I_3 \leqslant 3m$ 黏性土、粉土或 $I_3 \leqslant 0.5m$ 碎石土时,按三级土定额正表乘以 0.864 计算;

g. 当 $I_3 > 3m$ 黏性土、粉土或 $I_3 > 1m$ 砂土或 $I_3 > 0.5m$ 碎石土或 $50 < N \leqslant 80$ 风化岩时,按三级土定额正表计算。

(4)浅滩区打桩不执行(2004 年 7 月 1 日)《沿海港口水工建筑工程定额》。浅滩区是指施工水位至泥面的水深小于或等于 3m 的区域。

(5)水上打桩如因施工条件限制,或因桩打入施工水位以下需换用长替打时,除按桩长选用相应的定额及换算系数外,每根桩另加人工 0.88 工日,打桩船、锤、方驳各 0.065 艘班,其他船机 11.55 元。现定额中不包括长替打的制作费用。

(6)陆上打钢筋混凝土方桩,当桩顶标高在地面以下超过 2m 时,按"深送桩"定额计算;在地面以下 2m 以内的浅送桩已综合在打桩定额内,不得套用"深送桩"定额。

(7)各有关打桩定额均已包括"稳桩夹桩"。编制概、预算时不得另行计算。

(8)"水上接桩"、"陆上接桩"定额是指由于设计及施工需要接桩,即施打过程中,在桩位上将上、下两节桩连接起来后继续施打,直到满足设计桩长为止。如需"接桩"时,除按桩的总长度执行相应的打桩定额外,还应根据接头数量,按相应的"接桩"定额另行计列"接桩"费用。

(9)预制钢筋混凝土方桩如设计需要铁桩尖时,每根桩可增列 14.5kg 的铁件费用和 16kg 的钢材消耗量。

(10)各种定额中,陆上或水上运输各种桩的基本运距,均按 1km 计。如运距超过 1km 时,运距每增加 1km,均按规定计算。

(11)灌注桩的土类按成孔难易程度和扩孔系数的差异划分为六类:

a. Ⅰ类土:塑性指数大于 10 的黏土、粉质黏土,以及粉土、淤泥质土、冲填土。

b. Ⅱ类土:砂土、混合土。

c. Ⅲ类土:粒径 2~20mm 的颗粒含量超过总质量 50% 的角砾、圆砾土质,以及粒径 20~60mm 的颗粒含量不超过总质量 20% 的碎石、卵石土质。

d. Ⅳ类土:粒径 20~200mm 的颗粒含量超过总质量 20% 的碎石、卵石土质;粒径 200~500 的颗粒含量不超过总质量 10% 的块石、漂石土质以及杂填土。

e. Ⅴ类土:中等风化程度及以上的软质岩石或强风化的硬质岩石,包括粒径大于 500mm 的颗粒含量超过总质量 10% 的块石、漂石土质。

f. Ⅵ类土:中等风化程度及以下的硬质岩石或微风化的软质岩石。

(12)护筒沉放定额中,陆上埋设钢护筒已按设计重量的周转摊销次数计算定额用量计入定额中,编制概、预算时不得另行计算。

(13)护筒定额中已包括了埋设护筒的黏土和护筒接头及定位用的导向架的铁件等安装所用的材料,编制概、预算时不得另行计算。

(14)地下连续墙土类,按成槽的难易程度和土壤颗粒级配组成划分为三类:

a.Ⅰ类土:塑性指数大于10的黏土、粉质黏土,包括粉土、淤泥质土、冲填土,以及标准贯入击数等于或小于10的土层。

b.Ⅱ类土:砂土、混合土,以及标准贯入击数大于10、小于或等于30的土层。

c.Ⅲ类土::粒径2~20mm的颗粒含量超过总质量50%的角砾圆砾的土质,以及粒径20~60mm的颗粒含量不超过总质量20%的碎石、卵石土层。标准贯入击数大于30、小于或等于50的土层。当成槽穿过Ⅰ、Ⅱ类土层时,如Ⅱ类土层各层厚度之和超过设计墙深的50%时,按Ⅱ类土计算。不足上述规定时按Ⅰ类土计算。

(15)"成槽"定额中已包括铺、拆轨道、机组移动和钻头维修耗用的人工、材料、机械等费用。轨道制作、安装,按规定执行。设备拆装在船机定额中已包括,不得另行计算。

(16)钻头的维修及损耗费用是指一般的笼式钻头,对于牙轮钻头未包括在内。当采用牙轮钻头嵌入软质岩石按每40m进尺摊销一个牙轮钻头;嵌入硬质岩石时按每20m进尺摊销一个牙轮钻头。编制概算时,若设计提供不出牙轮钻头的费用时,可按软质岩石进尺每延米430元;硬质岩石进尺每延米650元计入成槽定额的其他材料费中。

(17)护壁泥浆的配合比(见表5-5)仅供编制概算时使用。编制预算时如配合比不同时,允许调整。

护壁泥浆的配合比　　　表5-5

钢质膨润土 (kg)	羟基纤维素 (kg)	铬铁木质素磺酸钠盐 (kg)	碳酸钠 (kg)	水 (m³)
80	1	1	4	1

(18)软土地基加固的堆载预压定额中包括了堆载四面的放坡,沉降观测,修坡道增加的工、料、机费用以及施工中测量放线,定位的工、料费用,使用定额时,均不得另行计算。

(19)陆上施打塑料排水板定额适用于垫层在1m以内的原状或吹填淤泥质土的大面积软基施工。

(20)当采用联合堆载真空预压时,不论抽真空时间,不论预压荷载大小,均补充以下材料:

聚丙烯编织布　　　　110m²/100m²
无纺布　　　　　　　105m²/100m²
ϕ50mm硬塑料管　　14m/100m²

(21)强夯定额中每100m²夯点数是以设计最终夯点布置图(不含普夯)的夯点之间最短距离平方的倒数乘以100m²确定的。定额正表中强夯机台班量为点夯台班量与一遍普夯台班之和。

(22)强夯施工中夯坑排水机械已计入其他船机费中,使用定额不得另行增加费用。对于地下水位较高不利施工时,需铺垫的砂石垫层所需费用可以按铺垫层的有关定额计算。

2.主要工程量计算办法

(1)基础打入桩工程量按设计断面、长度、直桩、斜桩、同节点双向双叉桩、墩台式基桩及引桥长度大于500m的码头基桩的根数分别计算。

(2)灌注桩成孔工程量按设计入土深度和孔径计算。定额中的孔深指护筒顶到桩底的深度。成孔定额中同一孔内的不同土质,不论其所在深度如何,均执行总孔深定额。

(3)人工挖孔的工程量按护筒外缘包围的面积乘以设计孔深计算。

(4)浇筑水下混凝土工程量按设计桩径断面积乘以设计桩长计算。不得将扩孔因素计入工程量。

(5)灌注桩工作平台面积编制概算时按每根桩12m²估算,编制预算时按施工组织设计需要的面积计算。

(6)钢护筒的工程量按护筒的设计质量计算,设计质量为加工后的成品质量,包括加径肋及连接用法兰盘等全部钢材质量。当设计提供不出钢护筒的质量时,可参考表5-6所示的质量计算,桩径不同时可内插计算。

表5-6

桩径(cm)	100.00	120.00	150.00	200.00	250.00
每米护筒质量(kg/m)	167.00	231.30	280.10	472.80	580.30

(7)复打灌注桩工程量按设计根数乘长度计算。

(8)地下连续墙成槽工程量按设计延长米、宽度、槽深(加深0.5m)计算。

(9)地下连续墙主体按设计混凝土体积计算。

(10)软地基加固工程堆载预压的堆载材料工程量按设计规定的工程量计算,如设计无规定时可按堆载材料的自然坡度1:1计算,汽车运输坡道按最大坡度13°30′计算,坡道按面宽4m,边坡1:1.5计算。

(11)单根砂桩工程量按套管(或聚丙烯砂袋)外径和桩长计算体积

$$用砂量=砂桩体积\times 1.01\times \begin{cases} 1.40(水上打) \\ 1.40(水上打) \\ 1.30(陆上门架打) \end{cases}$$

(12)塑料排水板的材料用量按设计塑料板长度加0.5m计算。

(三)混凝土及钢筋混凝土构件预制安装工程

1.主要计算规则说明

(1)构件预制分为固定预制场与临时预制场,根据施工条件设计和施工组织设计选择。

(2)各类构件的模板形式及安拆工艺均按合理选型确定,以实物量表示,使用中不得调整。

(3)构件预制定额均未包括钢筋的制作,运输,绑扎,入模的工、料、机费用,使用时应根据构件的设计钢筋含量(或由钢筋含量参考表中选定的钢筋含量)套用有关钢筋加工定额计算钢筋费用后计入相应定额项目,即为钢筋混凝土完整的基价。

(4)定额中构件水上(陆上)运输运距除注明者外,均按1km计算;实际运距超过1km时,每增加1km按相应定额予以调整。

(5)沉箱拖运增运距定额适用于运距在30km以内的拖带运输。沉箱拖运超过30km时,套用沉箱长途拖运定额。

(6)定额中的固定预制厂使用费按下列比例分解为人工、材料和机械费:

人工:材料:机械 = 28:35:37

2. 主要工程量计算办法

(1)混凝土及钢筋混凝土预制构件工程量,不扣除构件中钢筋、铁件、螺栓孔、三角条、马腿盒等所占体积。

(2)钢筋工程量按施工图量加上一次进入混凝土体积中的架立钢筋用量计算。定额中包括对焊、张拉切割损耗,如需搭接焊、帮条焊、搭接绑扎时,其搭接部分钢筋亦应计入钢筋工程量中。

(3)在编制概算时,钢筋混凝土预制桩工程量可参照设计体积乘以表5-7所列消耗量系数计算:

消耗量系数表   表5-7

桩 类	土 壤 级 别				
	一级土	一至二级土之间	二级土	二至三级土之间	三级土
钢筋混凝土方桩、管桩、板桩、锚锭桩	1.02	1.025	1.03	1.035	1.04
水冲打钢筋混凝土桩	1.02	1.02	1.02	1.02	1.02
深送桩5m以内	1.03	1.035	1.04	1.045	1.05
深送桩8m以内	1.05	1.055	1.06	1.065	1.07

(4)构件安装定额中均不包括接缝、节点的工程内容,发生时另行计算。

(5)构件的水下储存应根据施工条件设计或施工组织设计计算储存次数及数量。

(6)在编制概算时,护面块体预制、堆放、运输、安装数量可参照设计数量加3%损耗计入工程量。

(四)现浇混凝土及钢筋混凝土工程

1. 主要计算规则说明

(1)定额中的模板形式及安拆工艺按合理选型确定,使用中不得调整。

(2)钢筋加工定额已综合考虑了一般构件的现场焊接,使用时不得调整。

(3)钢筋工程量应根据设计图纸计算,并计入施工中的架立钢筋等,混凝土浇筑定额中所附的钢筋含量参考表,仅供做初步设计概算时参考使用。

(4)陆上浇筑混凝土为汽车吊机工艺和泵送混凝土工艺,水上浇筑混凝土为搅拌船和陆拌水运两种工艺,定额中 $12m^3/h$ 搅拌船按600t驳的搅拌船计价,各种工艺均经综合选型确定,使用时不得调整,定额中包括了模板、混凝土所需材料的装船及装船地点到浇筑地点1km的水上运输,如运距超过1km时,每增加1km应增列:搅拌船0.005艘班、拖轮0.009艘班。

(5)混凝土工程项目中包括了混凝土抹面所需的工料机费用,使用时不得调整。

2. 主要工程量计算办法

(1)混凝土及钢筋混凝土构件的体积,按实际图纸计算,但不扣除孔洞面积在 $0.04m^2$ 以内所占体积。

(2)胸墙、导梁和帽梁的工程量均按全长乘面积计算,不扣除沉降缝、锚杆及板桩埋入部分的混凝土体积。

(3)纵梁(次梁)与横梁(主梁)交接时,纵梁算至横梁的侧面,横梁按全长计算,梁的悬臂部分与梁一起计算。

(4)梁与主柱交接时,柱的高度由柱基面算至梁底面;柱与板交接时,柱的高度由柱基面算至板底;附属于柱的牛腿并入柱身体积计算;梁按全长计算。

(5)阶梯工程量应包括踏步梁的体积。

(五)钢结构制作及安装工程

1. 主要计算规则说明

(1)钢结构制作定额是以施工单位自有加工厂的生产条件为主(含设施摊销费)编制的。如改为现场制作应扣除设施摊销费,人工、机械应乘以1.15。

(2)钢结构制作定额均已包括下料平台、工装胎模具等工程内容,但不包括无损探伤。如需探伤可根据图纸设计要求,套用相应定额。

(3)钢结构制作定额,均已包括除锈、刷油工程定额,每吨构件按红丹一遍、调和漆一遍(沥青漆)列入定额。如油漆品种不同、油漆遍数不同时,可按刷油定额调整。

(4)钢结构水上运输距离均为1km,超过1km时,按规定调整。

(5)定额中采用起重船安装项目,是按起重船兼作装船安装,并随同方驳往返工艺制订的,起重船规格、能力按表5-8所示的规定计算。

表5-8

项目	钢栈(引)桥			
	每榀质量(t)			
	25以内	50以内	100以内	300以内	500以内
起重船规格	60t旋转扒杆起重船	130t旋转扒杆起重船	350t旋转扒杆起重船	500t固定扒杆起重船

2. 主要工程量计算办法

(1)金属结构件制作的工程量,均按设计图纸钢材质量计算,所需电焊条等的质量均已包括在定额中,不得另行增加工程量。

(2)钢材重量的计算,按设计图纸主材的几何尺寸计算质量,不扣除切肢、断边的质量,多边形按外接矩形计算。

(3)除锈刷油、包覆玻璃钢的工程量,均按设计图纸计算。

(4)金属结构无损探伤的施工检验方法,依据设计图纸要求取定。无损探伤的工程量,按设计图纸计算。

(六)其他工程

1. 主要计算规则说明

(1)定额包括成品件(钢轨、系船柱、橡胶护舷)安装、一般金属结构制作安装、止水缝处理、制安木护舷等辅助工程项目。适用于成品件、一般金属结构件和辅助工程项目制作安装工程。

(2)各种不同规格橡胶护舷的金属配件参考质量表,是根据厂家提供的标准化定型产品编制的。如果设计图纸要求的规格及用量不同时,可按设计图纸的要求调整,但人工、材料、船机不做调整。

(3)一般金属结构件制作安装中型钢、钢板、钢管、铁(锚)链等用量如与定额不同,可根据设计图纸用量加乘消耗系数进行换算;型钢、钢板、钢管、铁(锚)链按设计图纸用量加乘该项定额规定的消耗量系数。

(4)各种金属构件(包括成品件)制作、安装定额按一般正常情况均考虑了除锈刷油。如果设计图纸要求的涂料品种与定额不同时,可按刷油定额换算。

(5)构件水上运输的基本运距均按1km计,超过1km时按规定调整。

(6)构件安装分陆上安装和水上安装,水上安装定额适用于离岸的码头、墩台安装。水上安装系船柱还适用于码头前沿两层系船柱的底层系船柱的安装。

2.主要工程量计算办法

(1)各种成品件(钢轨、系船柱、橡胶护舷)安装的工程量,均按设计图纸计算。

(2)金属结构件制作安装的工程量,均按设计图纸钢材重量计算。螺栓、电焊条等重量均已包括在定额中,不得另行增加工程量。

(3)钢材重量的计算,按设计图纸主材的几何尺寸计算重量,不扣除切肢、断边的重量,多边形按外接矩形计算。

(4)木结构制作安装工程量,均按设计图纸用料量计算。

(5)橡胶护舷安装定额,均已包括了预埋铁件的工程量。

二、航道疏浚工程工程量计算方法

(一)疏浚工程

根据设计断面加上《疏浚工程施工技术规范》规定的超宽、超深值(见表5-9)和施工过程中的回淤量计算。施工过程中的回淤量根据试验结果或历史资料确定。

计算超宽、计算超深 表5-9

挖泥船类型	单 位	挖泥能力	计算超宽(m)	计算超深(m)
耙吸(舱容)	m^3	≤2 000	8	0.6
		>2 000	10	0.7
绞吸(绞刀直径)	m^3	<1.5	2	0.3
		1.5~2.5	3	0.4
		>2.5	4	0.5
链斗(斗容)	m^3	<0.5	3	0.3
		≥0.5	4	0.4
抓斗(斗容)	m^3	<2.0	2	0.4
		2.0~4.0	3	0.3
		4.0~8.0	4	0.6
		>8.0	4	0.8
铲斗(斗容)	m^3	<4.0	2	0.3
		≥4.0	3	0.4

注:①斜流、泡漩等不良流态地区施工时,计算超宽值应按本表增加1~2m;挖块石时,超深值可不受本表限制。
②当小型挖泥船在内河施工时,可不受本表限制。

(二)吹填工程

按取土工程量(水下自然土工程量)计算,即按设计吹填体积加吹填过程中的超填工程量、沉降量、流失量和吹填土的固结量。超填工程量、沉降量、流失量、固结量,可根据技术规范和历史资料确定,或采用试验结果。

思考与练习题

1. 工程量计算的主要依据与方法有哪些?
2. 工程量计算的步骤是什么?
3. 怎样计算"三线一面"基数?
4. 怎样计算各分部分项工程量?

第六章 初步设计概算的编制

概算是初步设计文件的重要组成部分,是具体体现设计成果和设计水平的一个重要方面,是全面反映建设项目的投资规模和投资构成的主要文件。

随着社会主义市场经济的发展,水运工程固定资产投资必然会对设计概算提出更高的标准和更严的要求。因此,设计单位编制概算时,必须严格执行国家的方针政策和有关规定,实事求是地根据工程所在地的建设条件及工程实际情况,正确选用定额、费用和价格等各项编制依据。设计概算必须完整、正确地反映建筑内容,坚决反对弄虚作假、高估冒算或预留投资缺口。要不断提高设计概算的科学性、准确性和公正性;要积极探索新问题、创造新经验、积累新资料,从而使设计概算的编制质量得以提高,满足水运工程设计的需要。

设计阶段是控制工程造价的关键环节。设计单位的设计人员和工程造价人员应密切配合,严格按照批准的工程可行性报告及投资估算,做好多方案的技术经济比较。要在降低和控制工程造价上下功夫。工程造价人员在设计过程中应及时地对工程造价进行分析比较,向设计人员反馈造价信息,不断优化设计,从而有效地控制工程造价。

概算应控制在批准的建设项目工程可行性研究报告的投资估算以内。如果概算超过投资估算,则必须分析原因或修改设计,经修改后仍超过投资估算的10%以上的,应重新编报工程可行性报告。概算经审查批准后是该建设项目投资的最高限额。

概算由设计单位负责编制。一个建设项目,如果由几个设计单位共同设计时,应由主体设计单位负责统一概算的编制原则和编制依据,汇编总概算,并对全部概算的编制质量负责,其他设计单位负责编好所承担设计的工程概算。

设计单位进行初步设计时,必须根据工程的构成分别编制单项或单位工程概算和建设项目总概算。采用三阶段设计的工程,在技术设计阶段应编制修正概算和修正总概算。

内河航运建设的概预算编制规定和定额目前正在修订。修订后的上述定额,其格式和费用项目的划分及计费办法会向沿海港口水工建筑工程定额靠拢,故本章只重点介绍沿海港口建设工程概算的编制。

第一节 初步设计概算的内容

一、初步设计概算的作用

设计概算是确定建设项目从筹建、竣工、交付生产使用的全部建设费用的文件,按照国家规定,凡是基本建设工程都要编制概算。它是初步设计的一个组成部分,是基本建设程序的一个重要环节,没有概算初步设计是不完整的,也不许列入国家基本建设计划。准确而又及时地编出设计概算,合理地确定建设所需的总费用,可起到以下的作用:

(1)初步设计概算是确定和控制建设项目工程造价的依据。
(2)初步设计概算是编制固定资产投资计划和实行建设项目投资总包干的依据。
(3)初步设计概算是国家开发银行或其他金融机构进行工程贷款的依据。
(4)初步设计概算是进行三算(概算、预算、决算)对比,考核工程建设成本的依据。
(5)初步设计概算是进行技术经济分析,考核设计经济合理性的依据。

二、初步设计概算的编制依据及其文件组成

(一)初步设计概算的编制依据

(1)国家的有关法令及法规。
(2)初步设计文件(包括施工条件设计)。
(3)有关定额。

①交通部交水发[2004]247号文颁发的:

《沿海港口建设工程概算预算编制规定》、《沿海港口水工建筑工程定额》、《沿海港口装卸机械设备安装工程定额》、《水运工程混凝土和砂浆材料用量定额》、《沿海港口水工建筑及装卸机械设备安装工程船舶机械艘(台)班费用定额》、《沿海港口水工建筑工程参考定额》。(这六本定额,以下简称《2004年港口定额》)。

②交通部交工发[1993]441号文颁发的《疏浚工程概算定额》及(91)交工字439号文颁发的《疏浚工程概算预算编制办法》。

③交通部交工发(1992)38号文颁发的《内河航运建设工程定额》及《内河航运建设工程概算预算编制规定》。

④交通部交工发{1992}430号文颁发的《公路工程概算定额》。

⑤其他专业部门和地方颁发的有关定额及规定。

对沿海港口建设工程,上述各种定额的使用可参考表6-1。

沿海港口工程概算的工程项目与费用清单及编制方法　　　表6-1

序号	工程项目名称	编制概算使用的定额与调价文件
	第一部分　工程费用	
一	疏浚	疏浚工程概算定额(1993年),调价文件:交通部交工发[1993]979号文
1	港池挖泥	
2	航道挖泥	
	……	
二	水工建筑	(2004年)沿海港口水工建筑工程定额
1	码头(船坞、船闸)	
2	栈(引)桥	
3	护岸	
4	防波堤(引堤)	
	……	
三	软基加固	(2004年)沿海港口水工建筑工程定额
四	陆域形成	(2004年)沿海港口水工建筑工程定额

续上表

序号	工程项目名称	编制概算使用的定额与调价文件
五	港区道路、堆场	(2004年)沿海港口水工建筑工程定额
1	港区道路	
2	港区堆场	
六	装卸机械设备	
1	装卸机械设备购置费	设备出厂价与运杂费之和
2	装卸机械设备安装工程费	(2004年)沿海港口装卸机械设备安装工程定额
七	维修设备	设备询价与安装费率
八	港作车船	设备询价
1	港作船舶	
2	港作车辆	
九	供电与照明	设备询价、全国统一安装工程预算定额当地估价表、建筑工程概算定额
1	总变电站	
2	码头变电所	
3	辅建区变电所	
4	港区照明	
	……	
十	给排水及污水处理	全国统一安装工程预算定额当地估价表、设备询价、建筑工程概算定额
1	供水调节站	
2	给水管网	
3	排水管网	
4	生产污水处理	
5	生活污水处理	
	……	
十一	通信与导航	
(一)	通信	原邮电部定额(1995年11月):通信建设工程概预算编制办法及费用定额
1	海岸电台	通信建设工程预算定额(第一册)电信设备安装工程
2	程控电话总机	通信建设工程预算定额(第一册)电信设备安装工程
3	有线高度通信	通信建设工程预算定额(第一册)电信设备安装工程
4	集群移动通信系统	通信建设工程预算定额(第一册)电信设备安装工程
5	港区通信线路工程	通信建设工程预算定额(第二册)通信线路工程
	……	
(二)	导航	
1	浮标	设备询价、单位指标法
2	导标	水工定额或建筑工程概算定额
3	无线电导航	邮电部的通信工程预算定额(第一、二册)
十二	港区铁路	铁路预算定额、概算定额及原铁道部铁路基建工程设计概算编制办法
十三	采暖供热	

续上表

序号	工程项目名称	编制概算使用的定额与调价文件
1	锅炉房	设备询价、沿海港口建设工程概预算编制规定中的安装费率
2	室外管网	全国统一安装工程预算定额当地估价表、建筑工程概算定额
十四	土建工程	当地建筑工程概算指标、概算定额
1	生产建筑(含生产构筑物)	
2	生产辅建	
3	生活福利建筑	
十五	消防工程	设备询价、全国统一安装工程预算定额当地估价表、建筑工程概算定额
十六	环保工程	设备询价、全国统一安装工程预算定额当地估价表、建筑工程概算定额、平米指标法
十七	自动控制	设备询价、全国统一安装工程预算定额当地估价表或设备询价与安装费率法
十八	通风与空调	设备询价、全国统一安装工程预算定额当地估价表
十九	供油设施	建筑工程概算定额、全国统一安装工程预算定额当地估价表
二十	临时工程	使用定额与正式工程相同,也可以参考竣工资料
二十一	劳保与卫生设施	
	第二部分 其他费用	沿海港口建设工程概算预算编制规定(2004年7月1日)
一	土地征用与拆迁补偿费	
二	建设单位管理费	
1	建设单位开办费	
2	建设单位经费	
三	工程监理费	
四	工程质量监督费	
五	定额编制管理费	
六	联合试运转费	
七	工器具及生产家具购置费	
八	生产职工培训费	
九	办公和生活家具购置费	
十	前期工作费	
十一	勘察设计费	
十二	研究试验费	
十三	供电贴费	
十四	扫海费	
十五	进口设备和材料的其他费	
1	国内接运保管费	
2	从属费用	
3	技术合作费	
十六	其他	
	第三部分 预留费用	沿海港口建设工程概算预算编制规定(2004年7月1日)

续上表

序号	工程项目名称	编制概算使用的定额与调价文件
一	基本预备费	
二	价格上涨费	
	第四部分　费用	沿海港口建设工程概算预算编制规定(2004年7月1日)
一	建设期贷款利息	
二	固定资产投资方向调节税	
三	铺底流动资金	
	港内概算投资合计	
	第五部分　港外配套设施	使用定额与港内工程项目相同
一	供水管网及水源设施	
二	供电设施	
三	疏港公路	
四	通信设施	
五	港外铁路	
	港外配套设施投资合计	
	概算投资总计	

(4)设备的出厂价格。

(5)建筑安装用材料、半成品等的市场价格。

《2004年港口定额》中的定额直接费用市场价格进行计算,改变了以前的定额使用预算价格计算直接费,并在预留费用中另列预算价格与实际价格的材料价差的编制模式。这项改变适应了市场经济的需要,而且使工程费用的大小一目了然,很直观。然而这一改变也带来了新的问题,由于市场价格变动很快,每年、每季、每月都在变化,给概算、预算的编制带来困难,也给签订工程承包合同带来困难。如何适应新的形势,各地可能有许多经验,这里仅介绍某市的做法,供大家参考,期望有更好的方法出台。

《2004年港口定额》颁发后,对使用中出现的问题,该市建委、建行组织全市有关建设施工单位和一些单位的专家,进行市场调查研究和预测。针对《沿海港口水工建筑工程定额》中的材料,确定了90多种主要材料的当年市场价格,并规定其余材料的市场价格使用定额中的材料基价。同时,该市还颁发了二、三级航务施工企业的取费标准。给概、预算的编制及工程承包合同的签订提供了方便。这种统一确定的材料市场价格应根据市场变化情况定期进行修订。

由于有的地方仍旧沿用材料预算价格加材料差价的计价方法,为此《沿海港口建设工程概算预算编制规定》在概算、预算的编制依据中规定了"工程所在地基建主管部门颁发的材料预算价格及有关规定"。这里的"有关规定"主要指"规定了材料的调差系数"。在测算调差系数时,也需要有材料的市场价格,材料市场价格的确定和材料调差系数的测算也是由当地基建主管部门主持的。

上述两种操作方法的相同点是都需要有统一确定的材料市场价格(统一并非全市一套市场价格,其市内是分区确定的)。其不同点是该市的做法是材料市场价格直接装入每个工程中;另一种做法是根据选定的具有代表性典型工程测算调差系数。虽然调差系数使用较方便,适合于手编概预算,但由于测算时选定的典型工程很难覆盖所有工程,使造价的计算精度受到一定影响。由于现在水工建筑工程的概预算编制,已普及了由交通运输部水运工程定额站主持开发的计算机软件,材料的市场价格已直接装入程序,已很简便,而且可以直接打印出投标报价表,报价表中的每个分部分项工程的单价已包含了综合取费。采用调差系数法就做不到这一点。

(二)初步设计概算文件组成

(1)编制说明:

编写概算的编制说明,应全面概括、文字通顺,说明的内容主要有:

①工程概况:自然地理简况、年吞吐能力、主体工程的简况(如码头泊位的吨级、个数、长度,码头结构形式、货种及流向、主要装卸工艺等)、投资来源、有特点的配套工程简况、地震烈度、主要工程的施工方法等;

②工程总投资并将静态投资、动态投资、铺底流动资金分列;

③编制依据;

④其他说明,包括三材用量、外汇牌价、建设期贷款利息、建设时间、工期、年物价指数、所采用的三材及地材等材料的市场价格、设备价格的来源、征地价与拆迁补偿标准的来源及其他与投资有关的事项等;

⑤存在的主要问题。

(2)建设项目总概算表:

①国内投资项目:

a.总概算表;

b.基础设施、营运设施总概算表。

②使用国外贷款项目:

a.内外币总概算表;

b.基础设施、营运设施内外币总概算表。

(3)建筑工程概算表。

(4)设备购置及安装工程概算表。

(5)其他费用概算书:

①其他费用;

②预留费用;

③建设期贷款利息和固定资产投资方向调节税及铺底流动资金。

(6)建筑安装工程主要材料需用量汇总表:

①钢材:钢筋(含圆钢)、高强钢丝、钢绞线、钢管桩、钢板桩、型钢、钢板、铁件、带帽螺栓、钢轨及钢轨配件等。

②木材:板枋材。

③水泥:32.5级普通水泥,如果有其他强度等级的水泥,应该按照《水运工程混凝土和砂浆材料用量定额》中的规定,将其换算为32.5级水泥。

④地方建筑材料:混凝土用碎石、砂,抛填用碎石、砂、块石,砌筑用块石、条石、料石及回填土等。

⑤橡胶护舷。

(7)单位估价表。

(8)概算中采用的人工、材料、船机单价汇总表。
(9)概算中采用的设备价格及数量汇总表。

三、初步设计总概算的费用构成和工程项目划分

水运工程建设项目的总概算,应包括建设项目从可行性研究起到竣工验收止所需的全部建设费用。

(一)总概算的费用构成

沿海港口工程总概算按其投资构成可分为四大部分:工程费用、其他费用、预留费用、建设期贷款利息和固定资产投资方向调节税及铺底流动资金。

总概算按其范围划分可分为港内概算价值和港外配套设施概算价值。这样的划分,有利于技术经济指标的考核,有利于建设资金的使用和管理,也有利于设计的分工,因为港外配套设施与港内建设项目的设计往往不是同一个设计单位。

(二)总概算中工程项目的划分

总概算第一部分工程费用中的工程项目一般情况下可划分为21个单项工程,每个单项工程又可按泊位或按使用功能划分为若干个单位工程。表6-1所列项目比较齐全,可供使用参考。

第二节 初步设计概算的编制程序与方法

一、概算编制程序

概算的编制首先由单项或单位工程概算开始。而单位工程概算,应先根据设计图纸,计算出各分部分项工程的工程量,再套用相应定额,编制单位估价表,进行各项取费计算,并形成单项或单位工程的建筑、安装工程费合计。最后统计单项或单位工程主要材料的耗量。

完成第一部分工程费用计算后,继续进行第二、三、四部分费用的计算,直到完成总概算。

港口是水陆交通枢纽,港口具有多种服务功能,港口建设项目是由多种专业工程构成的综合性建设工程。总概算中包括了多种专业工程,对于概算的编制程序,这里只给出水工建筑与装卸设备安装单项(单位)工程概算的计算程序和各项取费费率汇总表,如表6-2和表6-3所示。

沿海港口水工建筑、装卸机械设备安装工程概(预)算计算程序和方法　　表6-2

序号	工程项目名称	计算程序和方法
一	基价定额直接费	
二	定额直接费	
三	其他直接费	(一)×其他直接费费率
四	临时设施费	(一)×临时设施费费率
五	现场管理费	(一)×现场管理费费率

续上表

序号	工程项目名称		计算程序和方法
六	直接工程费		(二)+(三)+(四)+(五)
七	间接费	企业管理费	[(一)+(三)+(四)+(五)]×企业管理费费率
八		财务费用	[(一)+(三)+(四)+(五)]×财务费用费率
九	计划利润		[(一)+(三)+(四)+(五)+(七)+(八)]×计划利润率
十	税金		[(六)+(七)+(八)+(九)]×税率+增值税
十一	专项费用		[海洋废弃物倾倒费+航养费]×(1+税率)
十二	单位工程概(预)算总值		(六)+(七)+(八)+(九)+(十)+(十一)

沿海港口水工建筑及装卸机械设备安装工程各项取费费率汇总表　　表6-3

序号	费用项目名称		计费基础	费率（%）									
				一般水工工程	橡胶护舷价值	外购钢桩、大型钢结构价值	自制钢桩、大型钢结构的制作费	港区道路堆场工程	陆域构筑物工程	大型土石方工程		大型土石方填料价值	装卸机械设备安装工程
										机械	人力		
一	基价定额直接费(JZ)			JZ	JZ×0.3	JZ×0.3	JZ×0.6	JZ	JZ	JZ	JZ	JZ	JZ
二	其他直接费											—	
1	冬季、雨季、夜间施工增加费	东北	—	2.00	2.00	2.00	2.00	2.00	2.00	1.70	4.00		3.00
		华北	—	1.70	1.70	1.70	1.70	1.70	1.70	1.40	3.40		2.60
		长江干线马鞍山及其以上	—	1.40	1.40	1.40	1.40	1.40	1.40	1.20	2.70		2.10
		华东、中南、西南	—	1.00	1.00	1.00	1.00	1.00	1.00	0.90	2.00		1.50
2	材料二次搬运费		—	0.40	0.40	0.40	0.40	0.35	0.35	—	—		0.70
3	施工辅助费		—	1.50	1.50	1.50	1.50	1.45	1.50	1.20	3.00		3.60
4	施工队伍进退场费	25km 以内	—	0.80	0.80	0.80	0.80	0.70	0.75	0.90			1.45
		25km 以外	—	1.50~5.50									3~7.0
5	外海工程拖船费		—	1.50	1.50	1.50	1.50	—	—	1.45			
三	现场经费		—									—	
1	临时设施费		—	2.10	2.10	2.10	2.10	2.00	2.00	1.80	4.50		4.00
2	现场管理费	25km 以内	—	5.00	5.00	5.00	5.00	4.70	4.90	3.80	10.00		6.70
		100km 以内	—	5.80	5.80	5.80	5.80	5.50	5.70	4.60	11.80		7.60
		300km 以内	—	6.10	6.10	6.10	6.10	5.80	6.00	4.90	12.70		7.90
		500km 以内	—	6.50	6.50	6.50	6.50	6.10	6.30	5.40	14.00		8.30
		1000km 以内	—	6.90	6.90	6.90	6.90	6.50	6.70	6.00	15.40		8.70
		1000km 以内	—	7.30	7.30	7.30	7.30	6.90	7.10	6.60	16.80		9.10
四	间接费												
1	企业管理费		一+二+三	8.00	8.00	8.00	8.00	7.50	7.80	6.30	14.40		10.30

续上表

序号	费用项目名称	计费基础	费率（%）									
			一般水工工程	橡胶护舷价值	外购钢桩、大型钢结构价值	自制钢桩、大型钢结构的制作费	港区道路堆场工程	陆域构筑物工程	大型土石方工程		大型土石方填料价值	装卸机械设备安装工程
									机械	人力		
2	财务费用	一+二+三	1.10	1.10	1.10	1.10	1.00	1.10	0.90	1.50		1.00
五	计划利润	∑(一~四)	7.00	7.00	7.00	7.00	7.00	7.00	7.00	7.00	3.00	7.00
六	税金	计划基数 A	3.41	3.41	3.41	3.41	3.41	3.41	3.41	3.41	3.41	3.41
七	专项费用		*	—	—	—	—	—	—	—	—	—

注：①表中的 JZ 表示基价定额直接费。
②表中给出的费率是航务一级企业的标准。
③表中的计税基数 A＝直接工程费＋间接费＋计划利润。
④表中的税率为 3.41%，如果工程所在地的计税标准与其不同时，应按当地税率标准换算。
⑤税金中还应包括增值税。
⑥表中的 * 表示目前只有一般水工工程中计列专项费用，专项费用目前只有两项：
　　a. 疏浚土外抛防污倾倒费：目前，国家规定收费标准是外抛疏浚土每立方米 0.05 元。
　　b. 长江、珠江干线航道养护费：其收费标准见《沿海港口水工建筑及装卸机械设备安装工程船舶机械艘（台）班费用定额》。

其他专业工程的单项（单位）工程概算的计算程序可参照相关定额。例如，沿海港口工程概算的工程项目与费用清单及编制方法，沿海港口水工建筑、装卸机械设备安装工程概（预）算计算程序和方法，沿海港口水工建筑、装卸机械设备安装工程各项取费费率汇总表。

二、概算编制方法

港口工程概算主要使用各种定额进行编制，个别工程及项目采用单位指标法编制。具体方法如下：

（一）采用交通运输部颁发的定额

1. 采用《疏浚工程概算定额》

该方法适用于港池与航道挖泥、吹填造地等工程。

现行的《疏浚工程概算定额》是交通部交工发［1993］441 号文颁发的；与其配套的定额有《疏浚工程概算预算编制办法》、《疏浚工程船舶艘班费用定额》，其调价文件有：

交通部交工发［1993］979 号文《关于调整水运、疏浚工程定额费用的通知》及交工发［1993］276 号《关于对执行水运和疏浚工程船舶、机械艘（台）班费用定额时，燃料单价进行调整的通知》。

2. 采用《沿海港口水工建筑工程定额》

该方法适用于：

(1)一般水工建筑工程(包括各种码头、防波堤、海堤、栈引桥、灯塔、取水构筑物、围埝、护岸、水上软基加固等港口水工建筑物及有关的配套设施);

(2)港内陆域构筑物工程(翻车机房、廊道、坑道、陆上软基加固等及有关配套设施);

(3)港内堆场道路工程;

(4)大型土石方工程;

(5)临时工程。

3.采用《沿海港口装卸机械设备安装工程定额》

该方法适用于港口建设项目中的各种船舶装卸设备、库场装卸设备、输送设备、车辆装卸设备及其他设备的安装工程。

4.采用《沿海港口建设工程概算预算编制规定》中有关设备购置费与机修及其他设备安装工程费的规定

该方法适用于:

(1)设备购置费;

(2)机修及其他设备的安装工程费、设备基础工程费。

注意: 目前对沿海港口1994年定额(共5本)没有发布调价文件,其(勘误表)登载于《水运工程造价管理信息》1995年第三、四期及1996年第二期,定额的有关问题的解释从《水运工程造价管理信息》1994年第三期开始陆续发表。

5.采用《内河航运建设工程定额》及《内河航运建设工程概算预算编制规定》

该定额包括(内河航运水工建设工程综合预算定额)和(内河航运设备安装工程综合预算定额)两部分,并附有(内河航运建设工程船舶机械艘(台)班费用定额)及(混凝土及砂浆材料用量定额)两个单项定额。

该方法适用于内河航运建设的航运枢纽、通航建筑、内河港口、航道整治等工程。

6.采用《船厂水工建筑及设备安装工程定额》

该定额为全国通用的专业定额,适用于新建、改建和扩建的船舶在3000吨级(载重吨)及其以上规格的船厂水工建筑中的船坞船台、滑道工程及其相应的设备安装工程。

船厂水工建筑中的舾装码头、引堤、防波堤、港池和航道疏浚工程等及相应的设备安装工程,可按工程类别分别套用《沿海港口建设工程定额》、《疏浚工程概算定额》和《内河航运建设工程定额》。

7.采用《公路工程概算定额》及《公路基本建设工程概算、预算编制办法》

该方法适用于港外公路工程(港区或城市市区以外)。

注意: 疏港公路若在市区范围内,可采用当地市政定额。

(二) 采用全国统一及地区统一的定额

该定额包括《全国统一安装工程预算定额》的各地区单位估价表,各地方建筑工程定额:概算定额、综合定额或预算定额。

该定额适用于:

(1)供电与照明工程;

(2)给水与排水及污水处理工程;
(3)土建工程(生产建筑、生产辅助建筑、生活福利建筑等);
(4)采暖供热工程;
(5)环保工程;
(6)通风与空调工程;
(7)消防工程;
(8)供油设施;
(9)自动控制工程。

(三)邮电部颁发的定额

该定额包括:
(1)《通信建设工程概算预算编制办法及费用定额》;
(2)《通信建设工程概算定额》,包括:
第一册　电信设备安装工程;
第二册　通信线路工程;
第三册　邮政设备安装工程。
该定额适用于:
港口通信与无线电导航工程。
其中:第三册　邮政设备安装工程,港口建设项目不适用。

(四)原铁道部颁发的定额及其规定

包括:
(1)原铁道部建[1991]36号文发布的《国家铁路基本建设工程设计概算编制办法》;
(2)原铁道部工程概算定额(共12册,自1993年开始陆续发行);
(3)原铁道部工程概算定额(共13册,自1991年开始陆续发行)。
根据编制办法,对不同设计阶段具体定额的采用,原则上应按以下规定执行:
①初步设计概算—"站前"工程(路基、桥涵、隧道、轨道工程的简称)用概算定额,"站后"工程(除站前工程外的其余工程)用概算指标。
②扩大初步设计概算—"站前"工程用预算定额,"站后"工程用概算定额。
③施工图预算(或称投资检算)—不分"站前"、"站后"工程,一律用预算定额。
对港口建设工程一般采用两阶段设计,初步设计深度一般相当于铁路的扩大初步设计深度。因此,概算编制时,"站前"工程可用预算定额,"站后"工程可用概算定额。
(4)人工费按铁道部建[1993]448号文《关于调整设计概算综合工费标准的通知》计算。
(5)材料单价按铁道部铁建[1990]118号文发布的《铁路工程建设材料预算价格》系为1988年度的价格水平,作为取定材料预算价格的依据,并以此作为计取有关各项费用的基础。
对于材料差价(设计概算编制年度与基期年(1988年)度所发生的差价),除砖、瓦、石灰、砂、石、道碴等当地材料,以其基期年价与编制年所采用的市场价之间的差价计列外,其余材料的差价,则均按铁道部统一制定发布的不同地区、不同工程类别的价差系数计算。
(6)原铁道部铁建[1996]49号文《关于发布〈铁路工程建设材料预算价格〉的通知》。该《价格》系为一九九五年度水平,将作为今后一定时期内编制铁路工程概预算定额基价取定材料价格的依据,同时也是测算材料预算价格价差调整系数的依据。

(7)机械台班费按铁道部铁建[1992]90号文发布的《铁路工程施工机械台班费定额》。

适用于:港口铁路工程。

(五)使用单位指标法编制概算

这种方法使用较少,计算精度也不易保证,应尽量少用。使用这种方法编制的项目一般是房建与大临工程,此时要特别注意单位指标的准确性与可靠性,使用前要经过调查研究和充分论证。

但应注意,对造价影响较大的房建工程不宜采用单位指标法,应当用地方建筑工程概算定额编制。也可用概算指标编制。

(六)使用其他费用的建设项目

对港口建设工程的其他费用、预留费用、建设期贷款利息和固定资产投资方向调节税及铺底流动资金的计算,无论计算工程费用时采用哪一种定额,均要按《沿海港口建设工程概算预算编制规定》的有关规定进行计算。

根据国家计划委员会计建设[1996]1154号文《国家计委关于核定在建基本建设大中型项目概算等问题的通知》的规定,动态投资部分的投资价格指数按6%计算;铺底流动资金按流资金需要量的30%计算。

在计算建设期贷款利息时,有关资本金和软、硬贷的比例可参照投资估算中的有关内容。

(七)使用国外贷款的建设项目

其概算应按内币、外币概算编制。

使用国外贷款建设项目的水工建筑及装卸机械设备安装工程概算的各项综合取费计算,同样以基价定额直接费为取费基础。

使用国外贷款建设项目,在计算总概算第二部分其他费用的有关费用时,进口设备应按其到岸价格(CIF)和当时的外汇牌价折成人民币后,按照《沿海港口建设工程概算预算编制规定》中的有关费率计算。其中,工器具及生产家具购置费应以装卸机械设备到岸价按当时的外汇牌价折成人民币后乘以0.4~0.6折减系数,再乘以4%进行计算。

外汇牌价以初步设计概算编制时中国人民银行公布的现行价为准。

三、概算调整的编制要求

在工程施工过程中,由于物价上涨、概预算定额的修改或调整、设计变更、地质条件变化、汇率变化等原因,总投资超出原批准的初步设计概算总值时,为了保证工程建设的顺利进行,使其发挥经济效益,经原初步设计主审单位同意,初步设计概算可进行调整。调整概算应由该工程的设计单位编制,调整概算除了应遵循概算的编制原则外,还要注意以下几个问题:

1. 调整原则

第一部分工程费用:已完工程可采用结算资料,在建工程可根据已签承包合同进行调整,尚未开工的工程可采用施工图预算。

第二、三、四部分费用:应将已经完成的工作量和未完成的工作量分开,再根据《沿海港口建设工程概预算编制规定》等国家有关文件规定进行计算。

2. 调整内容

概算调整的主要任务是把超概算的原因调查清楚,向上级主管部门提出一份合理的、准确的、完整的概算调整报告。为此,建设单位要与设计单位密切合作,如实介绍超概算的原因并提供工程建设中的有关资料与依据(如施工承包合同、调价文件、设备合同及运杂费单据、设计变更通知单、工程结算文件、工程形象进度、工程完成情况的统计报表、汇率变化等有关文件)。

3. 进行合理调整

设计单位根据建设单位提供的情况和资料,从工程费用开始,逐项进行调整,并与初步设计审批概算进行比较,列出两者的增减值,分析增减原因,对其有据可查的、合理的部分可以给予调整,反之,不予调整。

4. 调整成果

1) 概算调整编制说明

主要内容为:

(1) 工程概况:简述调整概算原因、工程建设简况、原初步设计概算批复的日期等;
(2) 调整概算总投资及比原批概算增(减)总值;
(3) 编制依据及调整原则;
(4) 其他说明:三材及主要地材单价的变化,外汇牌价的变化,贷款利息的变化等;
(5) 超概算主要因素分析汇总表,见表6-4。

超概算主要原因分析汇总表　　　　　　　　　　　　　　　表6-4

序　号	超概算主要原因	投资增减额(万元)	备　注
1	物价上涨		
2	定额变更		
3	设计变更		
4	外币汇率变化		
5	贷款利息变化		
6	关税等变化		
	……		
	合计		

2) 概算调整总表

概算调整总表,见表6-5。

调整概算总表　　　　　　　　　　　　　　　　　表6-5

序号	工程费用名称	原批概算值		调整概算值		增减值		增减幅度	备　注
		万元	万美元	万元	万美元	万元	万美元	%	
	第一部分　工程费用								
	……								
	第二部分　工程费用								
	……								

续上表

序号	工程费用名称	原批概算值		调整概算值		增减值		增减幅度	备注
		万元	万美元	万元	万美元	万元	万美元	%	
	第三部分 工程费用								
	……								
	第四部分 工程费用								
	……								
	调整概算合计								

3）单项或单位工程概算调整表

单项或单位工程概算调整表，见表6-6。

单项（单位）工程调整概算表　　　　　　　　表6-6

序号	工程费用名称	单位	原批概算			调整概算			备注
			数量	单价	合价	数量	单价	合价	
一	设备购置费								
	……								
二	安装工程费								
	……								
三	建筑工程费								
四	其他								
	合计								

5. 不得调整项目

根据原国家计划委员会计建设[1996]1154号文《国家计委关于核定在建基本建设大中型项目概算等问题的通知》的规定："今后，项目的初步设计及概算经批准后，静态投资一律不再进行调整"。

静态投资部分主要包括：建筑安装工程费用、设备购置费用（含工器具购置费）、其他费用（含关税）及基本预备费。

动态投资部分主要包括预留费用中的物价上涨费、建设期贷款利息、汇率变动部分。

在编制初步设计概算时，要将静态投资、动态投资、铺底流动资金分列。

第三节　怎样编好初步设计概算

学会编制概算不太难，但要编好概算，编制出高质量的概算确实不太容易。要求工程造价人员具备良好的政治素质、职业道德、技术经济专业知识、工程技术专业知识和较丰富的施工技术知识等。对于一个具有一定水平的概预算编制人员来说，其知识面不但要有一定深度，而且要有一定广度。下面就怎样编好概算，提高概算的编制质量，综合几点意见，以供参考。

一、设计深度要满足概算编制的要求

设计文件的编制必须贯彻执行国家有关工程建设的政策和法令，应符合国家现行的建筑工程建设标准，设计规范和制图标准，遵守设计工作程序。

港口工程初步设计文件要完整,内容、深度要符合交通部交基发(1995)483号文《关于印发〈沿海港口工程初步设计文件编制规定〉的通知》中的规定。文字说明、图纸要准确清晰,整个文件要经过严格校审。当然,设计深度问题主要是设计人员的职责,但概预算人员也能起很大作用,各专业设计人员向概算专业人员提供的中间资料(结构草图、设计说明书、工程量表、材料设备表等)要满足概算编制的要求,概算人员要对各专业提供的中间资料进行仔细研究和校对,对其中不明白、不明确的问题要向设计人员咨询,搞清楚设计意图;同时,对于不满足概算编制要求的地方或设计深度不够或设计漏项应及时向设计人员反馈信息,共同探讨,以保证概算编制依据的可靠性和造价的正确性。

在编制工作中,有时会遇到地质钻探资料满足不了判别疏浚土质类别的要求,例如:黏性土的附着力 $F(g/cm^2)$ 指标,是判别黏土类别的主要指标之一,地质资料中往往没有给出该项指标。概预算人员要将这类问题向设计综合负责人反映,要求勘察单位按照交通部1996年颁发的《疏浚岩土分类标准》(JTJ 320—1996)加予补充。

对于概预算人员,尤其是主编人要了解或者熟悉各专业的设计内容和要求,明确初步设计的范围和边界条件,要做到不遗漏一个工程项目或费用项目。因此,概预算人员应该学习和积累各专业技术知识,熟悉各专业图纸并能熟练计算工程量。

关于工程量的计算,无论是由设计人员提供或者是由概预算人员计算的,都要符合工程量的计算规则。工程量的"单位"要与定额要求相一致,并按规范等有关规定把超深、超宽、回淤量、沉降量、流失量、超填量及施工中允许损耗量,计入工程量中。

二、收集概算编制所需要的基础资料及现场情况

一般来说,概算人员,尤其是主编人应当到现场进行踏勘和调查研究,收集以下资料及情况:

1. 当地建筑材料的市场价格

当地建筑材料包括钢材、木材、水泥、地方材料、燃料油、施工用水、施工用电、橡胶护舷、铁丝等小五金、油漆、氧气等化工产品、排水板等塑料产品等。

对于地材(指砖、瓦、灰、砂、石等),不但要了解市场价格,还要了解储量、开采能力、运输条件、运价规定等是否能够满足工程的需要,由于水工建筑工程需要大量石料(块石、大块石、二片石、碎石等),因此,许多地区编制了《水运工程地材价格》,区别于当地房建工程的地材价格。

对于新建港区,往往需要对地材的市场价格进行组价,设计单位的概预算人员应会同建设单位、当地建材主管部门、当地工程造价管理部门等有关人员组成联合调查组,对当地适宜建港的地材,例如石料的各个石场的开采量、运距、运输方式、运费和装卸费的计费规定、资源费、运输损耗费、采保费、当地建材部门管理费等有关条件和规定,进行综合计算,组成石料等地材的市场价格。

2. 当地省、市的建筑工程定额

(概算指标、概算定额、综合定额、预算定额)全国统一安装工程预算定额地区单位估价表、市政工程定额、取费标准、材料预算价格、调价系数及有关规定等。

3. 当地有关造价信息

房地产招投标价格、商品房价格、土地重用价值、拆迁补偿规定、设备价格、市政配套费等。

4. 建设单位的要求

建设单位应提供前期工作费使用情况及费用清单。

5. 当地政府的有关规定

工程排污费、施工噪声排污费、防洪工程维护费及税金等。

6. 当地的水源、电源情况、交通运输条件

目前,许多地方水电供应紧张,要特别注意当地政府对施工用水电的有关规定。

7. 当地建筑市场情况

建筑安装施工企业的资质、能力(例如大型钢结构制造能力、运输条件、报价或询价,大型钢油罐的加工安装能力等)。

三、正确使用定额

每种定额都有其使用范围,每一本定额都有其特点,要正确使用定额,必须研究定额、熟悉定额。

(一)选用定额

在编制一个港口工程概算时,要用到多种定额。每个专业工程都要选用一种适宜的定额,要做到这一点有时会遇到麻烦,有些单项(单位)工程项目在几本定额中都有。因此,使用定额前要搞清楚这些定额的编制依据和适用范围。这些问题在定额的总说明中都有介绍,应当仔细研究。在这里就港口工程中经常容易搞混淆的几种定额做些探讨,供学员参考。

(1)《市政工程综合定额》与《公路工程预算定额》的使用界限。一般来说《市政工程综合定额》是对市区(包括城镇)管辖范围而言,在市区内(包括城镇)的港外疏港公路应使用《市政工程综合定额》,在市区外可用《公路工程预算定额》。

(2)《市政工程综合定额》与《全国统一安装工程预算定额》第六册"工艺管道工程"的使用界限。港内的给排水工程应当首先选用《全国统一安装工程预算定额》,其原因是《全国统一安装工程预算定额》是依据国家标准图集编制的。而各地《市政工程综合定额》编制时所使用的标准图不一定是国家标准,有的使用本地区标准图,不适宜港口工程。

由于《市政工程综合定额》的综合性较强,使用较方便,有的人喜欢选用,但是使用之前要弄清楚其是否依据国家标准图集编制的,与本工程设计所采用的标准是否一致。

对于使用荷载很大的堆场道路中的给排水管网与检查井等项目,国家标准图集也不能使用时,应当给出设计图,按图纸计算工程量,再套用建筑及安装工程预算定额计算其价值。

《全国统一安装工程预算定额》分项太细、综合性差,目前又没有概算定额,概算编制时要按施工工序的要求,注意不要遗漏分部分项工程。例如,管道工程中包括:管道(钢管、铸铁管、混凝土管等)安装、管件(弯头、三通、异径管、管接头等)安装、管道试压、管道清洗、法兰安装、阀门安装、管架制作及安装等。

(3)《全国统一安装工程预算定额》第六册"工艺管道工程"与第八册"给排水、采暖、煤气工程"应加以区分,各自使用的范围不一样。第六册适用于港区内室外给排水、供热管道,锅炉房和泵类配管及高层建筑物内加压泵间的管道的安装;第八册适用于生活用(一般指室内)给水、排水、采暖管道安装等。

管道安装工程中,有关刷油、保温部分使用第十三册"刷油、绝热、防腐蚀工程"各章节。

(二)定额特点

了解每本定额的特点,才能正确地、熟练地使用定额。下面以《沿海港口水工建筑工程定额》为例来讨论。《沿海港口水工建筑工程定额》的编制依据和有关问题的解释在施工图预算编制的有关章节中已作说明,水工定额中的有关说明和附注都已经反映到水工概预算程序里,这里只就使用定额的几点体会:

(1)定额中的基价是按统一取定的工、料、船机单价计算出来的,主要用于各项取费的计费基础,也可作为分部分项工程单价比较的参考。定额中使用的材料基价取定价格已登载于《水运工程造价管理信息》。

(2)定额中"混凝土及钢筋混凝土构件预制安装工程"与"现浇混凝土及钢筋混凝土工程",各子目的基价中均不包含钢筋价格,对于钢筋混凝土尚应按本定额中的钢筋加工子目计算钢筋价格放入基价中,才是钢筋混凝土的完整单价。

定额中的钢筋加工子目里,包括了钢筋对焊、张拉切割的损耗,未包括钢筋搭接焊、帮条焊及搭接绑扎时的搭接部分的钢筋,也未包括施工用的架立钢筋。计算钢筋工程量时,应将(搭接部分钢筋)、(架立钢筋)包含在内。即:

$$钢筋工程量 = 钢筋设计量 + 架立钢筋量 + 搭接钢筋量$$

定额中给出的钢筋含量参考表,可供编制初步设计概算时参考。

(3)护面块体在预制、堆放、运输、安装过程中的损耗量,按设计数量的3%计算,并应计入工程量中。

(4)由于打桩损耗,钢筋混凝土桩的预制工程量应按设计体积乘以打桩消耗量系数。消耗量系数与土质以及桩的种类有关,如下表6-7所示。

消耗量系数表 表6-7

序号	桩的种类			土质级别				
				一级土	一、二级土之间	二级土	二、三级土之间	三级土
1	钢筋混凝土方桩、管桩、板桩、锚碇桩			1.020	1.025	1.030	1.035	1.040
2	水冲打钢筋混凝土桩			1.020	1.020	1.020	1.020	1.020
3	深送桩	深送	5m以内	1.030	1.035	1.040	1.045	1.050
			8m以内	1.050	1.055	1.060	1.065	1.070

(5)沉箱在安放现场的储存,定额中已考虑了沉箱数量的40%在安放现场储存,使用时一般不作调整。

(6)在土石方定额中,要搞清楚"自然方"、"松方"、"实方"等概念。

①自然方:指未经扰动的自然状态下的土石方;

②松方:指经过人工及机械开挖松动过的土石方;

③实方:指回填并经压实后的土石方。有时也称压实方、填筑方、设计方。

比较容易搞混淆的子目是陆上石方爆破后的清碴,定额是按自然方编制的,使用时不能按松方计算工程量。水下爆破后用挖泥船清碴的工程量也同样是按自然方计。

(7)软基处理中的堆载预压加固方法,堆载材料的堆载费、卸载费及损耗量(损耗量指堆载材料在装卸车、运输、风吹、雨淋中的损耗)在定额中已综合考虑;但堆载材料本身价值,定额中没有计入。堆载材料本身价值应另行考虑:由于地基沉降所造成的堆载材料的消耗可以计入场地回填工程量中,剩余的堆载材料可根据工程的实际情况处理,或计入其他场地回填工程中,或计入下期工程中,或计入其他工程中。

(8)强夯加固中夯点个数的一个简单计算方法:每 $100m^2$ 夯点个数 $=100/L^2$,其中 L 是夯点间距。

(9)现浇混凝土工程中,定额中已包含了伸缩缝的费用,而且也包含了混凝土面的凿毛、抹面的工料机的费用,概预算编制时不得再单独计列这两项费用。

(10)对打桩定额说明中"长引桥"(引桥设计纵向中心线岸端起点至码头前沿线的最远点的距离大于 500m)的提法的正确理解:

①其对象是码头,不是长引桥本身。符合(长引桥)条件时,码头部分的打桩定额除执行"斜桩(1.23)系数和同节点双向叉桩(1.31)系数"外,再乘以"长引桥(1.15)系数";但是,引桥本身的打桩定额不执行"长引桥(1.15)系数"。

②转向平台划归引桥部分,按引桥的规定执行定额。也就是说,转向平台打桩定额,不执行"长引桥(1.15)系数"的规定。

(三)其他问题

在编制给排水、供电、供暖、通风空调等单位工程概算时,常常会遇到设备与材料如何划分的问题。下面摘录《工程建设设备与材料划分的原则和实例》(原建设部标准定额所 1989 年修订稿)的有关部分,仅供参考。

1. 设备与材料的划分原则

(1)凡是经过加工制造,由多种材料和部件按各自用途组成独特结构,具有功能、容量及能量传递或转换性能的机器、容器和其他机械,成套装置等,均为设备。

设备分为需要安装与不需要安装的设备,及标准设备和非标准设备。设备及有机构成部分,一般包括以下各项:

①标准设备(包括通用和专用设备):指按国家规定的产品标准批量生产的,已进入设备系列的设备。

②非标准设备:指国家未定型,使用量较少,非批量生产的特殊设备,而是由设计单位提供制造图纸,委托承制单位或施工企业在工厂或施工现场加工制作的设备。

③各种设备的本体及随设备到货的配件、备件和附属于设备本体制作成型的梯子、平台、栏杆、管道等。

④各种计量器、控制仪表等、实验室内的仪器设备及属于设备本体部分的仪器仪表等(不包括独立安装的一次仪表)。

⑤附属于设备本体的油类、化学药品等视为设备的组成部分。

⑥无论用于生产线或附属于建筑物的有机构成部分的水泵、锅炉及水处理设备、电气、通风设备等。

(2)为完成建筑、安装工程所需的经过工业加工的原料和工艺生产过程中不起单元工艺生产作用的设备本体以外的零配件、附件、成品、半成品等,均为材料。

材料一般包括以下各项:

①不属于设备配件供货。需由施工企业自行加工制作或委托加工制作的平台、梯子、栏杆及其他金属构件等,以及成品、半成品形式供货的管道、管件、阀门、法兰等。

②各种本体以外的充填物,防腐、绝热及建筑、安装工程所需的其他材料。

2.设备与材料划分实例(以《全国统一安装工程预算定额》第十五册中涉及的设备、材料为例)

1)通用机械

(1)各种金属切削机床、锻压机械、铸造机械,各种起重机、输送机,各种电梯、风机、泵、压缩机、煤气发生炉等,及其全套附属装置,均为设备。

(2)设备本体以外的各种行车轨道、滑轨等为材料。

2)专业设备

(1)制造厂制作成型的各种容器、反应器、热交换器、塔器、电解槽等,均为设备。

(2)各种工艺设备,在试车前必需填充各种一次性填充物料,如石料、瓷环、钢环、塑料环、钢球等;各种化学药品(如树脂、珠光砂、催化剂等)均为设备的组成部分。

(3)制造厂以散件或分段分片供货的塔、器、罐等,在现场拼接、组装、焊接、安装内件或改制时所消耗的物件均为材料。

3)热力设备

(1)成套或散装到货的锅炉及其附属设备等均为设备。

(2)热力系统的除氧气水箱和疏水箱,工业水系统的工业水箱,油冷却系统的水箱,酸碱系统的酸碱储存槽等均为设备。

(3)循环水系统的旋转滤网视为设备,钢板阀门及拦污栅为材料;启闭装置的启闭机视为设备,启闭架为材料。

(4)随锅炉炉墙砌筑时埋置的铸铁块看火孔、人孔等各种成品埋件、挂钩等为材料。

4)自控装置及仪表

(1)成套供应的盘、箱、柜、屏(包括保温箱和已经安装就位的仪表、元件等)及随主机配套供应的仪表均为设备。

(2)计算机、空调机、工业电视、检测控制装置,机械分析、显示仪表、单元组合仪表、变送器、传送器及调节阀,压力、温度、流量、差压、物位仪表等,均为设备。

(3)随管、线同时组合的一次测量仪表(包括就地安装的温度计、压力表)元件、各种仪表配件、部件等均为材料。

5)通信

市内、长途电话交换机,程控电话交换机,微波、载波通信设备,电报和传真设备,中、短波通信设备及中短波电视天馈线装置,移动通信设备,卫星地球站设备、通信电源设备、光纤通信数字设备,邮政机械设备等各种专业或生产设备及配套和随机附件均为设备。

6)电气

(1)各种电力变压器、互感器、调压器、感应移相器、高压断路器、高压熔断器、稳压器、电源调整器、高压隔断开关、装置式空气开关、电力电容器、蓄电池、磁力启动器、交直流报警器、成套供应的箱、盘、柜、屏及其随设备带来的母线和支持瓷瓶,均为设备。

(2)各种电缆、电线、母线、管材、型钢、桥架、梯架、槽盒、立柱、托臂、灯具及开关、插座、按钮等均为材料。

(3)刀开关、保险器、杆上避雷器、各种避雷针、各种绝缘子、金具、电线杆、铁塔各种支架等均为材料。

(4)各种小型装在墙上的照明配电箱、0.5kVA照明变压器、电扇、铁壳开关、电铃等小型电器等均为材料。

7)通风

(1)空气加热器、冷却器、各类风机、除尘设备、各种空调机、风机盘管、过滤器、净化工作台、风淋室等均为设备。

(2)各种风管及附件和施工现场加工制作的调节阀、风口、消声器及其部件和构件等均为材料。

8)管道

(1)公称直径300mm以上的电动阀门为设备。

(2)各种管道、阀门、管件、配件及金属结构件等,均为材料。

(3)各种栓类、低压器具、卫生器具、供暖器具、现场制作的钢板水箱及民用燃气管道和附件、器具、灶具等均为材料。

四、不能忽视施工条件设计

目前,某些设计单位对概预算工作不重视,对施工条件设计更不重视,这是很错误的。施工条件设计是概算编制的依据,对概算的编制质量起重要作用。水工建筑工程定额中许多分部分项工程,是按多种施工工艺编制的,只有选择合适的施工方法,才能选择合理的定额,才能将当地建港有利条件反映到概算里。除了施工方法外,施工条件设计中包含的施工总平面布置、施工工期、施工形象进度等都是概算编制不可少的条件,也是经济评估指标计算的重要条件。

五、写好概算的编制提纲

概算编制提纲同各专业人员的设计提纲一样,是设计工作的重要一环。其主要内容包括:
(1)编制依据;
(2)需要收集的资料;
(3)需用的定额;
(4)编制方法的选定,各种指标、费率、系数的选定等;
(5)工作计划与安装;
(6)存在的困难和问题等。

编制提纲完成后,要经过逐级审查,尤其是技术与经济室主任或主任工程师应当重点审查,把好第一关,这对提高概算编制效率,避免返工十分重要,也是保证概算质量的关键之一。

六、做好概算编制时的校审工作

制概算是一项十分细致而复杂的工作,计算中往往会出现一些错漏,因此,做好校审工作,是保证概算质量不可忽视的问题。

每项工程概算的编制,一般要经过编制人自校、参编人员互校和技术主管人审核三道手续,以保证其正确性。

(1)自校。即由概算编制人检查自己所编概算有无漏项,工程量、单价、取费是否合理,各项经济指标是否合理,并与同类工程进行分析对比,如发现疑点及问题,应加以改正,做到基本无重大错误、漏项和重复。要自觉养成自校习惯。

(2)互校。即编制人员之间对他人所编概算的相互校核。校核时,可针对编制人业务熟练程度和个人特点,根据各项概算编制依据及规定,先粗后细,先从各项经济指标的合理性,与同类工程进行分析对比着手,大致判断其正确程度,再进一步重点或全面校对,做到工程量、单价、选用定额、补充估价表、取费、调价文件等正确无误、无漏项或重复,造价及各项经济指标基本合理。

(3)审核。一般由主任工程师或技术经济室主任等技术主管人负责审核。审核时,重点审核概算的编制是否符合编制依据,造价和各项经济指标是否合理,补充估价表是否合理,单位工程有无遗漏,概算文件是否齐全等。

对那些占总投资比例大的单项或单位工程的单价和工程量应仔细推敲,这往往是建设项目工程总造价编制成败的关键。因此,无论是自校、互校,还是审核,都必须给予重视。

七、积极推广应用电算技术

随着电子技术和电脑软件的飞速发展,电脑的使用已在设计工作中得到普及。概预算的编制软件的开发和应用,极大地提高了概预算的编制效率和计算准确度,使广大工程造价人员从繁重的手工计算工作中解脱出来,把主要精力集中于加强调查研究,收集和整理各种技术经济指标,学习各种专业技术基础知识和概预算定额,在提高概预算的编制质量上下功夫。

编制港口建设工程概预算的软件,目前主要有:
(1)沿海港口水工建筑工程概预算系统(SGGYS);
(2)沿海港口装卸机械设备安装工程概预算系统(AZGYS);
(3)疏浚工程预算程序。

以上软件是由交通运输部水运及疏浚工程定额站组织开发的,并经交通运输部审定后推广发行的。

其他专业工程的概预算软件,可用各专业部或地方开发的并经其上级主管部门鉴定或审定后推广发行的软件。

八、概算的事先交底和调整

概算文件经设计院初审后,可向建设单位进行交底,征求建设单位的意见,根据建设单位的意见,再调整一次概算造价。

九、编制和积累技术经济指标

(1)要对所编制的概算计算其技术经济指标,积累资料,不断提高业务水平。
(2)要对所编概算进行跟踪,了解施工中造价变动情况和原因;工程完工后,搜集竣工结(决)算资料,加以分析整理,除去其中不合理因素,做好技术经济指标的积累,研讨概算的编制质量,吸取经验和教训。

第四节 工 程 案 例

本节选用了某港口工程初步设计概算的实例,出于简化案例的原因,对其中的某些部分进行了改动,因此本案例只给出:
(1)总概算表;

(2)码头工程概算表及码头设计断面图;
(3)装卸机械设备概算表和装卸机械设备安装工程概算表;
(4)地基处理工程概算表。

一、施工条件设计简述

××港×期码头工程为集装箱码头,重力式沉箱结构。由于当地没有大型固定沉箱预制场,沉箱在该港的工作船码头临时预制场预制,采用500t固定扒杆起重船装船、运输、储存、安装,水上运距4km。由于地基软土层较厚,基础采用深层水泥拌和(即CDM)方法处理。CDM拌和体没有定额,根据有关工程的竣工资料,编制估价指标。基槽挖泥选用8m³抓斗挖泥船,施工条件是内海挖泥,外海抛泥,运距16km。现浇码头胸墙混凝土采用陆拌水运方法施工。码头面层铺设高强混凝土连锁块,其结构层设计与道路堆场类似,根据当地施工队伍的技术水平和装备能力,高强混凝土连锁块在现场预制,因当地砂石料价格较便宜,且节省运费。码头棱体抛石采用水上抛与陆上填两种方法,出石码头设在老码头,水上运距1km。地基处理采用了打塑料排水板、堆载预压及强夯等方法。

该工程施工工期为4年。

二、物价上涨费和建设期贷款利息的计算

(一)物价上涨费计算

物价上涨费的计算公式为:

$$E = \sum_{n=1}^{N} F_n [(1+p)^n - 1]$$

式中:E——物价上涨费;

N——合理建设工期(按施工条件设计确定);

n——施工年度;

F_n——第n年的年度投资;

p——年投资价格指数,按6%计算。

由于计算基数为工程费与其他费用之和,所以根据附表6-1,其内、外币计算基数分别为:

1. 内币

计算基数为:41 734.27 + 14 959.31 − 6 636.00(征地拆迁费)= 50 057.58万元;

由于年价格指数为:$p = 6\%$;

分年度投资由施工条件设计给出,工期为4年;

所以,物价上涨费计算如表6-8所示。

物价上涨费计算表　　　　表6-8

序号	施工年度(n)	分年度投资(万元)	物价指数	年上涨费(万元)	备注
1	1	10 014.45	0.06	600.87	
2	2	12 518.06	$1.06^2 - 1$	1 547.23	
3	3	15 021.68	$1.06^3 - 1$	2 869.38	
4	4	12 503.39	$1.06^4 - 1$	3 281.85	
5	合计	50 057.58		8 299.33	

2. 外币

计算基数为:5 010 + 56.31 = 5 066.31 万美元;

由于年价格指数为: $p = 2.3\%$;

所以,物价上涨费计算如表 6-9 所示。

物价上涨费计算表　　表 6-9

序 号	施工年度(n)	分年度投资(万美元)	物价指数	年上涨费(万美元)	备 注
1	1	1 013.26	0.023	23.30	
2	2	1 519.89	$1.023^2 - 1$	70.72	
3	3	2 026.52	$1.023^3 - 1$	143.07	
4	4	506.64	$1.023^4 - 1$	48.24	
5	合计	5 066.31		285.33	

(二)建设期贷款利息计算

建设期贷款利息的计算公式为:

建设期贷款利息 = $\sum$(年初付息贷款累计 + 本年度贷款 ÷ 2) × 年利率

1. 内币

资本金　　　　　67 827.59 × 30% = 20 348.28 万元,不计利息
建设期贷款　　　67 827.59 × 70% = 47 479.31 万元
其中:
硬贷　　　　　　47 479.31 × 70% = 33 235.52 万元,年息 12.42%
软贷　　　　　　47 479.31 × 30% = 14 243.79 万元,年息 5.94%

分年度投资根据施工条件设计,利息计算见表 6-10、表 6-11。

硬贷表(单位:万元)　　表 6-10

序 号	施工年度(n)	本年度付息贷款	年初付息贷款累计	本年利息	备 注
1	1	6 648.99	0	412.90	
2	2	8 311.24	6 648.99	1 341.93	
3	3	9 973.49	14 960.26	2 477.41	
4	4	8 301.80	24 933.72	3 612.31	
5	合计	33 235.52		7 844.55	

软贷表(单位:万元)　　表 6-11

序 号	施工年度(n)	本年度付息贷款	年初付息贷款累计	本年利息	备 注
1	1	2 849.57	0	84.63	
2	2	3 561.96	2 849.57	275.05	
3	3	4 274.35	6 411.53	507.79	
4	4	3 557.91	10 685.88	740.41	
5	合计	14 243.79		1 607.88	

注:内币利息合计 = 7 844.55 + 1 607.88 = 9 452.43 万元。

2. 外币

外币年利率为6.9%,分年度投资由施工条件设计给出,其利息如表6-12所示。

软贷表(单位:万元) 表6-12

序号	施工年度(n)	本年度付息贷款	年初付息贷款累计	本年利息	备注
1	1	1 100.73	0	37.98	
2	2	1 651.09	1 100.73	132.91	
3	3	2 201.45	2 751.82	265.83	
4	4	550.36	4 953.27	360.76	
5	合计	5 503.63		797.48	

三、概算文件

(一)概算编制说明

1. 工程概况

本项目是××港×期工程,其设计年吞吐量为350万t,水工建筑工程:3万吨级集装箱泊位两个(长×××m),2万吨级杂货泊位两个(长×××m)及护岸(长××m);港池挖泥采用吹填方案,为此要修建吹填围埝;陆域形成是在前期工程吹填土上回填山皮土及建筑弃土,地基要进行加固处理。

码头工程采用重力式沉箱结构与CDM基础(平面方案一)及大开挖换填块石基础相结合的两种方案。

2. 总概算价值

平面方案一如表6-13所示。

平面方案一 表6-13

总概算价值		其中		
		静态价值	动态价值	铺底流动资金
内币 (万元)	77 290.08	59 538.32	17 751.06	0
外币 (万美元)	6 301.11	5 218.30	1 082.81	0
折合人民币 (万元)	129 715.32	102 954.58	26 760.74	0

推荐方案为平面方案一。

平面方案二:

本工程的国外投资是利用"亚行"贷款:6 301万美元;国内投资由国家开发银行贷款(70%)和建设单位的资本金(30%)两部分组成。

3. 编制依据

(1)交通部工可审查意见与中国国际咨询公司及××咨询公司的评估意见;

(2)1995年亚行评估意见:亚行投资用于主要设备的购置及集装箱码头和围埝的建筑工程;

(3)本工程初步设计图纸及各专业提供的工程量;
(4)本工程的施工条件设计;
(5)交通部《疏浚工程概算定额》(1993年4月);
(6)交通部《疏浚工程概、预算编制办法》(1991年8月);
(7)交通部《沿海港口水工建筑工程定额》(1991年8月);
(8)交通部《沿海港口装卸机械设备安装工程定额》(1994年);
(9)交通部《沿海港口建设工程概算预算编制规定》(1994年);
(10)交通部《沿海港口水工建筑及装卸机械设备安装工程船舶机械艘(台)班费用定额》(1994年);
(11)交通部《沿海港口水工建筑及装卸机械设备安装工程混凝土和砂浆材料用量定额》(1994年);
(12)××省建筑工程综合预算定额及建筑工程费用定额(1990年);
(13)全国统一安装工程预算定额××省价目表(1994年);
(14)××省安装工程预算费用定额(1994年);
(15)××市标准定额文件汇编(1994~1995年);
(16)其他有关规定及指标;
(17)××港提供的××市当前建筑材料市场价;
(18)××港务局有关文件。

4. 其他说明

(1)本工程的基本预备费费率:内币按5%计算,外币按3%计算。
(2)本工程按1991年开工,施工期4年,计算物价上涨费,年物价上涨指数为:内币:6%;外币:2.3%。
(3)概算投资中建设期贷款利息年利率分别为:

内币:资本金占30%,不计利息;开发银行贷款占70%,其中:硬货款为70%、年利率12.42%,软货款为30%、年利率5.94%;

外币:年利率6.9%。
(4)本工程的生活福利建筑投资未计列。
(5)外汇牌价采用:1美元=8.32元人民币。
(6)本工程采用的主要材料市场价如表6-14所示。

主要材料市场价　　　　表6-14

序号	材料名称及规格	单位	材料市场价格(元)
1	钢筋(非预应力、综合价)	t	2 700.00
2	钢筋(预应力、综合价)	t	3 100.00
3	板枋材(模板材)	m^3	1 400.00
4	水泥32.5级	t	265.00
5	中(粗)砂(混凝土用)	m^3	21.00
6	碎石(混凝土用)	m^3	35.00
7	碎石(垫层用)	m^3	35.00
8	块石10~100kg	m^3	28.00
9	回填材料	m^3	16.00

续上表

序 号	材料名称及规格	单 位	材料市场价格(元)
10	施工用水	m^3	1.72
11	施工用电	度	1.00
12	高强混凝土联锁块	m^2	30.00
13	型钢	kg	2.80
14	钢轨 QU100	kg	7.00
15	钢轨配件	kg	7.50
16	铁件	kg	4.50
17	橡胶护舷、D型，$H=300$ $L=1\,000$	套	1 400.00
18	橡胶护舷、筒型，$\phi 1\,200 \times 600$ $L=1\,000$	套	16 600.00
19	汽油	kg	1.90
20	柴油	kg	1.60

(7)本工程主要材料消耗总量,如表6-15所示。

主要材料消耗总量 表6-15

序 号	材料名称及规格	单 位	材料消耗总量
1	钢筋	t	16 298
2	钢筋(预应力、综合价)	t	3 291
3	型件、铁件	m^3	12 551
4	板枋材(模板材)	t	97 231
5	水泥 32.5级	t	121
6	钢管及配件	t	710
7	铸铁管、件	t	439
8	块石 10~100kg	m^3	887 100
9	碎石 混凝土、倒滤层用	m^3	258 500
10	中(粗)砂 混凝土用	m^3	52 100
11	回填砂	m^3	259 200
12	橡胶护舷、D型，$H=300$ $L=1\,000$	套	1 040
13	橡胶护舷、筒型，$\phi 1\,200 \times 600$ $L=1\,000$	套	110

(二)概算文件

(1)××港×期工程总概算表见附表6-1。

(2)集装箱码头单位工程概算表见附表6-2。

(3)××港码头设计断面见附图6-1。

(4)集装箱码头工程主材汇总见附表6-3。

(5)装卸机械设备概算表见附表6-4。

(6)装卸机械设备安装工程概算表见附表6-5。

(7)地基处理工程概算表见附表6-6。

(8)建筑安装工程主要材料消耗量汇总表。(略)

(9)单位估价表。(略)

(10)单价汇总表。(略)

(11)设备价格及数量汇总表。(略)

内币、外币总概算表

附表 6-1

工程名称：××港×期工程（平面第一方案）

工程项（单位）工程概算表

顺序号	工程概算表编号	工程或费用项目名称	内币（万元） 合计	内币（万元） 建筑工程费	内币（万元） 安装工程费	内币（万元） 设备购置费	内币（万元） 其他费用	概算价值 合计	概算价值 建筑工程费	外币（万美元） 安装工程费	外币（万美元） 设备购置费	外币（万美元） 其他费用
		第一部分 工程费用	41 734.27	38 636.27	1 884.21	1 213.79		5 010.00	1 471.94	3 379.81	158.25	
一	1号	疏浚工程（港池挖吹）	6 741.44	6 741.44				0.00				
二		水工建筑工程	13 145.63	13 145.63				1 021.40	1 021.40			
1	2号	集装箱泊位						1 021.40	1 021.40			
2	3号	杂货泊位	7 510.82	7 510.82				0.00				
3		护岸工程	5 634.81	5 634.81				0.00				
(1)	4号	东、南护岸	2 636.22	2 636.22				0.00				
(2)	5号	北护岸	2 150.38	2 150.38				0.00				
(3)	6号	集装箱泊位南端护岸	442.86	442.86				0.00				
(4)	7号	杂货泊位东端护岸	405.35	405.35				0.00				
三	8号	吹填围埝	2 910.08	2 910.08				450.54	450.54			
四	9号	陆域形成	6 728.86	6 728.86				0.00				
五	10号	地基加固	3 853.44	3 853.44				0.00				
六	11号	堆场与道路	384.05		384.05			0.00				
七		装卸机械设备购置与安装						2 709.78		2 709.78		
1	12号	集装箱泊位	312.34		312.34			2 422.80		2 422.80		
2	13号	杂货泊位	71.71		71.71			286.98		286.98		
八	14号	维修设备	79.17		2.73	76.44		0.00				
九	15号	港作车船	189.63			189.63		250.00		250.00		
十		供电照明	1 122.38	510.38	448.20	163.80		374.79		219.80	154.99	

续上表

顺序号	单项(单位)工程概算表编号	工程或费用项目名称	概算价值									
			内币(万元)					外币(万美元)				
			合计	建筑工程费	安装工程费	设备购置费	其他费用	合计	建筑工程费	安装工程费	设备购置费	其他费用
1	16号	集装箱泊位变电所	467.20	235.03	193.47	38.70		235.74		139.20	96.54	
2	17号	杂货泊位变电所	307.10	154.50	110.80	41.80		139.05		80.60	58.45	
3	18号	辅区泊位变电所	187.20	92.47	11.43	83.30		0.00				
4	19号	港区照明	160.88	28.38	132.50			0.00				
十一		给排水及消防	1 627.03	1 017.49	405.78	203.76		9.73		9.73		
1	20号	雨水系统	854.72	854.72				0.00				
2	21号	室外给排水管网	462.20	61.80	374.99	25.41		3.00		3.00		
3	22号	供水调节站	83.90	55.27	15.18	13.45		0.00				
4	23号	集装箱污水处理	90.35	2.21	6.24	81.90		0.00				
5	24号	生活污水系统	111.29	43.49	4.80	63.00		0.00				
6	25号	控制室消防系统	4.57		4.57			6.73		6.73		
7	26号	前期供水调节站改造	2.00			2.00		0.00				
十二		供热	383.12	65.11	167.52	150.49		0.00				
1	27号	锅炉房	232.22	34.69	47.04	150.49		0.00				
2	28号	室外热网	150.90	30.42	120.48			0.00				
十三	29号	通风、空调	26.64		1.44	25.20		0.00				
十四		铁路及信号	542.78	542.78				0.00				
1	30号	铁路	536.56	536.56				0.00				
2	31号	信号	6.22	6.22				0.00				
十五		通信号导航	1 185.70	489.76	394.68	301.26		46.10		46.10		

续上表

顺序号	单项(单位)工程概算表编号	工程或费用项目名称	概算价值								
			内币(万元)					外币(万美元)			
			合计	建筑工程费	安装工程费	设备购置费	其他费用	合计	建筑工程费	安装工程费	设备购置费	其他费用
1	32号	市话中继光纤数字传输系统	100.83		30.03	70.80		10.60		10.60		
2	33号	港区有线调度通信	30.27		4.35	25.92		0.00				
3	34号	港区消防有线调度通信	10.97		2.10	8.87		0.00				
4	35号	800MHz集群移动通信系统	151.77	3.50	36.17	112.10		35.50		35.50		
5	36号	EDI及传真通信	36.89		1.39	35.50		0.00				
6	37号	港区通信线路工程	558.47	312.26	198.14	48.07		0.00				
7	38号	导助航设施	296.50	174.00	122.50			0.00				
十六		土建工程	1 983.81	1 983.81				0.00				
1	39号	生产建筑	685.00	685.00				0.00				
2	40号	生产辅建	1 298.81	1 298.81				0.00				
十七	41号	环保、绿化	50.00	20.00		30.00		0.00				
十八		控制	92.76	57.55	35.21			147.66		144.40	3.26	
1	42号	计算机管理系统	12.16		12.16			125.94		124.66	1.28	
2	43号	工业电视系统	11.75		11.75			12.19		10.21	1.98	
3	44号	辅助设备	1.10		1.10			9.53		9.53		
4	45号	安装材料及电缆管道	67.75	57.55	10.20			0.00				
十九	46号	加油站	137.75	19.94	44.60	73.21		0.00				
二十	47号	临时工程	550.00	550.00				0.00				

165

续上表

顺序号	单项(单位)工程概算表编号	工程或费用项目名称	概算价值						外币(万美元)		
			内币(万元)								
			合计	建筑工程费	安装工程费	设备购置费	其他费用	合计	建筑工程费	安装工程费	设备购置费	其他费用
		第二部分 其他费用	14 959.31				14 959.31	56.31				56.31
一		土地征用及拆迁补偿费	6 636.00				6 636.00	0.00				
二		建设单位管理费	669.03				669.03	0.00				
三		工程监理费	495.58				495.58	0.00				
四		工程质量监督费	26.63				26.63	0.00				
五		定额编制管理费	53.26				53.26	0.00				
六		联合试运转费	33.82				33.82	0.00				
七		工器具及生产家具购置费	360.73				360.73	0.00				
八		生产职工培训费	120.00				120.00	0.00				
九		办公及生活家具购置费	60.00				60.00	0.00				
十		前期工作费	480.00				480.00	0.00				
十一		勘察设计费	868.28				868.28	0.00				
十二		研究试验费	250.20				250.20	0.00				
十三		扫海费	135.00				135.00	0.00				
十四		进口设备和材料的其他费	4 458.03				4 458.03	56.31				56.31
1		国内接运保管费	166.93				166.93	0.00				
2		从属费用	4 261.10				4 261.10	6.31				6.31
3		技术合作费	30.00				30.00	50.00				50.00
十五		其他	312.75				312.75	0.00				

续上表

顺序号	单项(单位)工程概算表编号	工程或费用项目名称	概算价值									
			内币(万元)					外币(万美元)				
			合计	建筑工程费	安装工程费	设备购置费	其他费用	合计	建筑工程费	安装工程费	设备购置费	其他费用
		第三部分 预留费用	1 134.01				1 134.01	437.32				437.32
一		基本预备费	2 834.68				2 834.68	151.99				151.99
二		物价上涨费	8 299.33				8 299.33	285.33				285.33
		第三部分概算价值合计	62 827.59	38 636.27	1 884.21	1 213.79	26 093.32	5 503.63	1 471.94	3 379.81	158.25	493.63
		第四部分 费用	9 462.49				9 462.49	797.48				797.48
一		建设期贷款利息	9 453.43				9 453.43	797.48				797.48
二		固定资产投资方向调节税	10.06				10.06	0.00				
		总概算价值	77 290.08	38 636.27	1 884.21	1 213.79	35 555.81	6 301.11	1 471.94	3 379.81	158.25	129.11
			0.00					0.00				
		折合人民币价值	129 715.32					0.00				
			0.00					0.00				

附表 6-2

单 位 工 程 概 算 表

工程名称：集装箱码头工程

序号	定额编号	分部分项工程名称	单位	工程数量	基价(元) 单价	基价(元) 合计	市场价(元) 单价	市场价(元) 合计	备注
1	3342	沉箱预制,方形,200m³/个以内,分段预制,R30D250	m³	1 710	723.02	1 236 364.20	726.52	1 242 349.20	
2	3342	沉箱预制,方形,200m³/个以内,分段预制,R25	m³	9 405	706.15	6 641 340.75	708.51	6 663 536.55	
3	3363	沉箱驳运安装,方形,200m³/个以内,往返拖带,水运距4km	个	37	40 657.49	1 504 327.13	42 093.64	1 557 464.68	
4	3364	沉箱驳运储存,方形,200m³/个以内,往返拖带,水运距4km	个	20	39 332.13	786 642.60	40 163.63	803 272.60	
5	3354	沉箱安放,重量500t/个以内	个	20	4 219.72	84 394.40	4 828.89	96 577.80	
6	1467	沉箱内填块石,方驳抛填	m³	35 760	64.13	2 293 288.80	59.93	2 143 096.80	
7	3393	预制卸荷板,80m³,块以内,R25D250	m³	5 784	358.68	2 074 605.12	353.99	2 047 478.16	
8	3400	卸荷板堆放,重200t/块以内	块	108	1 023.34	110 520.27	1 052.87	113 709.96	
9	3405	卸荷板装船运输,安装,重,200t/块以内,水上运距4km	块	108	4 602.06	497 022.48	4 778.97	516 128.76	
10	4142	水上现浇混凝土胸(有管沟,陆拦水运),水上运距4km,R25D250	m³	4 375	384.92	1 684 025.00	387.40	1 694 875.00	
11	3170	预制混凝土沟盖板,R25	m³	215	375.37	80 704.55	376.64	80 977.60	
12	3315	陆上安装,沟盖板,重300kg/块以外	件	543	4.43	2 405.49	3.99	2 166.57	
13	1402	码头棱体抛石,方驳抛	m³	162 765	64.63	10 519 501.95	59.59	9 699 166.35	
14	1351	陆上铺筑码头棱体块石	m³	17 213	49.74	856 174.62	43.45	747 904.85	
修15	1395	码头后水上抛二片石倒滤层,方驳抛	m³	9 959	63.34	630 803.06	57.32	570 849.88	
16	1395	码头后抛填碎石倒滤层,方驳抛	m³	15 356	62.18	954 836.08	65.44	1 004 896.64	

续上表

序号	定额编号	分部分项工程名称	单位	工程数量	基价(元) 单价	基价(元) 合计	市场价(元) 单价	市场价(元) 合计	备注
17	1309	水下抛填粗砂垫层,方驳抛	m³	14 246	56.42	803 759.32	50.62	721 132.52	
修18	1402	码头后抛石渣,方驳抛填	m³	30 000	43.64	1 309 200.00	48.38	1 451 400.00	
修19	1361	码头后填石渣(陆上)	m³	28 361	20.79	589 625.19	24.67	699 665.87	
20	4005	陆上现浇混凝土轨道梁,R25	m³	923	746.39	688 917.97	750.29	692 517.67	
21	4068	陆上现浇混凝土垫层,R15	m³	120	179.22	21 506.40	178.49	21 418.80	
22	1362	铺筑道渣石	m³	520	60.67	31 548.40	53.82	27 986.40	
23	2564	陆上强夯,夯击能1 000kN·m 夯击点数9个/百平方米以内,每点12击	m²	8 960	9.51	85 209.60	10.07	90 227.20	
24	1582	铺砌高强混凝土连锁预制块	m²	17 105	28.52	487 834.60	33.11	566 346.55	
25	L	水泥稳定碎石基层,6%,厚450	m²	17 105	45.35	775 711.75	42.69	730 212.45	
修26	1336	场地上铺筑碾压石碴垫层,碾压8遍	m³	2 700	24.04	64 908.00	28.58	77 166.00	
27	1375	挖泥,水深15m以内,土壤类别Ⅰ,内挖外抛	m³	21 470	16.68	358 119.60	17.67	379 374.90	
28	1406	(综)码头基床抛石,水深15m内,夯实,厚度2m内,方驳抛填16km	m³	21 115	115.30	2 434 559.50	110.66	2 336 585.90	
29	6052	陆上安装橡胶护舷,D型,H=300,L=1 000	套	543	71.96	39 074.28	76.19	41 371.17	
30	6074	水上安装橡胶护舷,筒型,外径φ1 200,L=1 000	套	56	268.86	15 056.16	293.89	16 457.84	
31	L	护舷本体D300×1 000	套	543	1 400.00	760 200.00	1 400.00	760 200.00	
32	L	护舷本体Y1200×600×1000	套	56	16 600.00	929 600.00	16 600.00	929 600.00	

续上表

序号	定额编号	分部分项工程名称	单位	工程数量	基价(元) 单价	基价(元) 合计	市场价(元) 单价	市场价(元) 合计	备注
33	6037	陆上安装系船柱,75t,R30	个	25	5 469.90	136 747.50	6 617.37	165 434.25	
34	6007	轨道梁上安装钢轨,QU100	延米	1086	294.61	319 946.46	749.30	862 609.80	
修35	2598	水上打代装砂井,桩径7cm,L=18m	根	5 745	86.34	496 023.30	89.72	515 441.40	
36	3392	预制实心方块,40m³/块以内,R25D250	m³	190	206.73	39 278.70	199.13	37 834.70	
37	3399	实心方块堆放,重100t/块以内	块	6	284.62	1 707.72	306.79	1 840.74	
38	3404	实心方块,装船运输安装,100t/块以内,往返拖带,水上运距4km	块	6	2 031.06	12 186.36	2 200.44	13 202.64	
39	1519	预制浆砌块石	m³	175	170.73	29 877.75	162.16	28 378.00	
修40	3363	浆砌石方块装船运输安装,256t/块,往返拖带,水上运距4km	个	2	39 364.50	78 729.00	40 769.16	81 538.32	
41	L	CDM拌合体	m³	105 385	248.00	26 135 480.00	248.00	26 135 480.00	
		合计				66 601 764.51		66 367 874.52	
		定额直接费合计:(概算扩大系数:1.05)				69 931 852.74		69 686 268.25	
		人工费				4 685 434.13		4 668 979.97	
		材料费				53 218 139.93		53 031 250.14	
		船机费				12 028 278.67		11 986 038.14	
		各项取费合计:							
		专用费用:海洋废弃物倾倒				15 281 319.00		15 281 319.00	
		建筑工程费合计:				3 329.00		3 329.00	
						85 216 500.74		84 970 916.25	

备注:按一级施工企业编制

编制:　　　　　　　　　　　　复核:

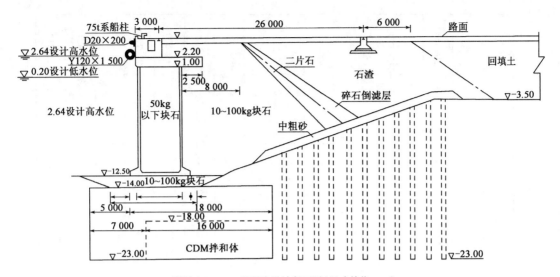

附图 6-1　××港码头设计断面图(尺寸单位:mm)

主要材料汇总表　　　　　　　　　　　　　　　　　　　附表 6-3

工程名称:集装箱码头工程

序号	材料名称	单位	数量	备注
1	钢材	t	2 237	
	钢筋,圆钢(包括高强钢丝,钢绞线)	t	1 881	
	钢板、型钢、铁件	t	104	
	钢轨及配件	t	112	
	钢模、工具钢	t	109	
	铸铁件	t	31	
2	木材	m^3	412	
	圆木	m^3	1	
	板枋材	m^3	411	
3	水泥(32.5级)	t	9 434	
4	砂石料	m^3	431 885	
	混凝土用砂(现浇)	m^3	2 749	
	混凝土用砂(预制)	m^3	8 936	
	混凝土用碎(卵)石(现浇)	m^3	4 747	
	混凝土用碎(卵)石(预制)	m^3	15 543	
	垫层、倒滤层、回填用碎(卵)石	m^3	102 077	
	块(片)石	m^3	276 863	
	倒滤层、垫层用砂(现浇)	m^3	20 970	
5	混凝土	m^3	23 232	
	现浇混凝土	m^3	5 529	
	预制混凝土	m^3	17 703	
6	燃油	t	676	
	柴油	t	674	
	汽油	t	2	

编制:　　　　　　　　　　复核

附表 6-4

装卸机械设备概算表

工程名称：杂货泊位装卸机械设备安装工程　　外币单位：万美元　　内币单位：万元

序号	设备名称规格	单位	数量	进口设备（CIF）			国产设备			安装费（市场价）			合计	
				单价	合计		单价	合计	费率(%)		单价	合计	外币	内币
1	门座起重机 10t	台	3	45.000 0	135.000 0						19.954 690	59.864 1	135.000 0	59.864 1
2	16t 轮胎起重机	台	8	11.000 0	88.000 0							0.000 0	88.000 0	
3	5t 叉车	台	9	2.000 0	18.000 0							0.000 0	18.000 0	
4	3t 叉车	台	5	1.500 0	7.500 0							0.000 0	7.500 0	
5	牵引车 2t	台	14	1.300 0	18.200 0							0.000 0	18.200 0	
6	平板车 10t	台	14	0.500 0	7.000 0							0.000 0	7.000 0	
7	平板车 5t	台	14	0.300 0	4.200 0							0.000 0	4.200 0	
8	平板车 3t	台	14	0.220 0	3.080 0							0.000 0	3.080 0	
9	地中衡称重能力 30t	台	2	3.000 0	6.000 0						0.674 209	1.348 4	6.000 0	1.348 4
10	汽车衡基础	台	2		0.000 0						5.250 000	10.500 0	0.000 0	10.500 0
	合计				286.980 0			0.000 0				71.712 5	286.980 0	71.712 5
	国产设备运杂费													
	专项费用													
	设备购置、安装费合计				286.980 0			0.000 0				71.712 5	286.980 0	71.712 5

装卸机械设备安装工程概算表

工程名称：杂货泊位装卸机械设备安装工程

附表 6-5

序号	定额编号	设备名称规格	单位	数量	基价（元）		市场价（元）	
					单价	合计	单价	合计
1	1024	门座起重机 10t	台	3	119 182.67	357 548	126 010.26	378 031
2	5001	地中衡称重能力 30t	台	2	4 150.72	8 301	4 196.01	8 392
3	0	汽车衡基础	台	2	50 000.00	100 000	50 000.00	100 000
	合计：					465 849		486 423
	人工费：					63 207		62 202
	材料费：					148 819		158 374
	船机费：					253 823		265 847
	单机无负荷试车能源消耗费（1%）：					4 577		4 577
	概算定额直接费合计（概算扩大系数1.05）：					492 897		514 500
	各项取费合计（不含税）：					182 611		182 611
	税金：					19 283		20 013
	专项费用：					0		0
	用定额计安装工程费合计：					694 791		717 124
	用安装费率计安装工程费合计：							0
	安装工程费合计：							717 124

附表 6-6

单项工程概算表

工程名称：地基处理工程

序号	定额编号	设备名称规格	单位	工程数量	基价(元) 单价	基价(元) 合计	市场价(元) 单价	市场价(元) 合计	备注
修1	1487	陆上铺设土工布	m²	294 000	12.28	3 610 320	12.97	3 813 180	
2	1331	陆上铺筑山皮土垫层（不碾压）	m³	117 600	20.25	2 381 400	21.63	2 543 688	
3	1331	陆上铺筑砂垫层（不碾压）	m³	117 600	33.43	3 931 368	27.62	3 248 112	
修4	2554	陆上施打塑料排水板，L=18m	根	130 667	33.02	4 314 624	33.50	4 377 345	
5	2544	堆载预压，预压荷载8t/m²，减少卸载170cm	m²	294 000	66.54	19 562 760	70.88	20 838 720	
6	L	回填山皮土价值	m³	550 000	18.75	10 312 500	20.00	11 000 000	
7	L	分层碾压加固	m²	486 000	2.05	996 300	2.21	1 074 060	
修8	1332	陆上铺筑石渣垫层（不碾压）	m³	38 800	19.73	765 524	23.39	907 532	
9	2574	陆上强夯，夯击能2 000kN·m，夯点数9个/百平方米以内，每点12击	m²	97 000	14.62	1 418 140	15.47	1 500 590	
修10	2586	夯坑填料（石渣），装载机场内倒运，推土机推土整平	m³	97 000	20.57	1 995 290	24.45	2 371 650	
合计：						49 288 226		51 647 877	
定额直接费合计（概算扩大系数1.03）：						50 766 873		53 225 123	
人工费：						2 280 565		2 248 295	
材料费：						26 928 142		27 891 800	
船机费：						21 558 166		23 085 028	
各项取费合计								14 063 516	
建筑工程费合计：						64 747 299.00		67 288 639	

思考与练习题

1. 什么是单位工程概算？工程概算的作用是什么？
2. 编制单位工程概算有哪几种方法？其编制步骤是什么？
3. 什么是综合概算？综合概算包括哪些内容？
4. 什么是其他工程和费用概算？其费用包括哪些内容？各项费用如何计算？
5. 什么是总概算？总概算文件都包括哪些组成部分？

第七章 施工图预算的编制及审计

第一节 施工图预算的内容及作用

一、施工图预算的作用

经批准的施工图预算有以下的作用：

(1)是确定建筑安装工程造价的依据。为了控制固定资产的投资规模，各级政府主管部门编制、审定了一系列概预算定额和相应的取费标准和编制规定，用以确定建筑产品的价格。因而，经批准的施工图预算，是确定建筑安装工程造价的依据。

(2)在设计单位内部，施工图预算是考核施工图设计是否经济合理的依据。

(3)对招投标工程，施工图预算是确定"标底"的依据。

对于那些采用施工图预算或施工图预算加系数进行承发包的建设工程，施工图预算有以下作用：

(1)是签订建筑安装工程承发包合同的依据。

(2)是拨付工程价款、办理竣工结算的主要依据。无论是向承包人拨付工程进度款，还是承发包双方进行竣工结算，都需要以施工图预算作为依据。

(3)是施工企业进行项目管理的主要依据。进一步推行项目管理，有利于提高施工企业的整体素质和管理水平，能够培养和造就出一批素质高、作风硬、遵守职业道德、有良好敬业精神的建筑业大军。而项目的计划管理、合同管理、劳动工资管理、成本管理等，无一不与施工图预算有着密切的联系。

(4)是施工企业进行成本核算的依据。推行项目管理，要坚持企业是利润中心，项目经理部是成本中心的原则。企业要达到严格项目成本核算制度，通过项目的单独核算保证质量、缩短工期、降低消耗和提高效益的目的，也必须以施工图预算为依据。

二、编制施工图预算的依据

(1)国家法律和行政法规。

(2)勘察设计合同。

(3)施工图、标准图、通用图。审批后的施工图设计，规定了工程的具体规模、内容、结构尺寸、技术特征等；凡是引用标准图和通用图的，施工图设计中均不再标注结构细部尺寸，故需查看有关的标准图和通用图。

(4)批准的初步设计概算。批准的初步设计概算中规定了单位工程投资的最高限额，因此，一般说来，除特殊情况外，预算价值不应超过概算价值。如单位工程预算突破相应概算时，应分析原因，对施工图设计中不合理的部分进行修改，对其合理部分应在总概算范围内调剂解决。

(5)施工组织设计或施工方案。因为施工组织设计或施工方案中包括了与编制施工图预算必不可少的有关资料,如建设地点的土质、地质情况、土石方开挖的施工方法及余土外运方式与运距,施工船机使用情况、结构件预制加工方法及运距、重要的钢筋混凝土项目的施工方案、重要或特殊机械设备的安装方案等。

(6)有关定额及编制规定。根据交通部文件交水发[2004]247号关于发布《沿海港口建设工程概算预算编制规定》及配套定额的通知,自2004年7月1日起施行。

(7)工程所在地的材料市场价格或预算价格及有关规定。

(8)有关工作手册。有些常用数据、计算公式、概预算指标、材料规格和单位重量以及各种工程结构等资料,可从有关手册中查找,这是提高工作效率的重要手段。

(9)如果由施工企业(承包人)编制施工图预算,还需要:

①工程施工承包合同或协议。

②施工图的会审记录。其中记录着设计部门对会审意见的答复和决定。因此该记录是编制施工图预算的重要依据。

三、施工图预算的文件及费用组成

(一)施工图预算的文件组成

(1)封面。封面主要用来反映工程概况。其内容一般有建设单位名称、工程名称、结构类型、结构层数、建筑面积、预算造价、单方造价、编制单位名称、编制人员、编制日期、审核人员、审核日期及预算书编号等。

(2)编制说明。主要包括:

①工程概况及预算价值;

②编制施工图预算所依据的施工图名称、编号,以及设计变更;

③编制施工图预算所依据的预算定额或单位估价表的名称,以及所采用的材料预算价格和市场价格;

④编制施工图预算所依据的费用定额或编制规定,以及对预算进行调整的有关文件名称和文号;

⑤编制补充单位估价表的依据和基础资料;

⑥主要技术经济指标;

⑦其他需要说明的有关事项。

(3)费用汇总表。指组成单位工程预算造价各项费用的汇总表。其内容包括基价直接费(定额直接费、其他直接费、现场经费)、间接费(企业管理费、财务费用)、利润、材料价差调整、各项税金和其他费用。

(4)单位工程预算表。单位工程预算表是施工图预算中最重要的部分,它不单反映了各分项工程的单价与合价,而且还包括了该单位工程的总价和取费。

(5)单位估价表。

(6)补充单位估价表。当施工图的分项内容与定额有很大的差异或确属定额缺项时,应编制补充单位估价表。如属一次性使用,可以由编制者按照编制定额的原则、方法,自行补充;若属多次使用,一般应呈报建筑工程造价主管部门批准。

(7)工料分析表。工料分析表是指分部分项工程所需人工、材料和船机艘(台)班消耗量的分析计算表。此表一般与工程预算表结合在一起(有的也分开),其内容除与工程预算表的内容相同外,还应列出分项工程的预算定额工料消耗量指标和计算出相应的工料消耗数量。

(8)主要材料汇总表。主要材料汇总表是指单位工程所需的主要材料汇总表。其内容包括材料名称、规格、单位、数量。

(二)施工图预算的费用组成

建筑安装工程费由直接工程费、间接费、利润、税金和专项费用等五个部分组成。

第二节 施工图预算的编制方法与程序

一、施工图预算的编制方法

编制施工图预算的方法一般均采用预算定额计价及工程量清单计价的两种模式进行编制,其计算方法有两种:一种是手算,另一种是电算。

(一)单价法

(1)概述。单价法是利用事先编制好的分项工程的单位估价表来编制施工图预算的一种方法。按施工图计算的各分项工程的工程量,并加上按规定程序计算出来的其他直接费、现场经费、间接费、计划利润和税金,便可得出单位工程的施工图预算造价。

单价法编制施工图预算的计算公式表述为:

单位工程施工图预算直接工程费 = [∑(工程量×预算综合单价)](1 + 其他直接费率 + 现场经费费率)

(2)单价法编制施工图预算的步骤如图 7-1 所示。

搜集各种编制依据资料 → 熟悉施工图样和定额 → 计算工程量 → 套用预算定额单价

编制说明填写封面 ← 复核 ← 计算其他各项费用汇总造价 ← 编制工料分析表

图 7-1 单价法编制施工图预算的步骤

(二)定额实物法

(1)概述。定额实物法是首先根据施工图样分别计算出分项工程量,其次套用相应预算人工、材料、船机艘(台)班的定额用量,再分别乘以工程所在地当时的人工、材料、船机艘(台)班的实际单价,求出单位工程的人工费、材料费和施工机械使用费,并汇总求和,进而求得直接工程费,最后按规定计取其他各项费用,最后汇总就可得出单位工程施工图预算造价。

实物法编制施工图预算的主要公式为:

$$+\sum\begin{bmatrix}工程量\end{bmatrix}\begin{matrix}施工机械\\台班预算\\定额用量\end{matrix}\times\begin{matrix}当时当地\\机械台班\\单价\end{matrix}\end{bmatrix}\times\left(1+\frac{其他}{直接费费率}\times\frac{现场}{经费费率}\right)$$

（2）定额实物法编制施工图预算的步骤如图 7-2 所示。

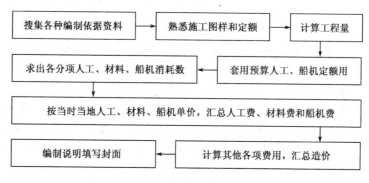

图 7-2 实物编制施工图预算步骤

二、施工图预算的编制程序

从编制施工图预算的程序来说，电算与手算并无根本的区别。只不过是许多计算过程，已由电子计算机取代而已。但有一点可以肯定的是，随着微机的普及，利用电子计算机编制施工图预算的范围会越来越广，而手算只能越来越少。因此，下面将以介绍应用微机编制施工图预算为主。

1. 熟悉施工图纸

施工图纸给出各分部、分项工程的构造和尺寸，提供计算每个分部分项工程数量的有关数据。有些内容虽然未在图中给出，在相应的说明中会有所交代。为了精确地计算工程量，准确地套用定额，就必须全面了解施工图纸。只有全面熟悉施工图纸，方能准确、快速地编制施工图预算。因此，是否熟悉施工图纸，成了编制施工图预算的关键。

如果需由施工企业（承包人）编制施工图预算时，编制者除应熟悉施工图纸外，还应参加技术交底，以便吃透设计意图。因此，预算人员参加技术交底会，应特别注意听取和搜集下列情况：

（1）了解工程特点和施工要求。这对编制施工图预算有很大帮助，特别是在遇到定额缺项时，帮助就更大。对于施工中要求采用的新材料、新工艺，更应了解清楚。

（2）在技术交底会上，设计单位必然会结合工程状况，对施工现场需要具备的施工条件进行讨论，研究有关技术措施。了解这方面的情况，有助于预算编制人员做到心中有数，防止漏项。

（3）有时，设计单位还会在技术交底时介绍概算的编制情况，对于编制意图吃不准的地方，可通过技术交底会了解清楚。

（4）就施工图纸中的不明或疑问之处，进行询问核实。

2. 踏勘施工现场

踏勘施工现场，能使编制者了解和掌握工程所在场地、场外道路、水电通信等情况，有利于获取编制预算的必要依据。

编制施工图预算时,还应熟悉施工组织设计,注意施工组织设计中影响预算价格的因素,如施工工艺的选用、运距的大小等,以便套准定额,正确估价。

3. 选用的定额

选用定额时,应遵循两个原则:

1) 不同专业的工程,采用不同的定额(包括编制规定或费用定额)

如编制港口工程施工图预算时,应使用《沿海港口水工建筑工程定额》、《沿海港口装卸机械设备安装工程定额》、《沿海港口水工建筑及装卸机械设备安装工程混凝土和砂浆材料用量定额》、《沿海港口水工建筑及装卸机械设备安装工程船舶机械艘(台)班费用定额》、《沿海港口水工建筑工程参考定额》以及《沿海港口建设工程概算预算编制规定》;若编制内河航运建设工程施工图预算时,就应使用《内河航运建设工程定额》和《内河航运建设工程概算预算编制规定》。对于一般工业与民用建筑工程的施工图预算,则应使用工程所在地的"建筑工程定额"或"价目表";对于一般工业与民用设备安装工程施工图预算,则应选用《全国统一安装工程预算定额》或工程所在地的"安装工程单位估价表"。

2) 时效原则

时效,又称时间效力,即定额开始使用和停止使用的日期。随着科学技术水平和管理水平的提高,社会生产力的水平也必然提高。但社会生产力的发展有一个由量变到质变的过程,即应有一个变动周期,因此,定额的执行也有一个相应的实践过程。但当生产条件发生了变化,管理与技术水平有了较大的提高,原有定额已不能适应生产发展需要时,授权部门才根据新的情况对定额进行修订和补充。所以,定额不是固定不变的,它有时效性。

4. 计算工程量

工程量是编制施工图预算的原始数据。计算工程量是一项工作量很大、而又十分细致的工作。所以,工程量计算的精确度和快慢与否,将直接影响着施工图预算编制的质量与速度。

计算工程量时一定要严格按照有关定额中的工程量计算规则进行,既不能随意加大,也不能任意缩小。计算工程量一般可按下列具体步骤进行:

(1) 根据施工图示的工程内容和定额项目,列出计算工程量的分部分项工程。

(2) 根据一定的计算顺序和计算规则,列出计算式。

(3) 根据施工图示尺寸及有关数据,代入计算式进行数学计算。

(4) 按照定额中的分部分项工程的计算单位对应的计算结果的计算单位进行调整,使之一致。

5. 套用有关定额、填写数据表,起草编制说明

在套用预算定额时,应当注意分项工程的名称、施工工艺、计量单位、工作内容与所套定额的内容是否一致;如遇不完全相符的情况,可在定额规定允许的范围内进行必要的调整;对于预算定额中没有的项目,应按有关规定编制补充单位估价表。需要借用其他定额时,借用部分不能超过造价的5%;应按与所借定额配套的编制规定进行取费。

定额套用完毕,应填写数据表,起草编制说明,以备上机。定额数据表的样式如表7-1所示。

定 额 数 据 表 表 7-1

工程名称：　　　　　　　　　工程代号：　　　　　　　　　年　月　日

序号	定 额 编 号	分部分项工程名称	单　位	工程数量	备　注

校对人：　　　　　　　　　　　编制人：

表中，备注栏内应填入混凝土强度等级、抗冻要求、砂浆强度、预制场类别、运距、钢筋级别、含筋量、起重船是否随驳拖带等情况。

由于水工建筑工程软件(SGGYS)和装卸机械设备安装工程软件(AZGYS)均具有定额编号的查询功能(定额的页面查询和按施工条件查询)，因此，表中的定额编号也可以不填写，在上机时用程序的查询功能写出。

6. 上机

有关数据表经校核无误后，即可上机输入。上机注意事项可参看有关概预算系统的用户手册，如《沿海港口水工建筑工程概预算系统用户手册》、《沿海港口装卸机械设备安装工程概预算系统用户手册》等。

7. 复核修改

有关数据表的内容全部输入计算机后，即可在机上查阅修改。也可以打出校核稿，经仔细校对后再上机修改。

8. 装订签章

经再次校核无误，则可打印出版稿；将单位工程的预算的封面、编制说明、单位工程预算表、主要材料汇总表、单位估价表、补充单位估价表等按顺序编排并装订成册。

对于编制的施工图预算，编制者、校核者与有关负责人都应签字或盖章，然后再加盖公章，从而完成施工预算的编制工作，最后送业主审查。

三、手编港口工程施工图预算应注意的问题

交通部交基发[1994]329号文或交水发[2004]247号文颁布的《沿海港口水工建筑工程定额》等5种定额同1987年《水运工程综合预算定额》的最大区别是，不再按由工程所在地的材料预算价格算出的定额直接费取费，而是改按由全国统一基价求得的基价定额直接费计算有关费用，这就避免了虽属同类工程，却因受材料价格影响所出现的取费或高或低的不合理现象，使施工企业站到了同一起跑线上，为承包人之间展开公平竞争、创造了良好的市场环境。但同时也给手编施工图预算带来了一些不便。

以前编制施工图预算，同一定额子项，只要编一个单位估价表就行了。现在，不但要编基价的单位估价表，而且还要编市场价的单位估价表。因此，对混凝土工程，存在着不但要计算出基价的混凝土配合比单价，而且还要计算出市场价的混凝土配合比单价的问题。船舶机械

艘(台)班费亦然。所以,手编施工图预算时,千万不能忽视这个问题,以免出现因基价有误而影响取费的偏差。

第三节 建筑工程审计

一、概述

(一)建筑工程审计概念

建筑工程审计是围绕建筑工程所开展的一种专业化审计,它是一门新兴的应用学科。《中华人民共和国审计法》规定:"审计机关对国家建筑项目预算的执行情况和决算,进行审计监督。"因此建筑工程审计是独特的专门机构或人员根据授权委派或接受委托,对由建筑工程引起的一系列投资、筹资、财务收支、技术经济管理等活动以及对与建筑工程有关的主体单位、相关的经济管理部门的宏观计划、调控措施等进行监督的行为。

(二)建筑工程审计的目的

建筑工程审计的目的是确定建筑工程的各项经济活动的合法性、公允性、合理性、效益性。

1. 合法性

建筑工程的合法性审计是指从筹建到竣工投产全过程中各种审批手续是否完备,投资是否符合国家规定,是否执行基本建设程序,有无违反国家产业政策,有无擅自改变建设内容,扩大建设规模、提高建设标准、搞计划外工程,材料、设备的采购是否符合有关的政策、法规,工程质量是否符合国家规定的质量检验标准和要求,财经收支活动是否符合财经法规与会计制度。

2. 公允性

建筑工程的公允性审计是指各项资金收支活动是否真实,有无虚列增设入账的情况,与建筑工程有关的图纸、合同及其相关资料是否完整齐全,内容是否真实。

3. 合理性

建筑工程的合理审计是指与之相关的各项活动是否必要,有无不当之处。如项目立项是否合理,技术方案是否合理,各项资金来源与资金运用是否合理等。

4. 效益性

建筑工程效益性是指是否在项目建设过程中花费最小,各类实施方案以及建成投产后是否效益最大。

(三)建筑工程审计的作用

任何一个建设项目,由于历时长、环节多、涉及面广、影响因素多,因此,围绕建筑工程开展审计,具有监督、协调、控制促进作用。

1. 有利于党和国家的方针、政策、法律、法规在建筑工程中得以顺利贯彻和正确实施

通过审计,监督、督促各被审单位执行党和国家的政策和法规,对实施结果进行监督反馈,

对其中不符合规定与不切合实际的部分提出改正意见,为决策机构提供信息,维护一切法规的权威性以及执行法规的严肃性。

2. 有利于建筑工程各行为主体单位之间的协同配合

建设单位、施工单位、监理单位等由于所处的地位以及出发点不同,不可避免地会发生矛盾或冲突,通过审计的协调作用,使之各求同存异,顾全国家大局与长远利益。

3. 有利于防弊纠错,维护经济秩序

通过审计的控制作用,对存在的问题针对性地提出审计意见,及时予以纠正;对于舞弊、违纪、违规行为,予以揭露;对于建筑工程中的不正之风采取相应的措施予以制止,以维护正常的经济秩序,保证投资的合理使用。

4. 有利于提高建筑工程的投资效益

针对项目进行审计,对项目管理的活动和环节进行评价,提出审计意见和建议,加强项目管理,从而提高投资宏观的、微观的经济效益;针对行业进行审计,对投资结构、资金投向与投量上的问题,提出调整意见和建议,促进宏观调控,提高投资效益。另外,通过对审计资料的积累和整理,有利于提高国家宏观经济信息的准确性与可靠性,促进工程建设本身的法制化、规范化。

二、建筑工程审计的特点和依据

(一) 建筑工程审计的特点

建筑工程审计的特点,源于建筑工程本身的特点以及审计工作的职能特点。

1. 独立性与权威性特点

首先,审计机关在行政隶属关系上,不同于一般行政机关的法律地位,即从组织领导体制上审计处于高层次地位。其次,《中华人民共和国宪法》规定,各级审计机关依照法律规定独立行使审计监督权,不受其他行政机关、社会团体和个人的干涉。再则,建筑工程审计监督相对于项目管理而言处于"超然"地位,从而保证审计工作及其审计结论和评价具有有效性、客观性、公证性和权威性。

2. 合理性与复杂性特点

建筑工程审计涉及的因素多、范围广、内容复杂,不仅包括经济核算方面,还包括技术、投资管理方面;不仅要对项目前期的建设准备阶段进行审计,还要对项目建设过程以及竣工决算进行审计;不仅对项目本身建设的合理性以及投产后的效益性进行审计,还要对从事建筑工程的行为主体单位的财务收支的真实性、合法性进行审计。

3. 控制性与协调性特点

建筑工程项目实施审计,在不同的阶段起不同的把关控制作用。项目准备阶段的审计,即开工前的审计是对前期工作及其准备情况的审查,如开工条件是否具备、资金是否落实等,以控制工程仓促上马或盲目上马;在建设过程的审计,审计其概预算执行中财务收支及管理情况,如是否按计划、按进度、按质量要求完成任务,以促使提高投资效益;项目竣工时的决算审计,审查决算是否真实、准确、完整、合规,其经济效益是否达到预期目标。

对参与建筑工程的行为主体及其技术经济活动进行审计,能起到协调一致的作用。凡使用国家资金从事建设项目投资活动的政府机关、企事业单位、监理公司以及金融机构,均以建设项目为媒介组合在一起,但出于各自的职能目标以及经济利益,不可避免地会出现矛盾和冲突,这就要求审计工作根据实际情况,客观公正的排解纷争,正确运用政策与法规,做好化解各方利益矛盾的协调工作。

(二)建筑工程审计依据

首先是法律依据,如《中华人民共和国宪法》、《中华人民共和国审计法》、《国务院关于固定资产投资项目试行资本金制度的通知》、《建设项目审计处理暂行规定》等。其次是制度依据,即主管部门和上级单位制定的具有约束力的规范性文件、制度,如会计制度、技术经济标准、施工验收规范、工期定额、概预算定额、费用定额等。再则是资料依据,如设计图纸、经济合同、会计凭证、账簿、预算书、财务报表等。

三、建筑工程审计的分类、方法

(一)建筑工程审计分类

(1)按审计主体来划分:可分为国家审计、社会审计与内部审计。

(2)按审计阶段来划分:可分为前期准备阶段审计、设计概算审计、施工图预算审计、竣工决算审计。

(3)按审计环节来划分:可分为招投标及标底审计、合同审计。

(4)按审计目的来划分:可分为法纪审计、财务审计、效益审计、管理审计等。

(5)按审计时间来划分:可分为事前(即开工前)审计、事中(即从开工到交付使用过程中)审计、事后(竣工验收后)审计。

(6)按审计对象来划分:可分为宏观审计、微观审计。

(7)按审计范围来划分:可分为全面审计、专项审计、重点审计。

总之,对建筑工程审计可从不同角度、不同方法进行分类,例如还可按资金来源、项目种类等进行划分。

(二)建筑工程审计方法

审计方法因被审事项的目的、要求、内容的不同而不尽相同,还有因被审单位的规模、业绩、管理水平的不同而千差万别。审计方法通常有如下几种方法:

1. 全面审计

对工程项目的工程量计算,定额子目的选套,取费标准的选用以及各项财务收支进行详尽的审计。此方法细致准确,涉及面广,但耗时费力,一般用于大型工程、重点项目或问题较多的被审对象。

2. 抽样审计

抽样审计是根据样本按照统计规律来推断总体的一种审计方法。即在审计实务中,或者挑选主要的、造价高的部分进行审计；或者对建筑工程的待审内容进行分类后，在每一类中挑选有代表性的部分进行审计；或者借鉴以往的经验，对易错的部位与环节进行审计。

3. 筛选审计

筛选审计属于快速审计，一般是先将拟审对象的技术经济指标如每平方米造价、单位面积耗钢量等与规定的标准进行逐一比较，根据两者是否有区别以及相关的程度，来确定是否细化而深入审计下去。如某分部工程的区别较大，则细化为分项工程再进行重点审计。此方法需积累大量可靠的资料或经验数据，且不能保证发现所有问题，可能遗漏一些次要的问题和环节。

建筑工程审计是一门多学科综合应用的工作。为了保证审计工作质量，提高效率，往往将多种方法结合并用，如微观审计与宏观审计相结合；事前、事中、事后审计相结合；国家审计、社会审计、内部审计相结合；审计监督与管理检查相结合；财务收支审计与技术经济审计相结合等。对于主要的工程项目应进行跟踪的动态过程审计。

四、建筑工程(概)预算的审计

(一)设计概算审计的意义

(1)有利于合理分配投资资金，加强投资计划管理。设计概算编制得偏高或偏低，都会影响投资计划的真实性，影响投资资金的合理分配。进行设计概算审计是遵循客观经济规律的需要，通过审计可以提高投资的准确性与合理性。

(2)有助于促进概算编制人员严格执行国家有关概算的编制规定和费用标准，提高概算的编制质量。

(3)有助于促进设计的技术先进性与经济合理性的统一。概算中的技术经济指标，是概算水平的综合反映，合理、准确的设计概算是技术经济协调统一的具体体现。

(4)合理、准确的设计概算可使下阶段投资控制目标更加科学合理，堵塞了投资缺口或突破投资的漏洞，缩小了概算与预算之间的差距，可提高项目投资的经济效益。

(二)审计的主要内容

1. 编制依据审计

(1)合法性审计：采用的各种编制依据必须经过国家或授权机关的批准，符合国家的编制规定。未经过批准的不得以任何借口采用，不得强调特殊理由擅自提高费用标准。

(2)时效性审计：对定额、指标、价格、取费标准等各种依据，都应根据国家有关部门的现行规定执行。对颁发时间较长、已不能全部适用的应按有关部门作的调整系数执行。

(3)适用范围审计：各主管部门、各地区规定的各种定额及其取费标准均有其各自的适用范围，特别是各地区的材料预算价格区域性差别较大，在审查时应给予高度重视。

2. 建筑工程设计概算构成的审计

(1)工程量审计：根据初步设计图纸、概算定额、工程量计算规则的要求进行审计。

(2)采用的定额或指标的审计：审计定额或指标的使用范围、定额基价、指标的调整、定额或指标缺项的补充等。其中，审计补充的定额或指标时，其项目划分、内容组成、编制原则等须与现行定额水平相一致。

(3)材料预算价格的审计:以耗用量最大的主要材料作为审计的重点,同时着重审计材料原价、运输费用及节约材料运输费用的措施。

(4)各项费用的审计:审计各项费用所包含的具体内容是否重复计算或遗漏、取费标准是否符合国家有关部门或地方规定的标准。

3. 综合概算和总概算的审计

(1)审计概算的编制是否符合国家经济建设方针、政策的要求。根据当地自然条件、施工条件和影响造价的各种因素,实事求是地确定项目总投资。

(2)审计概算文件的组成:

①概算文件反映的内容是否完整、工程项目确定是否满足设计要求、设计文件内的项目是否遗漏、设计文件外的项目是否列入;

②建设规模、建筑结构、建筑面积、建筑标准、总投资是否符合设计文件的要求;

③非生产性建设工程是否符合规定的要求、结构和材料的选择是否进行了技术经济比较、是否超标等。

(3)审计总图设计和工艺流程:

①总图布置是否符合生产和工艺要求、场区运输和仓库布置是否优化或进行方案比较、分期建设的工程项目是否统筹考虑、总图占地面积是否符合"规划指标"和节约用地要求。

②工程项目是否按生产要求和工艺流程合理安排,主要车间生产工艺是否合理。

(4)审计经济效果:概算文件是初步设计的经济反映,除了投资进行全面审计外,还要审计建设周期、原材料来源、生产条件、产品销路、资金回收和盈利等社会效益因素。

(5)审计项目的环保:设计项目必须满足环境改善及污染整治的要求,对未作安排或漏列的项目,应按国家规定要求列入项目内容并计入总投资。

(6)审计其他具体项目:

①审计各项技术经济指标是否经济合理;

②审计建筑工程费用;

③审计设备和安装工程费;

④审计各项其他费用,特别注意要落实以下几项费用:土地补偿和安置补助费,按规定列入的临时工程设施费用,施工机构迁移费和大型机具进退场费。

(三)审计的方式

设计概算审计一般采用集中会审的方式进行。先由会审单位分头审计,然后集中研究共同定案;或组织有关部门成立专门审计班子,根据审计人员的业务专长分组,将概算费用进行分解,分别审计,最后集中讨论定案。

设计概算审计是一项复杂而细致的技术经济工作,审计人员既应懂得有关专业技术知识,又应具有熟练编制概算的能力,一般情况下可按如下步骤进行。

1. 概算审计的准备

概算审计的准备工作包括了解设计概算的内容组成、编制依据和方法;了解建设规模、设计能力和工艺流程;熟悉设计图纸和说明书,掌握概算费用的构成和有关技术经济指标;明确概算各种表格的内涵;收集概算定额、概算指标、取费标准等有关规定的文件资料等。

2. 进行概算审计

根据审计的主要内容,分别对设计概算的编制依据、单位工程设计概算、单项工程综合概算、建设项目总概算进行逐级审计。

3. 进行技术经济对比分析

利用规定的概算定额或指标以及有关的技术经济指标与设计概算进行分析对比,根据设计和概算列明的工程性质、结构类型、建设条件、费用构成、投资比例、占地面积、生产规模、建筑面积、设备数量、造价指标、劳动定员等与国内外同类型工程规模进行对比分析,找出与同类型项目的主要差距。

4. 调查研究

对概算中出现的问题要在对比分析、找出差距的基础上深入现场进行实际调查研究。了解设计是否经济合理,概算编制依据是否符合现行规定和施工现场实际,有无扩大规模、多估投资或预留缺口等情况,并及时核实概算投资。对于当地没有同类型的项目而不能进行对比分析时,可对国内同类型企业进行调查,收集资料,作为审计的参考。经过会审决定的定案问题应及时调整概算,并经原批准单位下发文件。

5. 积累资料

对审计过程中发现的问题要逐一理清,对已建成项目的实际成本和有关数据资料等进行收集并整理成册,为今后审计同类工程概算和国家修订概算定额提供依据。

五、施工图预算的审计

(一) 审计的内容

审计的重点是施工图预算的工程量计算是否准确、定额或单价套用是否合理、各项取费标准是否符合现行规定等方面。如民用建筑安装工程的审计详细内容如下:

1. 计算工程量

1) 土方工程

(1) 平整场地、地槽与地坑等土方工程量的计算是否符合定额的计算规定;施工图纸表示尺寸、土壤类别是否与勘察资料一致;地槽与地坑放坡、挡土板是否符合设计要求,有无重算或漏算。

(2) 地槽、地坑回填土的体积是否扣除了基础所占的体积,地面和室内填土的厚度是否符合设计要求。

(3) 运土距离、运土数量、回填土土方的扣除等。

2) 打桩工程

(1) 各种不同材料是否分别计算、施工方法是否符合设计要求。

(2) 桩身长度是否符合设计要求、需要接桩时的接头数是否正确。

3) 砌筑工程

(1) 墙基与墙身的划分是否符合规定。

(2) 不同厚度的内墙和外墙是否分别计算、是否扣除门窗洞口及埋入墙体各种钢筋混凝土梁、柱等所占用的体积。

(3)不同砂浆强度的墙和定额规定按立方米或平方米计算的墙是否有混淆、错算或漏算。

4)混凝土及钢筋混凝土工程

(1)现浇构件与预制构件是否分别计算,有无混淆。

(2)现浇柱与梁、主梁与次梁及各种构件计算是否符合规定,有无重算或漏算。

(3)有筋和无筋构件是否按设计规定分别计算,是否有混淆。

(4)钢筋混凝土的含钢量与预算定额的含钢量发生差异时,是否按规定进行增减调整。

5)木结构工程

(1)门窗是否按不同种类、按框外面积或扇外面积计算。

(2)木装修的工程量是否按规定分别以延长米或平方米进行计算。

6)地面工程

(1)楼梯抹面工程是否按踏步和休息平台部分的水平投影面积计算。

(2)当细石混凝土地面找平层的设计厚度与定额厚度不同时,是否按其厚度进行换算。

7)屋面工程

(1)卷材屋面工程是否与屋面找平层工程量相符。

(2)屋面找平层的工程量是否按屋面层的建筑面积乘以保温层平均厚度计算,不做保温层的挑檐部分是否按规定不作计算。

(3)构筑物工程。

烟囱和水塔脚手架是否以座为单位编制,地下部分是否有重算。

8)装饰工程

内墙抹灰的工程量是否按墙面的净高和净宽计算,有无重算和漏算。

9)金属构件制作

各种型钢、钢板等金属构件制作工程量是否以吨为单位,其形体尺寸计算是否正确,是否符合现行规定。

2.定额或单价的套用

(1)预算中所列各分项工程单价是否与预算定额的预算单价相符;其名称、规格、计量单位和所包括的工程内容是否与预算定额一致。

(2)有单价换算时应审查换算的分项工程是否符合定额规定及换算是否正确。

(3)对补充定额和单位估价表的使用应审查补充定额是否符合编制原则、单位估价表计算是否正确。

3.其他有关费用

其他有关费用包括的内容各地不同,具体审查时应注意是否符合当地规定和定额的要求。

(1)是否按本项目的工程性质计取费用,有无高套取费标准。

(2)间接费的计取基础是否符合规定。

(3)预算外调增的材料差价是否计取间接费;直接费或人工费增减后,有关费用是否做了相应调整。

(4)有无将不需安装的设备计取在安装工程的间接费中。

(5)有无巧立名目、乱摊费用的情况。

利润和税金的审查,重点应放在计取基础和费率是否符合当地有关部门的现行规定、有无多算或重算方面。

(二）审计的步骤

1. 审计前准备工作

（1）熟悉施工图纸。施工图是编制与审查预算分项数量的重要依据,必须全面熟悉了解。

（2）根据预算编制说明,了解预算包括的工程范围。如配套设施、室外管线、道路,以及会审图纸后的设计变更等。

（3）弄清所用单位工程估价表的适用范围,搜集并熟悉相应的单价、定额资料。

2. 选择审计方法、审计相应内容

工程规模、繁简程度不同,编制工程预算繁简和质量就不同,应选择适当的审计方法进行审计。

3. 整理审计资料并调整定案

综合整理审计资料,同编制单位交换意见,定案后编制调整预算。经审计如发现差错,应与编制单位协商,统一意见后进行相应增加或核减的修正。

（三）审计的方法

1. 逐项审计法

逐项审计法又称全面审计法,即按定额顺序或施工顺序,对各分项工程中的工程细目逐项全面详细审计的一种方法。其优点是全面、细致、审计质量高、效果好。缺点是工作量大,时间较长。这种方法适合于一些工程量较小、工艺比较简单的工程。

2. 标准预算审计法

标准预算审计法就是对利用标准图纸或通用图纸施工的工程先集中力量编制标准预算,以此为准来审计工程预算的一种方法。按标准图纸或通用图纸施工的工程,一般结构和做法相同,只是根据现场施工条件或地质情况不同,仅对基础部分做局部改变。对这样的工程,以标准预算为准,对局部修改部分单独审计即可,不需逐一详细审计。该方法的优点是时间短、效果好、易定案。其缺点是适用范围小,仅适用于采用标准图纸工程。

3. 分组计算审计法

分组计算审计法就是把预算中有关项目按类别划分若干组,利用同组中的一组数审计分项工程量的一种方法。这种方法首先将若干分部分项工程按相邻且有一定内在联系的项目进行编组,利用同组分项工程间具有相同或相近计算基数的关系,审计一个分项工程数量,由此判断同组中其他几个分项工程的准确程度。如一般的建筑工程中将底层建筑面积、地面面层、地面垫层、楼面面层、楼面找平层、楼板体积、天棚抹灰、天棚刷浆及屋面层可编为一组。先计算底层建筑面积或楼（地）面面积,从而得知楼面找平层、天棚抹灰、刷白的面积。该面积与垫层厚度相乘即为垫层的工程量,与楼板折算厚度相乘即为楼板的工程量等。以此类推,该方法特点是审查速度快、工作量小。

4. 对比审计法

对比审计法是当工程条件相同时,用已完工程的预算或未完但已经过审计修正的工程预算对比审计拟建工程的同类工程预算的一种方法。采用该方法一般须符合下列条件。

(1)拟建工程与完成工程采用同一施工图,但基础部分和现场施工条件不同,则相同部分可用对比审计法。

(2)工程设计相同,但建筑面积不同,两工程的建筑面积之比与两工程各分部分项工程量之比大体一致。此时可按分项工程量的比例,审计拟建工程各分部分项工程量,或用两工程每平方米建筑面积造价、每平方米建筑面积的分部分项工程量对比进行审查。

(3)两工程面积相同,但设计图纸不完全相同,则对相同的部分,如厂房中的柱子、屋架、屋面、砖墙等,可进行工程量的对照审计。对不能对比的分部分项工程可图纸计算审计。

5."筛选"审计法

"筛选法"是能较快发现问题的一种方法。建筑工程虽面积和高度不同,但其各分部分项工程的单位建筑面积指标变化却不大。将这样的分部分项工程加以汇集、优选,找出其单位建筑面积工程量、单价、用工的基本数值,归纳为工程量、价格、用工三个单方基本指标,并注明基本指标的适用范围。这些基本指标用来筛选各分部分项工程,对不符合条件的应进行详细审计,若审计对象的预算标准与基本指标的标准不符,就应对其进行调整。

"筛选法"的优点是简单易懂,便于掌握,审计速度快,便于发现问题。但问题出现的原因尚需继续审计。该方法适用于审计住宅工程或不具备全面审计条件的工程。

6.重点审计法

重点审计法就是抓住工程预算中的重点进行审核的方法。审计的重点一般是工程量大或者造价较高的各种工程、补充定额、计取的各项费用(计取基础、取费标准)等。重点审计法的优点是突出重点、审计时间短、效果好。

第四节 编制施工图预算的工程案例

案例一:

本案例是一个工作船码头建筑工程。码头前沿水深为 $-7.0m$,码头为扶壁结构,扶壁单重156t,采用现场预制场预制,用200t起重船堆放、储存和安装。胸墙混凝土采用搅拌船施工工艺,因为不具备陆上施工条件。码头基槽挖泥和部分港池的挖泥采用$8m^3$抓斗挖泥船施工,泥土外抛,运距20km,抛泥区属于外海,所以应当使用内海挖泥,外海抛泥的条件。

一、封面

封面如图7-3所示。

二、编制说明

(1)工程概况:××工作船码头工程,拟建于××省××市××湾内,长360m,与××码头相对,两码头前沿相距500m,并共用一个港池。工作船码头为扶壁结构,前沿水深$-7.0m$,预算价值为39 179 484元。三材用量:钢材669t、木材$98m^3$、水泥3 925t。砂石料消耗量:350 096m^3。

(2)编制依据:

①交计发[1996]××号文《关于××工作船码头工程初步设计的批复》;

工 程 预 算 书

建设单位名称:×××
工程名称:××工作船码头
预算造价:39 179 484 元
其中
　　建筑安装工程费:39 179 484 元
　　设备费:

编制单位:×××	建设单位:×××
单位主管:×××	单位主管:×××
编 制 人:×××	审 查 人:×××
编制日期:×××	审查日期:×××

图 7-3　封面

②《××工作船码头工程初步设计概算》;

③《××工作船码头工程施工图及会审记要》;

④交基发[1994]329 号文颁发的《沿海港口水工建筑工程定额》、《沿海港口装卸机械设备安装工程定额》、《沿海港口水工建筑及装卸机械设备安装工程混凝土和砂浆材料用量定额》、《沿海港口水工建筑及装卸机械设备安装工程船舶机械艘(台)班费用定额》、《沿海港口水工建筑工程参考定额》及《沿海港口建设工程概算预算编制规定》;

⑤××市现行的建筑安装工程材料预算价格;

⑥与业主及工程所在地建委共同调查取得的"三材"市场价;

⑦与业主及工程所在地建委共同调查、整理的地材市场价格。

(3)取费标准:一级施工企业。

(4)调迁距离:300km。

(5)主要材料市场价格见表 7-2。

主要材料市场价格表　　　　　　　　　　　　　表 7-2

序号	材料名称与规格	单位	市场价格(元)	备注	序号	材料名称与规格	单位	市场价格(元)	备注
1	钢筋	t	2 850.00		10	板枋材	m³	2 023.00	
2	钢板	t	3 115.96		11	水泥 32.5 级	t	270.00	
3	型钢	t	2 808.46		12	混凝土用砂	m³	21.00	
4	铁件	kg	4.74		13	混凝土用碎石	m³	42.00	
5	带帽螺栓及垫圈	kg	13.53		14	块石 10~100kg	m³	29.00	
6	定型组合钢模板面	kg	7.14		15	倒滤层用砂	m³	21.00	
7	定型组合钢模骨架支撑	kg	4.58		16	回填砂	m³	10.50	
8	定型组合钢模骨连接卡具	kg	3.60		17	水	m³	3.30	
9	系船柱铸铁壳	t	4 000.00		18	柴油	t	2 300.00	

三、码头工程预算表

码头工程预算表如表 7-3 所示。

单位工程预算表

工程名称：××工作船码头

表7-3

序号	定额编号	分部分项工程名称	单位	工程数量	基价(元) 单价	基价(元) 合计	市场价(元) 单价	市场价(元) 合计	市场价(元) 人工费	市场价(元) 材料费	市场价(元) 船机费
1	1375	基床挖泥,外抛运距20km,内海挖泥,外海抛泥	m³	272 116.00	18.00	4 898 088.00	18.85	5 129 386.60	54 423.00	0.00	5 074 964.00
2	1375	港池挖泥,外抛运距20km,内海挖泥,外海抛泥	m³	58 922.00	18.00	1 060 596.00	18.85	1 110 679.70	11 784.00	0.00	1 098 896.00
3	1391	基床础抛填粗砂垫层,民船装运抛	m³	45 738.60	55.96	2 559 532.06	51.27	2 345 018.02	18 295.00	2 184 019.00	142 704.00
4	1393	基床础抛混合倒滤层,民船装运抛	m³	264.00	58.88	15 544.32	70.02	18 485.28	106.00	17 027.00	1 352.00
修5	1393	基床础抛填二片石垫层,民船装运抛	m³	6 115.00	62.36	381 331.40	53.20	325 318.00	2 446.00	291 563.00	31 309.00
6	1428	(单)码头基床础抛,民船装运抛	m³	16 040.00	61.79	991 111.60	54.96	881 558.40	6 416.00	857 177.00	17 965.00
7	1431	(单)码头夯实基床,点夯次数8次	m³	4 820.00	25.93	124 982.60	27.20	131 104.00	3 808.00	0.00	127 296.00
8	1436	(单)码头抛石基床整平,水深15m内,极细平	m³	3 960.00	87.32	345 787.20	88.36	349 905.60	19 602.00	21 068.00	309 236.00
9	3374	扶壁预制,R30D250,现场预制场	m³	6 296.00	620.08	3 904 023.68	671.54	4 228 015.84	580 932.00	3 128 231.00	518 853.00
10	3400	扶壁堆放	块	92.00	1 023.34	94 147.28	1 045.75	96 209.00	2 915.00	0.00	93 294.00
11	3381	扶壁水下储存	件	46.00	4 914.93	226 086.78	5 088.93	234 090.78	7 104.00	2 327.00	224 660.00
12	3378	扶壁装船运输安装,运距1km	件	92.00	6 933.56	637 887.52	7 164.61	659 144.12	20 584.00	3 044.00	635 516.00
13	4145	现浇混凝土胸墙,R25D200,搅拌船工艺,运距1km	m³	3 377.20	320.05	1 080 872.86	336.09	1 135 043.15	147 111.00	613 772.00	374 160.00
14	1404	棱体抛石10~100kg,民船装运抛	m³	5 542.00	61.85	342 772.70	55.61	308 109.62	5 487.00	269 674.00	33 030.00
15	1396	码头后抛填碎石倒滤层,民船装运抛	m³	8 886.00	57.76	513 255.36	68.90	612 245.40	3 554.00	573 147.00	35 544.00
16	1399	码头后抛填粗砂倒滤层,民船装运抛	m³	155 172.00	53.04	8 230 322.88	48.69	7 555 324.68	62 069.00	6 872 568.00	620 688.00
修17	1363	码头后陆上回填细砂	m³	9 880.00	22.77	224 967.60	16.08	158 870.40	3 952.00	133 874.00	21 044.00

续上表

序号	定额编号	分部分项工程名称	单位	工程数量	基价(元) 单价	基价(元) 合计	市场价(元) 单价	市场价(元) 合计	市场价(元) 人工费	市场价(元) 材料费	市场价(元) 船机费
修18	1457	护坦抛石80~100kg,民船装运抛	m³	3 128.00	59.50	186 116.00	61.14	191 245.92	2 471.00	172 760.00	16 015.00
19	4058	现浇混凝土护轮坎,R30D250	m³	7.00	1 433.12	10 031.84	1 632.31	11 426.17	3 906.00	23 835.00	1 471.00
20	6101	护轮坎钢制作安装	t	18.34	4 645.06	85 190.40	5 082.10	93 205.71	11 257.00	67 402.00	14 547.00
21	6032	陆上字装25t系船厂柱	个	24.00	1 842.36	44 216.64	2 882.84	69 188.16	2 785.00	65 009.00	1 394.00
22	6045	陆上安装橡皮护舷,筒型,外径800,L=2 000	套	48.00	102.62	4 925.76	106.55	5 114.40	1 236.00	1 694.00	2 184.00
23	6052	陆上安装橡皮护舷,D型,H=300,L=1 000	套	400.00	71.96	28 784.00	72.47	28 988.00	11 880.00	10 092.00	7 016.00
24	1338	铺筑碎石垫层	m³	2 272.80	57.71	131 163.29	59.34	134 867.95	1 341.00	125 140.00	8 387.00
25	1528	铺筑混凝土高强连锁预制块	m²	20 908.00	28.52	596 296.16	28.16	588 769.28	24 881.00	560 334.00	3 554.00
修26	1528	铺筑混凝土路面块	m²	1 820.00	33.59	61 133.80	36.27	66 011.40	2 166.00	63 536.00	309.00
修27	1505	干插二片(石垫层)	m³	8 405.40	63.75	535 844.25	54.49	458 010.25	186 432.00	271 578.00	0.00
修28	L	护舷价值(筒型)	套	48.00	15 770.00	756 960.00	21 360.00	1 025 280.00	0.00	1 025 280.00	0.00
修29	L	护舷价值(D型)	套	400.00	1 440.00	576 000.00	1 340.00	536 000.00	0.00	536.00	0.00
		合计				2 830 546.14		3 016 861.32	245 884.00	2 214 436.00	38 862.00
		定额直接费合计				2 830 546.14		3 016 861.32	245 884.00	2 214 436.00	38 862.00
		各项取费合计				10 658 696.00		10 658 696.00			
		专用费用:控泥倾倒(排污)费				17 116.00		17 116.00			
		建筑工程费合计				13 506 358.14		13 692 673.32			

编制:×××× 复核:××××

四、主要材料汇总表

主要材料汇总见表 7-4。

主要材料汇总表　　　　　　　　　　　　　表 7-4

工程名称：××工作船码头

序 号	材 料 名 称	单 位	数 量
1	钢材	t	669
	钢筋、圆钢（包括高强钢丝、钢绞线）	t	543
	钢板、型钢、铁件	t	67
	钢模、工具钢	t	51
	铸铁件	t	8
2	木材	m^3	98
	板枋材	m^3	98
3	水泥(32.5 级)	t	3 925
4	砂石料	m^3	350 096
	混凝土用砂（现浇）	m^3	1 697
	混凝土用砂（预制）	m^3	3 048
	回填用砂	m^3	12 597
	混凝土用碎（卵）石（现浇）	m^3	2 978
	混凝土用碎（卵）石（预制）	m^3	5 512
	垫层、倒滤层、回填用碎（卵）石	m^3	13 871
	块（片）石	m^3	47 083
	倒滤层、垫层用砂	m^3	263 310
5	混凝土	m^3	11 786
	现浇混凝土	m^3	3 463
	预制混凝土	m^3	8 323
6	橡胶护舷	套	448
	D 型橡胶护舷	套	400
	筒型橡胶护舷	套	48
7	燃油	t	750
	柴油	t	750

五、单位估价表

部分单位估价见表 7-5。

单 位 估 价 表　　　　　　　表 7-5

序号:1　基床挖泥,外抛运距 20km,内海挖泥,外海抛泥　　单位:100m³　　定额编号:1375

序号	项目名称		单位	数量	单价(元)		合价(元)	
					基　价	市　场　价	基　价	市　场　价
	合计						1 799.83	1 884.39
	其中	人工费					20.12	19.80
		材料费					0.00	0.00
		船机费					1 779.71	1 864.59
1	人工		工日	1.000	20.12	19.80	20.12	19.80
2	抓斗挖泥船 内燃 8.0m³		艘班	0.085	8 447.61	8 666.43	718.05	736.65
3	泥驳 舱容量:500m³		艘班	0.340	1 325.08	1 353.08	450.53	460.05
4	拖轮 (600HP)442kW		艘班	0.260	2 338.20	2 556.00	607.93	664.56
5	其他船机		%	0.250	—	—	3.20	3.33
					每方单价:		18.00	18.84

调整系数:1.00

序号:9 扶壁预制,R30D250,现场预制场　　单位:10m³　　定额编号:3374　　续上表

序号	项目名称	单位	数量	单价(元) 基价	单价(元) 市场价	合价(元) 基价	合价(元) 市场价
	合计					6 200.76	6 715.38
	其中: 人工费					937.59	922.68
	材料费					4 479.09	4 968.59
	船机费					784.08	824.11
1	人工	工日	46.600	20.12	19.80	937.59	922.68
2	混凝土(预制) R30D250;粒径40mm	m³	10.300	154.47	152.68	1 591.04	1 572.60
3	板枋材　预制	m³	0.132	935.00	2 023.00	123.42	267.04
4	定型组合钢模板面	kg	18.000	3.60	7.14	64.80	128.52
5	定型组合钢模骨架支撑	kg	40.000	3.40	4.58	136.00	183.20
6	定型组合钢模连接卡具	kg	6.000	3.60	3.60	21.60	21.60
7	铁件	kg	50.000	3.80	4.74	190.00	237.00
8	底胎模摊销(水泥)	kg	28.000	0.24	0.27	6.72	7.56
9	其他材料	%	6.780	—	—	144.65	163.91
10	钢筋	t	0.820	2 635.00	2 850.00	2 160.70	2 337.00
11	铁丝20号	kg	4.800	6.40	8.05	30.72	38.64
12	电焊条	kg	1.600	5.90	7.20	9.44	11.52
13	混凝土搅拌站 15m³/h	台班	0.220	392.89	472.69	86.44	103.99
14	门座起重机 起重量30t	台班	0.670	436.13	446.12	292.21	298.90
15	自卸汽车 载重量5t	台班	0.450	243.39	260.31	109.53	117.14
16	轮胎式装载机 2m³	台班	0.220	276.80	307.64	60.90	67.68
17	机动翻斗车 1t	台班	0.220	53.64	56.16	11.80	12.36
18	其他船机	%	2.140	—	—	12.00	12.84
19	机械费	元	211.220	—	—	211.20	211.20

调整系数:1.00　　每方单价: 620.07　　671.54

序号:14 棱体抛石 10~100kg,民船装运抛　　　　单位:100m³　　　　定额编号:1040　　　　续上表

序号	项目名称		单位	数量	单价(元)		合价(元)	
					基价	市场价	基价	市场价
	合计						6 184.60	5 561.40
	其中	人工费					100.60	99.00
		材料费					5 488.00	4 866.40
		船机费					596.00	596.00
1	人工		工日	5.000	20.12	19.80	100.60	99.00
2	块石 100kg 内民船装运抛		m³	112.000	49.00	43.45	5 488.00	4 866.40
3	潜水组		组日	1.210	400.00	400.00	484.00	484.00
4	其他船机		%	23.140	—	—	112.00	112.00

调整系数:1.00　　　　　　　　　　　　每方单价:　　　　　61.85　　　　　　　　　55.61

序号:22 陆上安装橡胶护舷,筒型,外径800mm,L=200mm 定额编号:6045 单位:10套 续上表

序号	项目名称		单位	数量	单价(元)		合价(元)	
					基价	市场价	基价	市场价
	合计						1 026.21	1 065.46
	其中	人工费					261.56	257.40
		材料费					331.41	353.10
		船机费					433.24	454.96
1	人工		工日	13.000	20.12	19.80	261.56	257.40
2	橡胶护舷筒型 φ0.8×0.4,L-2m		套	(10.000)	0.00	0.00	0.00	0.00
3	红丹粉		kg	17.000	11.00	10.47	187.00	177.99
4	调和漆		kg	14.000	7.50	9.66	105.00	135.24
5	稀释剂		kg	6.000	5.40	5.40	32.40	32.40
6	其他材料		%	2.160	—	—	7.01	7.47
7	机动艇(20HP)15kW		艘班	0.800	90.16	98.07	72.13	78.46
8	汽车式起重机 起重量8t		台班	1.080	290.72	303.44	313.98	327.72
9	载重汽车 载重量4t		台班	0.280	168.33	174.22	47.13	48.78

调整系数:1.00   每方单价: 102.62   106.55

序号:28 护舷价值,筒型 定额编号:L 单位:1套 续上表

序号	项目名称		单位	数量	单价(元)		合价(元)	
					基价	市场价	基价	市场价
	合计						15 770.00	21 360.00
	其中	人工费					0.00	0.00
		材料费					15 770.00	21 360.00
		船机费					0.00	0.00
1	橡胶护舷 筒型 φ0.8×0.4,L-2m		套	1.000	15 770.00	21 360.00	15 770.00	21 360.00

调整系数:1.00   每方单价:

六、码头工程报价表

工程报价见表7-6。

工 程 报 价 表

表7-6

工程名称:××工作船码头

序号	项目名称	单位	工程数量	报价(元) 单价	报价(元) 合计
1	基床挖泥,外抛运距20km,内海挖泥,外海抛泥	m³	272 116.00	25.78	7 015 150.48
2	港池挖泥,外抛运距20km,内海挖泥,外海抛泥	m³	58 922.00	25.78	1 519 009.16
3	基床础抛填粗砂垫层,民船装运抛	m³	45 738.60	72.57	3 319 250.20
4	基床础抛混合倒滤层,民船装运抛	m³	264.00	92.98	24 546.72
5	基床础抛填二片石垫层,民船装运抛	m³	6 115.00	76.80	469 632.00
6	(单)码头基床础抛,民船装运抛	m³	16 040.00	78.42	1 257 856.80
7	(单)码头夯实基床,点夯次数3次	m³	4 820.00	37.19	179 255.80
8	(单)码头抛石基床整平,水深15m内,极细平	m³	3 960.00	121.88	482 644.80
9	扶壁预制,R30D250,现场预制场	m³	6 296.00	911.05	5 735 970.80
10	扶壁堆放	块	92.00	1 438.89	132 377.88
11	扶壁水下储存	块	46.00	6 979.37	321 051.02
12	扶壁装船运输安装,运距1km	块	92.00	9 830.99	904 451.08
13	现浇混凝土胸墙,R25D200,搅拌船工艺,运距1km	m³	3 377.20	459.35	1 551 316.82
14	棱体抛石10~100kg,民船装运抛	m³	5 542.00	79.11	438 427.62
15	码头后抛填碎石倒滤层,民船装运抛	m³	8 886.00	91.43	812 446.98
16	码头后抛填粗砂倒滤层,民船装运抛	m³	155 172.00	68.88	10 688 247.36
17	码头后陆上回填细砂	m³	9 880.00	24.58	242 850.40
18	护岸抛石80~100kg,民船装运抛	m³	3 128.00	84.01	262 783.28
19	现浇混凝土护轮坎R30D250	m³	17.40	2 188.60	38 081.64
20	护轮坎钢制作安装	t	18.34	6 878.04	126 143.25
21	陆上安装25t系船柱	个	24.00	3 624.73	86 993.52
22	陆上安装橡皮护舷,筒型,外径800mm,$L=2000$mm	套	48.00	146.03	7 009.44
23	陆上安装橡皮护舷,D型,$H=300$mm,$L=1000$mm	套	400.00	100.08	40 032.00
24	铺筑碎石垫层	m³	2 272.80	81.52	185 278.66
25	铺筑混凝土高强连锁预制块	m²	20 908.00	39.08	817 084.64
26	铺筑混凝土路面块	m²	1 820.00	49.24	89 616.80
27	干插二片(石垫层)	m³	8 405.40	78.62	660 832.55
28	护舷价值(筒型)	套	48.00	23 741.03	1 139 569.44
29	护舷价值(D型)	套	400.00	1 536.60	614 640.00
	专项费用				17 116.00
	合计				39 179 667.14

钢材明细表、工程量计算书等文件略。

案例二：

一、封面

封面见图7-4。

工 程 预 算 书

建设单位名称：×××
工程名称：××工作船码头
预算造价：39 179 484 元
其中
　　建筑安装工程费：39 179 484 元
　　设备费：

编制单位：×××	建设单位：×××
单位主管：×××	单位主管：×××
编 制 人：×××	审 查 人：×××
编制日期：×××	审 查 日 期：×××

图 7-4　封面

二、编制说明

(1)工程概况：本预算是关于××港外贸码头工程的预算书,码头形式为顺岸式高桩梁板式结构,是××港新建的停靠千吨级货轮码头,设计水深 -5.0m,码头全长 1 000m,宽 22m,××港务局公开招标,由××公司中标,指定下属某施工处负责完成。

(2)编制依据：

①根据××设计院《××港外贸码头施工图》要求计算工程数量；

②根据××公司某施工处编制的施工组织设计；

③交通部(94)交基字表 329 号《沿海港口水工建筑工程定额》；

④《沿海港口水工建筑及装卸机械设备安装工程混凝土和砂浆材料用量定额》；

⑤《沿海港口水工建筑及装卸机械设备安装工程船舶机械艘(台)班费用定额》；

⑥《沿海港口建设工程概算预算编制规定》；

⑦材料价格按工程所在地价格执行；

⑧人工费按八类地区 20.17 元/工日。

(3)本工程预算造价 1 763 263.03 元。

(4)技术经济指标：码头工程为 17 632.63 元/m。

(5)施工期限：1993 年 9 月至 1994 年 6 月底。

(6)其他问题说明：

①码头后回填沙沉降量按 8% 计,抛石棱体沉降量按 10% 计；

②临时工程本预算未列,发生时同正式工程一样计算。

三、建筑安装工程预算表

建筑安装工程预算见表 7-7。

单位工程名称：××港外贸码头

建筑安装工程预算表（单位）

表 7-7

序号	定额编号	分部分项工程名称	单位	工程数量	基价（元） 单价	基价（元） 合计	市场价（元） 单价	市场价（元） 合计	市场价（元） 人工费	市场价（元） 材料费	市场价（元） 船机费
1	1371	水下基槽挖泥	m³	14 478.00	10.99	159 113.22	10.99	159 113.22			
2	2002	打桩船 50×50 钢筋混凝土直桩	根	90.00	1 522.40	137 016.00	1 621.94	145 974.60			
3	2002×1.23	打桩船 50×50 钢筋混凝土斜桩	根	18.00	1 872.55	33 705.90	1 994.99	35 909.82			
4	4011	现浇 C30 混凝土桩帽	m³	64.00	421.50	26 976.00	580.73	37 166.72			
5	1404	棱体抛石	m³	2 633.00	61.95	163 114.35	72.25	190 234.25			
6	1396	碎石倒滤层	m³	1 390.00	57.76	80 286.40	72.68	101 025.20			
7	1433	水下理坡	m³	2 200.00	14.42	31 724.00	14.41	31 702.00			
8	1338	碎石垫层	m³	700.00	57.71	40 397.00	81.60	57 120.00			
9	1340	块石垫层	m³	176.00	47.87	8 425.12	73.02	12 851.52			
10	1350	干砌块石护坡	m³	740.00	45.15	33 411.00	61.28	45 347.20			
11	4158	C20 混凝土压顶	m³	10.00	376.60	3 766.00	485.99	4 859.90			
12	3172	C20 混凝土角块预制件	m³	270.00	257.10	69 417.00	311.07	83 988.90			
13	3316	C20 方角块运输安装	块	15 000.00	0.66	9 900.00	0.73	10 950.00			
14	4165	C20 瓜米石磨耗层	m³	32.00	236.90	7 580.80	320.05	10 241.60			
15	1361	回填砂	m³	20 995.00	22.02	462 309.90	63.69	1 337 171.55			
16	3113	靠船构件预制堆放	m³	37.90	298.80	11 324.52	392.31	14 868.55			

201

续上表

序号	定额编号	分部分项工程名称	单位	工程数量	基价(元) 单价	基价(元) 合计	市场价(元) 单价	市场价(元) 合计	市场价(元) 人工费	市场价(元) 材料费	市场价(元) 船机费
17	3226	靠船构件预制安装	件	18.00	1 171.40	21 085.20	1 124.12	20 234.16			
18	3024	主梁预制堆放	m³	238.06	318.10	75 726.89	372.40	88 653.54			
19	3179	主梁运输安装	根	54.00	522.30	28 204.20	528.93	28 562.22			
20	3071	T型梁预制堆放	m³	286.70	312.20	89 507.74	487.72	139 829.32			
21	3240	T型梁运输安装	根	85.00	804.70	68 399.50	804.68	68 397.80			
22	4023	C30现浇混凝土接头	m³	27.72	377.80	10 472.62	546.62	15 152.31			
23	3049	T型梁预制	m³	488.90	393.80	192 528.82	449.55	219 785.00			
24	3191	T型梁运输安装	件	85.00	629.70	53 524.50	1 274.80	108 358.00			
25	3170	预制C25管沟盖板	m³	10.00	244.90	2 449.00	333.18	3 331.80			
26	3314	管沟盖板安装	块	184.00	4.06	747.04	4.29	789.36			
27	4164	现浇C25护轮坝	m³	58.00	457.20	26 517.60	840.35	48 740.30			
28	4156	现浇C25系船桩块体	m³	5.80	294.30	1 706.94	423.51	2 456.36			
29	6104	系船环系船网制安	t	0.19	5 220.00	991.80	6 996.32	1 329.30			
30	4170	现场钢筋加工	t	42.51	3 123.00	132 758.73	4 521.98	192 229.37			
31	4062	现浇C25混凝土面层	m³	202.50	209.70	42 464.25	320.05	64 810.13			
32	6031	陆上安装系船桩	t	4.00	1 079.10	4 316.40	1 613.85	6 455.40			
33	6098	铁扶梯制作安装	t	0.82	4 095.00	3 357.90	5 617.32	4 606.20			
34	6052	安装D型护舷	套	86.00	720.00	61 920.00	966.48	83 117.28			
35	6110	预埋铁件制安	t	1.20	5 605.00	6 726.00	7 490.88	8 989.06			

四、建筑安装工程计费程序表

建筑安装工程计费程序见表7-8。

建筑安装工程计费程序表　　　　　　　　　　　表7-8

单位工程名称：

序号	定额号	分部分项工程名称	单位	计算方式	基价(元) 单价	基价(元) 合计	市场价(元) 单价	市场价(元) 合计	人工费	材料费	船机费
(一)		基价定额直接费				1 191 992.92					
(二)		定额直接费						1 406 544.80			
(三)		其他直接费				78 194.74					
1		临时设施费		(一)×1.392%		16 592.54					
2		冬雨夜施工费		(一)×1.859%		22 159.15					
3		材料二次搬运费		(一)×0.353%		4 207.74					
4		施工辅助费		(一)×1.116%		13 302.64					
5		施工队伍进退场费		(一)×0.707%		8 427.39					
6		外海工程拖船费		(一)×1.133%		13 505.28					
(四)		直接工程费		(二)+(三)				1 484 739.54			
(五)		企业管理费		(一)+(三)×8.919%		113 288.04					
(六)		财务费用		(一)+(三)×0.754%		9 577.21					
(七)		利润		(一)+(三)+(五)+(六)×7%		97 513.70					
(八)		税金		(四)+(五)+(六)+(七)×3.41%				58 144.54			
(九)		工程预算金额		(四)+(五)+(六)+(七)+(八)				1 763 263.03			

五、工程量计算表

工程量计算见表7-9。

工程数量计算表　　　　　　　　　　　表7-9

序号	工程项目	计算式	数量	单位
1	码头基槽挖泥	$\left[\frac{1}{2}(21.5+30)\times 1.3+\frac{1}{2}(40+7.2)-\frac{1}{2}(13.5\times 4.4)\right]\times 100$ 包括超深超宽	14 778	m³
2	打桩船打50×50钢筋混凝土直桩	18×5	90	根
3	打桩船打50×50钢筋混凝土斜桩	18	18	根
4	现浇300钢筋混凝土桩帽	2.04×0.24+16.8+2.64+2.64+1.8+19.2	64	m³
5	棱体抛石	$\left[\frac{1}{2}(10.6+2.0)\times 3.8\times 100\right]\times(1+9\%)$	2 633	m³
6	碎石倒滤层	$\left[\frac{1}{2}(4.6+3)-\frac{1}{2}(2.4\times 2.3)+0.4\times 0.16+\right.$ $\left. 0.4\times 0.4+4.4\times 0.45\times 100\right]$	1 390	m³

续上表

序号	工程项目	计 算 式	数量	单位
7	2-4 碎石垫层	$0.5 \times 14 \times 100$	70	m³
8	二片石垫层	$(5.2 \times 0.2 + 3.6 \times 0.2) \times 100$	176	m³
9	干砌块石护坡	$(0.5 \times 5.2 + 0.5 \times 3.6) \times 100$	440	m³
10	水下埋坡	22×100	2 200	m³
11	75 水砌挡土墙	$\left[2 \times 0.5 + \dfrac{1}{2}(1.5+0.5) \times 2\right] \times 100$	300	m³
12	C20 混凝土压顶	$0.5 \times 0.2 \times 100$	10	m³
13	C20 混凝土六角块预制、堆放	$0.18 \times 0.1 \times 15\ 000$	270	m³
14	六角块运输安装	15 000	15 000	块
15	C20 瓜米石磨耗层	$8 \times 0.04 \times 100$	32	m³
16	回填砂	$\left[\dfrac{1}{2}(6.8+20.7) \times 3.1 + \dfrac{1}{2}(13 \times 4.6) + \dfrac{1}{2}(1 \times 2.5) + \dfrac{1}{2}(7.7+16.3) \times 3.8 + 16.2 \times 2.1 + 0.7 \times 12.6 + 13.6 \times 0.5 + 14.1 \times 1.8\right] \times 100 \times (1+8\%)$ 沉降量系数为 8%	20 995	m³
17	靠船构件预制堆放	$\left[1.8 \times 0.7 + 1.2 \times 0.4 + \dfrac{1}{2}(1.2 \times 0.5) \times 2\right] \times 0.5 \times 18$	39.7	m³
18	靠船构件运输安装		18	根
19	主梁预制堆放	$14.9 + 141.86 + 6.9 + 74.4$	238.06	m³
20	主梁运输安装	3×18	54	根
21	T 形梁预制	$205.8 + 12.3 + 68.6$	286.70	m³
22	T 形梁运输安装		85	根
23	现浇 C30 混凝土接头	$2.34 + 22.68 + 0.3 + 2.4$	27.72	m³
24	T 形板预制	$88.21 + 7.07 + 88.24 + 293.76 + 11.62$	488.90	m³
25	T 形板运输安装		85	件
26	预制 C25 管沟盖板	$0.4 \times 0.25 \times 100$	10	m³
27	管沟盖板安装		184	块
28	现浇 C25 护轮坝	$(0.9 \times 0.25 + 0.7 \times 0.25 \times 2) \times 100$	58	m³
29	现浇 C25 系船柱块体	$1.5 \times 0.8 \times 1.2 \times 4$	5.8	m³
30	系船环系网制造安装	$4.8 + 13.2 + 64.56 + 33.48 + 75.36$	0.19	t
31	现场钢筋加工	$(3\ 075.6 + 25\ 374.83 + 1\ 176.4 + 12\ 887.96)$	42.51	t
32	现浇 C25 混凝土面层	$13.5 \times 0.5 \times 100$	202.50	m³
33	陆上安装系船桩		4	t
34	扶梯制作安装	$480 + 166.32 + 28.04 + 5.76 +$ $16.56 + 4.72 + 16.72 + 73.92 + 29.92$	0.82	t
35	预埋铁件制作		1.2	t
36	预埋铁件制作安装 D 型护舷		86	个

六、附录：

总概（预）算及材料、估价表格如表 7-11～表 7-21 所示。

总 概 算 表 表 7-10

工程名称：

序号	单项(单位)工程概算表编号	工程或费用项目名称	概算价值（万元）					核技术经济指标			占总投资（%）	备注
			建筑工程费	设备购置费	安装工程费	其他费用	合计	单位	数量	单位价值(元)		
1	2	3	4	5	6	7	8	9	10	11	12	13

基础设施、地面设施总概算表 表 7-11

建设项目名称：

序号	单项(单位)工程概算表编号	工程或费用项目名称	概算价值　单位:(　)										总计
			建筑工程费		安装工程费		设备购置费		其他费用		合计		
			基础设施	地面设施	基础设施	地面设施	基础设施	地面设施	基础设施	地面设施	基础设施	地面设施	

内外币总概算表

表 7-12

建设项目名称:

序号	单项(单位)工程概算表编号	工程或费用项目名称	概算价值 单位:内币:( ):外币:( )									
			建筑工程费		安装工程费		设备购置费		其他费用		合计	
			内币	外币	内币	外币	内币	外币	内币	外币	内币	外币

审核:　　　　　复核:　　　　　编制:

基础设施、地面设施内外币总概算表

表 7-13

建设项目名称:

序号	单项(单位)工程概算表编号	工程或费用项目名称	概算价值 单位:内币:( ):外币:( )															总计
			建安工程费				设备购置费				其他费用				合计				
			基础设施		地面设施		基础设施		地面设施		基础设施		地面设施		基础设施		地面设施		
			内币	外币	内币	外币	内币	外币	内币	外币	内币	外币	内币	外币	内币	外币	内币	外币	

审核:　　　　　复核:　　　　　编制:

单位工程概算表

表 7-14

工程名称：　　　　　　工程代号：

序号	定额号	分部分项工程名称	单位	工程数量	基价(元)		市场价(元)		备注
					单价	合计	单价	合计	
		合计							

定额直接费合计：(概算扩大系数:1.05)
其中：人工费
材料费
船机费
施工取费合计：
专项费用：
单项(单位)工程费合计：

审核：　　　　　　复核：　　　　　　编制：

单位工程预算表

表 7-15

工程名称：　　　　　　工程代号：

序号	定额号	分部分项工程名称	单位	工程数量	基价(元)		市场价(元)			
					单价	合计	单价	合计	人工费	材料费	船机费

定额直接费合计：(概算扩大系数:1.05)
施工取费合计：
专项费用：
单项(单位)工程费合计：

审核：　　　　　　复核：　　　　　　编制：

主要材料汇总表

表 7-16

工程名称： 工程代号：

序号	单项(单位)工程概算表编号	工程或费用项目名称	钢材(t)	水泥(t)	板枋材(m³)						

补充单位估价表

表 7-17

定额项目名称： 单位:编号：

费用项目名称		单位	单价	数量	合价	编制依据及说明
合计						
其中	人工费					
	材料费					
	船机费					

疏浚工程预算表

表 7-18

工程名称：

序号	定额编号	工程或费用名称	单位	数量	单价(元)	总价(元)	备注
(1)	(2)	(3)	(4)	(5)	(6)	(7)	(8)

材料汇总表

表 7-19

工程名称：

序号	单位估价号	分部分项工程名称	单位	工程数量	钢材(t)		木材(m³)		水泥(t)		填表说明：
					单位用量	合计	单位用量	合计	单位用量	合计	1．钢材按型号规格填列。 2．木材分原木和成材。 3．水泥注明强度等级。

万方估价表

表 7-20

工程名称：＿＿＿＿ 直况级别：＿＿＿＿ 挖深：＿＿＿＿ 平均泥层厚度：＿＿＿＿

施工船型：＿＿＿＿ 土质：＿＿＿＿ 运(排)泥距离：＿＿＿＿ 施工班制：＿＿＿＿

船舶名称	艘班费		万方艘班数		金额	备注
	定额号	元/艘班	定额号	艘班/万 m³	万 m³	
(1)	(2)	(3)	(4)	(5)	(6)	(7)

填表说明：(1)栏：按预算定额表中的项目填写船舶名称若有变动应在备注中说明。
(2)栏：定额号为航道工程船舶艘班费用定额中的定额编号。
         计算了哪些系数应在备注中说明。
(4)栏：定额号为疏浚工程预算定额中的定额编号。
(5)栏：为在疏浚工程预算定额中查出的万立方米泥土所需的艘班数。
(6)栏：=(3)×(5)

船舶往返调遣费估价表

表 7-21

工程名称：

序号	调遣船舶	调遣基本费率		调遣距离 (n mile)	调遣次数	调遣费 （元）
		准备、结束(元/次)	执行(元/n mile)			
(1)	(2)	(3)	(4)	(5)	(6)	(7)

填表说明：(2)栏：填写需要调遣的单船名称。
(3)栏：按表 4-16 规定的艘班数计算。
(4)栏：按表 4-15 规定的航速计算。
(5)栏：调遣实际距离。
(6)栏：同类型船舶调遣艘次数。
(7)栏：=[(3)+(4)×(5)]×(6)

思考与练习题

1．什么是土建工程施工图预算？它的编制对象是什么？
2．土建工程施工图预算(书)有哪些内容？其作用是什么？

3. 土建工程施工图预算的编制原则与编制依据有哪些?
4. 说明土建工程施工图预算编制的主要步骤。
5. 说明怎样编制分项工程预算表?怎样进行工料分析?
6. 编制土建工程施工图预算(书)应注意的事项有哪些?
7. 简述建筑工程审计的概念、目的和作用。
8. 简述建筑工程审计的分类和方法。
9. 简述建筑工程设计概算的审计内容。
10. 简述建筑工程施工图预算的审计内容。

第八章 建筑工程结算的编制

第一节 概 述

一、建筑工程结算的概念、作用

建筑工程结算是指承包人在工程实施过程中,依据承包合同中关于付款条款的规定和已经完成的工程量,按照规定的程序向建设单位(业主)收取工程价款的一项经济活动。

建筑工程结算是反映工程进度的主要指标。在施工过程中,工程结算依据之一就是按照已完成的工程量进行结算,也就是说,承包人完成的工程量越多,所应结算的工程价款就应越多,所以,根据累计已结算的工程款与合同总价款的比例,能够近似地反映出工程的进度情况,有利于准确掌握工程进度。

建筑工程结算是加强资金周转的重要环节。承包人能够尽快尽早地结算工程款,有利于偿还债务,也有利于资金的回笼,降低内部运营成本。通过加速资金周转,提高资金的使用有效性。

建筑工程结算是考核经济效益的重要指标。对于承包人来说,只有工程价款如数地结算,才能避免了经营风险,承包人才能够获得相应的利润,进而达到良好的经济效益。

二、建筑工程价款的结算方式

由于工程造价计价的多样性,单件性和分部组合计价的特点,因而使得建筑工程价款的结算也具有多样性,为了既能有效地控制工程造价又能便于承包单位的施工消耗及时得到补偿并同时实现利润,我国现行的工程价款结算方式有如下几种:

1. 按月结算

对在建施工工程,每月月末(或下月初)由承包人提出已完工程月报表和工程款结算清单,交现场监理工程师审查签证并经业主确认后,办理已完工程的工程款结算和支付业务。

按月结算时,对已完成的施工部分产品,必须严格按规定标准检查质量和逐一清点工程量。质量不合格或未完成预算定额规定的全部工序内容,则不能办理工程结算。工程承发包双方必须遵守结算规则,既不准虚报冒领,又不准相互拖欠,违者应按国家主管部门的规定处罚。

2. 竣工后一次结算

这种方法,是指按月预支,竣工后一次结算的方法。常用于工期在一年内或工程价值在100万元以下的工程,可以实行工程价款每月中预支,竣工后一次结算。

3.分段结算

对在建施工工程,按施工形象进度将施工全过程划分为若干个施工阶段进行结算。工程按进度计划规定的施工阶段完成后,即进行结算,具体的做法有以下几种:

(1)按施工阶段预支,施工阶段完工后结算。这种做法是将工程总造价通过计算拆分到各个施工段,从而得到各个施工阶段的建筑安装工程费用。承包人据此填写"工程价款预支账单"送监理工程师签证并经业主确认后办理结算。

(2)按施工阶段预支,竣工后一次结算。与前一种方法比较,其相同点均是按阶段预支,不同点是不按阶段结算,而是竣工后一次结算。

(3)分次预支,竣工后一次结算。分次预支,每次预支金额数应与施工进度大体相一致。此种结算方法的优点是可以简化结算手续,适用于投资少、工期短、技术简单的工程。

4.目标结算方式

这种结算方式在工程合同中,将承包工程的内容分解成不同的控制界面,以业主验收控制界面为支付工程价款的前提条件,也就是说,将合同中的工程内容分解成不同的验收单元,当承包人完成单元工程内容并经业主(或委托人)验收后,业主支付构成单元工程内容的工程价款。

5.结算双方约定的其他结算方式

以签订合同为依据,确定结算方式。

三、按月结算建筑工程价款的一般程序

(一)工程预付款(又称工程备料款)

发包人按照合同约定,在开工前预先支付给承包人的工程款。其目的是为了改善承包人前期的流动资金,帮助承包人顺利地开工。

在这里要注意的是,备料款是以形成工程实体所需材料的多少、储备时间长短而计算的资金占用额。

进度款是按施工企业逐月完成工程价款的多少来确定的,它们之间存在着一定的抵扣关系。

施工单位向建设单位预收工程备料款数额,取决于主要材料(包括构件)占合同造价的比重、材料储备期和施工期等因素。预收工程备料款数额可按以下公式计算:

$$预收工程备料款数额 = \frac{年度计划完成合同价款 \times 主要材料比重}{年度施工日历天数} \times 材料储备天数$$

式中,材料储备天数可根据当地材料供应情况确定。

$$工程备料款额度 = \frac{预收备料款数额}{年度计划完成合同款} \times 100\%$$

实际工作中,工程备料款额度通常在施工合同中规定一个百分数(一般为合同造价的20%左右),对于大量采用预制构件的工程,可适当增加。

[例1] 某施工单位承包某项工程,总包价为500万元,双方签订的合同中规定,工程备料款额度为18%,则工程备料款额度为(500×0.18)万元=90万元。

(二)工程预付款的扣回

由于备料款是按承包工程所需储备的材料计算的,因而当工程完成到一定的进度,材料储备随之减少时,预收备料款应当陆续扣还,并在工程全部竣工前扣完。确定预收备料款扣还的起扣点,应以未完工程所需主材及结构构件的价值刚好同备料款相等为原则。工程备料款的起扣点可按下式计算:

$$预收备料款 = (合同造价 - 已完工程价款) \times 主材费率$$

式中,主材费率 = 主要材料费 ÷ 合同造价。

上式经变换为:

$$预收备料款扣起扣时的工程进度(即起扣点) = 1 - \frac{预收备料款额度}{主材费率}$$

[例2] 假设主材费率为56%,工程备料款额度为18%,则预收备料款起扣时的工程进度为 $1 - (18\% \div 56\%) \times 100\% = 67.86\%$,这时,32.14%的未完工程所需的主要材料费接近18%(即将 $32.14\% \times 0.56 \approx 18\%$)。

随着工程的进展,主要材料的储备可随之减少,因而预收备料款应开始扣还。

实际工作中,一般在合同中规定,当已完工程进度为70%左右时,开始起扣工程备料款。

(三)工程进度款

工程进度款的结算分两种情况,即未达到起扣预收备料款情况下工程进度款的结算和已达到起扣工程备料款情况下工程进度款的结算两种。

(1)未达到起扣工程备料款情况下工程进度款的结算,其计算公式为:

$$应收取的工程进度款 = \sum(本期已完工程量 \times 预算单价) + 相应该收取的其他费用$$

(2)已达到起扣工程备料款情况下工程进度款的结算,其计算公式为:

$$应收取的工程进度款 = [\sum(本期已完工程量 \times 预算单价) + 相应该收取的其他费用] \times (1 - 主材费率)$$

[例3] 某施工企业承包某项工程,合同造价为800万元,双方签订的合同中规定,工程备料款额度为18%,工程进度达到68%时,开始起扣工程备料款。经测算,主材费率为56%。设该公司在累计完成工程进度64%后的当月,收取的工程价款为80万元。试计算该月应收取的工程进度款及应归还的工程备料款。

[解] (1)该公司当月所完成的工程进度为:

$$(80 \div 800) \times 100\% = 10\%$$

(2)该公司在未达到起扣工程备料款时当月应收取的工程进度款为:

$$800 \text{万元} \times 4\% = 32 \text{万元}$$

(3)该公司在已达到起扣工程备料款时当月应收取的工程进度款为:

$$(80 - 32) \text{万元} \times (1 - 56\%) = 21.12 \text{万元}$$

(4)该公司当月应收取的工程进度款为:

$$(32 + 21.12) \text{万元} = 53.12 \text{万元}$$

(5)当月应归还的工程备料款为:

$$(80 - 53.12) \text{万元} = 26.88 \text{万元}$$

或

$$(48 - 21.12) \text{万元} = 26.88 \text{万元}$$

四、竣工结算

竣工结算是指施工企业按照合同的规定,对竣工验收后的工程向建设单位办理最后工程价款清算的经济技术文件。结算书以施工单位为主进行编制。目前竣工结算一般采用以下结算方式。

(一)预算结算方式

这种方式是把经过审定确定的施工图预算作为竣工结算的依据,凡在施工过程中发生而施工图预算中未包括的项目与费用,经建设单位驻现场工程师签证,应和原预算一起在工程结算时进行调整。

(二)承包价结算方式

这种方式是按工程承包合同的价款进行结算。工程竣工后,暂扣合同价的2%作为维修金,其余工程价款一次结清;凡施工过程中所发生的材料代用,一般的设计变更,除建筑工程中的钢材、木材、水泥、砖、瓦、灰、砂、石和安装工程的管线材、配件材料以外,其他材料价差一律不予调整。因此,凡按承包价款进行结算的工程,一般都列有一项不可预见费用。

工程竣工结算工程价款的一般公式为:

竣工结算工程价款 = 合同价 + 合同价调整额 − 预付款及已结算工程款 − 保修金

承包价结算账单见表8-1。

竣工工程价款结算账单　　　　　　　　　　　　　　　　　　　表 8-1

工程项目	造价	应扣款			应收(+)或应退(−)款项	备注
		已收工程款		合计		

竣工结算要有严格的审查,主要有以下几方面:

1. 核对合同条款

首先,应核对竣工工程内容是否符合合同条件要求,工程是否竣工验收合格,只有按合同要求完成全部工程并验收合格才能竣工结算;其次应按合同规定的结算方法,计价定额、取费标准,主材价格和合同条款等,对工程竣工结算进行审核,若发现开口合同或有漏洞,应请建设单位与施工单位认真研究,明确结算要求。

2. 检查隐蔽验收记录

隐蔽工程均需进行检查验收,且需两人以上签证;实行工程监理的项目应经监理工程师签证确认。竣工结算时应该对隐蔽工程施工记录和验收签证审核,手续完整,工程量与竣工图一致方可列入结算。

3. 落实设计变更签证

设计变更应由原设计单位出具设计变更通知单和修改的设计图纸，校审人员签字并加盖公章，经建设单位和监理工程师审查同意、签证。重大设计变更应经原审批部门审批，否则不应列入结算。

4. 按图核实工程量

竣工结算的工程量应依据竣工图、设计变更单和现场签证等进行核算，按实际完成并经监理工程师确认的工程量进行结算。

5. 执行的单价

结算单价应按合同约定或招标规定的单价执行，不能随意取定。

6. 防止各种计算误差

工程竣工结算子目多、篇幅大，往往有计算误差，应认真核算，防止因计算误差多计或少算。

五、保修金的返还

工程保修金一般为施工合同价款的 3%，在合同专用条款中具体规定。发包人在质量保修期满后 14 日内，将剩余保修金和利息返还承包人。

六、竣工结算的时限和违约责任

（一）建设工程施工合同示范文本中有关竣工结算的时限和违约责任

国家工商行政管理局和建设部共同制定的《建设工程施工合同条件》第 28 条规定，竣工报告批准后，乙方（即承包人或施工企业）应按国家有关规定和协议条款约定的时间、方式向甲方（即业主）代表提出结算报告，办理竣工结算。甲方代表收到结算报告后应及时给予批准或提出修改意见，在协议条款约定时间内将拨款通知送经办银行，并将副本送乙方。银行审核后向乙方支付工程款。乙方收到工程款后 15 日内将竣工工程交付甲方。

由于甲方违反有关规定和约定，经办银行不能支付工程款，乙方可留置部分或全部工程，并予以妥善保护，由甲方承担保护费。

甲方无正当理由收到竣工报告后 30 日不办理结算，从第 31 日起按施工企业向银行计划外贷款的利率支付拖欠工程款的利息，并承担违约责任。

（二）《港口工程施工合同范本》中有关竣工结算的时限和违约责任

交通部 1996 年 5 月制定的《港口工程施工合同范本》第 18 条第 5 款规定，竣工验收合格后，乙方应在 30 日内向甲方提交结算报告，办理竣工结算。甲方接到结算报告后 14 日内审核确认，并在确认后 7 日内将应支付乙方的工程款支付给乙方；若甲方接到结算报告后 14 日内未予审核确认，乙方提交的结算报告则视为甲方确认。

甲方在确认结算报告后 7 日内未将工程款支付给乙方，从确认结算报告后第 8 日起按施工企业向银行计划外贷款的利率向乙方支付拖欠工程款项利息，并承担违约责任。

第二节 建筑工程结算的编制

一、建筑工程结算的编制依据

(1)各专业设计施工图纸和文字说明,工程地质勘察资料。
(2)当地和主管部门颁布的建筑工程定额、单位估价表、地区材料、构配件预算价格或市场价格、费率定额。
(3)建设场地中自然条件和施工条件,并据此确定的施工方案或施工组织设计。
(4)工程竣工报告和工程验收单。
(5)工程承包合同与已经核查的原施工图预算。
(6)设计变更、技术洽谈与现场施工记录。
(7)工程签证凭证,工程价款结算凭证及其他有关资料。
(8)动态调价文件及其他有关工程造价管理文件等。

二、建筑工程结算的编制方法

工程竣工结算的编制,因承包方式的不同而有所差异,其结算方法均应按合同约定进行,下面介绍几种结算的编制方法。

(一)采用招标方式承包工程

这种工程价款结算,原则上应以中标价(议标价)为基础进行,由于我国社会主义市场经济体制尚未完全形成,正在由计划经济体制向市场经济体制过渡,因此,工程中诸多因素不能反映在中标价格中。这些因素均应在合同条款中明确。如工程有较大设计变更、材料价格的调整等,一般在合同条款规定中均允许调整。当合同条文规定不允许调整但非施工企业原因发生中标价格以外费用时,承发包双方应签订补充合同或协议,承包方可以向发包方提出工程索赔。作为结算调整的依据。施工企业编制竣工结算时,应按本地区主管部门的规定,在中标价格基础上进行调整。

(二)采用施工图概(预)算加增减账方法

以原施工图概(预)算为基础,对施工中发生的设计变更、原概(预)算书与实际不相符、经济政策的变化等,编制变更增减账。即在施工图概(预)算基础上增减调整。

编制竣工结算的具体增减内容,有以下几个方面。

1. 工程量差的调整

工程量差,是指施工图概(预)算所列分项工程量与实际完成的分项工程量不相符而需要增加或减少的工程量。它一般包括:

1)设计变更

(1)工程开工后,建设单位提出要求改变某些工程做法。如原设计为水泥地面改为现浇水磨石地面,增减某些具体工程项目。

(2)设计单位对原施工图的完善。如有些部位相互衔接而发生量的变化。

(3)施工单位在施工过程中遇到一些原设计中未预料的具体情况,需要进行处理,如挖基础时遇到的石墓、废井、人防通道必须采取换土、局部增加垫层厚度或增设混凝土地梁等。

对于设计变更,经设计单位、建设单位(或监理单位)、施工企业三方研究、签证后填写设计变更洽商记录,作为结算增减工程量的依据。

2)工程施工中发生特殊原因与正常施工不同

如基础埋置深度超过一定深度时,必须进行护坡桩施工;对特殊做法,施工企业编报施工组织设计,经建设(或监理)单位同意、签认后,作为工程结算的依据。

3)施工图概(预)算中分项工程量不准确

在编制工程竣工结算前,应结合工程竣工验收,核对实际完成的分项工程量。如发现与施工图概(预)算书所列分项工程量不符时,应进行调整。

2. 各种人工、材料、船机价格的调整

在工程结算中,人工、材料、船机费差价的调整;办法及范围,应按当地主管部门的规定办理。

1)人工单价调整

在施工过程中,国家对工人工资政策性调整或劳务工资单价变化,一般按文件公布执行之日起的未完施工部分的定额工日数计算,用以下三种方法调整。

(1)按概(预)算定额分析的人工工日乘以人工单价的差价;

(2)按概(预)算定额编制的直接工程费为基数乘以系数;

(3)按概(预)算定额编制的直接工程费为基数乘以主管部门公布的季度或年度的综合系数一次调整。

2)材料价差的调整

调整的方法有两种:

(1)对于主要材料,分规格、品种以定额的分析量为准,定额量乘以材料单价差即为主要材料的价差。市场价格以当地主管部门公布的指导价或中准价为准。对于辅助(次要)材料,以概(预)算定额编制的直接工程费乘以当地主管部门公布的调价系数。

(2)造价管理部门根据市场价格变化情况,将单位工程的工期与价格调整结合起来,测定综合系数,并以直接工程费为基数乘以综合系数。该系数一个单位工程只能使用一次。

3)船机价格的调整

(1)采用船机增减幅度系数。一般船机价格的调整按概(预)算定额编制的直接工程费乘以规定的机械调整系数。

(2)采用综合调整系数。根据船机械费增减总价,由主管部门测算,按季度公布综合调理系数,一次进行调整。

3. 各项费用调整

间接费、利润及税金是以直接工程费(或定额人工费总额或定额人工费与材料费合计总额)为基数计取的。随着人工费、材料费和船机费的调整,间接费、计划利润及税金也同样在变化,除了间接费的内容发生较大变化外,一般间接费的费率不作变动。

各种人工、材料、船机价格调整后,在计取间接费、利润和税金时有两种方法:

(1)各种人工、材料等差价,不计算间接费和利润,但允许计取税金。

(2)将人工、材料、船机的差价列入工程成本计取间接费、利润及税金。

(三)采用施工图概(预)算加包干系数或平方米造价包干的方式

采用施工图概(预)算加包干系数或平方米造价包干方式的工程结算,一般在承包合同中已分清了承发包单位之间的义务和经济责任,不再办理施工过程中所承包范围内的经济洽商,在工程结算时不再办理增减调整。工程竣工后,仍以原概(预)算加系数或平方米造价包干进行结算。

对于上述承包方式,必须对工程施工期内各种价格变化进行预测,以获得一个综合系数,即风险系数。这种做法对承包或发包方均具有很大的风险性,一般只适用于建筑面积小、工作量不大、工期短的工程。对工期较长、结构类型复杂、材料品种多的工程不宜采用这种方法承包。

目前,针对工程竣工结算书国家没有统一规定的格式,各地区可结合当地的情况和需要自行设计计算表格,供结算使用。

三、工程结算的编制程序

工程结算的编制流程如图 8-1 所示。

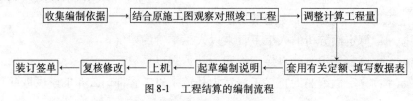

图 8-1 工程结算的编制流程

第三节 工 程 案 例

××码头水工工程竣工结算。

编 制 说 明

(一)工程概况

××码头水工工程施工承包合同中规定的工程项目有:5 000t 级码头(含码头前沿挖泥)、2 000t 级码头、工作船码头、内护岸工程、外护岸工程、外护坡工程、陆域回填及临时工程。合同承包价为 5 416 万元。

本结算是根据交通部交基发(1993)276 号《关于对执行水运和疏浚工程船舶、机械艘(台班)费用定额时燃料单价进行调整的通知》和 979 号《关于调整水运、疏浚工程定额费用的通知》,交基发(1994)329 号文发布的自 1994 年 6 月 1 日起施行的《沿海港口建设工程概算预算编制规定》等,以及甲乙双方共同确定的调价原则编制的。

本工程所耗用的"三材"数量为:

钢材:711.24t;木材:261.81m³;水泥:24 588.7t。

本工程结算总值为 67 475 370 元。

××码头水工程竣工结算汇总表

表 8-2

序号	工程或费用名称	调价预算			设计变更			签证项目			总计
		94.6.1前	94.6.1后	小计	增加项目	调减项目	小计	94.6.1前	94.6.1后	小计	
1	5 000t级码头	289 260	27 037 133	27 326 393	6 097 314		6 097 314				33 423 707
2	2 000t级码头	2 352 524	2 443 886	4 796 410							4 796 410
3	外护岸工程	2 215 107	18 815 810	21 030 917	428663		428 663				21 459 580
4	工作船码头	1 107 394	134 303	1 241 697							1 241 697
5	内护岸工程	73 670	70 414	144 084							144 084
6	输油管线支架及基础		289 309	289 309							289 309
7	港池挖泥		1 915 280	1 915 280							1 915 280
8	临时工程	1 000 000		1 000 000							1 000 000
9	回填土项目	1 050 000		1 050 000							1 050 000
10	油料及地材差价	173 127		173 127							173 127
11	异地预制沉箱差价								346 971	346 971	346 971
12	设计变更					1 587 280	-1 587 280				-1 587 280
13	人工费系数调整				15 581		-15 581				-15 581
14	业主签证							237 776	1 030 227	1 268 003	1 268 003
15	其他项目签证								394 692	394 692	394 692
16	风浪损失								460 228	460 228	460 228
17	码头路面调整				895 091		895 091				895 091
18	管沟项目签证				67 344		67 344				67 344
19	其他费用签证								166 998	166 998	166 998
20	调迁费用调整								-14 290	-14 290	-14 290
21	总计	8 261 082	50 706 135	58 967 217	7 488 412	1 602 861	5 885 551	237 776	2 384 826	2 622 602	67 475 370

(二)编制依据

(1)双方签订的施工承包合同、补充合同、回填土协议及调价协议。

(2)××码头水工工程全部施工图纸,××设计院关于本工程的所有设计变更通知单,以及业主签认的到××号为止的签认单。

(3)交通部(87)交基发238号文颁发的《水运工程综合预算定额》、(90)交工字第399号文颁发的《水运工程概预算编制办法(修订本)》与相应配套定额;交基发(1993)276号文和979号文;交基发(1994)329号文颁发的《沿海港口水工建筑工程定额》、《沿海港口装卸机械设备安装工程定额》、《沿海港口水工建筑及装卸机械设备安装工程混凝土和砂浆材料用量定额》、《沿海港口水工建筑及装卸机械设备安装工程船舶机械艘(台)班费用定额》及《沿海港口建设工程概算预算编制规定》。

(4)××市1992年、1993年及现行的建筑安装工程材料预算价格。

(5)其他有关文件和规定。

(三)需说明的有关问题

(1)本结算未包括已另签合同的登船爬梯工程;

(2)"三材"中已扣除了异地预制沉箱的用量;

(3)其他有关说明与单位工程预算。

(四)附件

(1)本工程竣工结算汇总表一份;

(2)异地预制沉箱"三材"差价计算表一份;(略)

(3)1995年7月×日报送的本工程调价预算5册;(略)

(4)1995年8月×日报送的本工程设计变更及签证预期共册;(略)

(5)1995年12月×日报送的本工程外护岸风浪损失及路面工程预算1册。(略)

××码头水工工程竣工结算汇总表见表8-2。

思考与练习题

1. 什么是建筑工程结算?
2. 建筑工程结算方式有几种情况?
3. 如何确定工程预付款?预付款扣回的数额如何确定?
4. 编制工程结算依据有哪些方面?
5. 建筑工程结算作用有哪些方面?
6. 竣工结算时要严格审查哪几方面内容?

第九章 工程量清单计价

第一节 工程量清单计价概述

一、工程量清单计价体系

《水运工程工程量清单计价规范》是关于水运工程清单计价体系的计价规范,其中所采用工程量清单计价模式是国际上普遍使用的通行做法。我国的工程量清单中的单价采用综合单价。

(一) 工程量清单和综合单价

工程量清单是表现拟建工程的分部分项工程项目、措施项目、其他项目名称和相应数量的明细清单,是按照招标要求和施工设计图纸要求规定将拟建招标工程的全部项目和内容,依据统一的工程量计算规则、统一的工程量清单项目编制规则要求,计算拟建招标工程的分部分项工程数量的表格。

综合单价是指完成工程量清单中一个质量合格的规定计量单位项目所需的直接费、间接费、利润和税金,并考虑风险因素的价格,如表9-1所示。

水运工程综合单价组成示意图　　　　　　　　表9-1

综合单价	直接工程费	定额直接费	人工费
			材料费
			施工船机使用费
		其他直接费	临时设施费
			冬雨夜施工增加费
			材料二次倒运费
			施工辅助费
			施工队伍进退场费
			外海工程拖船费
	间接费	企业管理费	
		财务费用	
	利润		
	税金		
	风险费用		

(二) 工程量清单计价模式

工程量清单是招标文件、投标书和合同文件的重要组成部分，是一种与市场经济相适应的，由承包人自主报价，通过市场竞争确定价格，与国际惯例接轨的计价体系。工程量清单要求根据设计要求，按统一编码、统一名称、统一计量单位、统一工程量计算规则进行编制，在招标文件中明确需要施工的建设项目分部分项工程的数量；参加投标的承包人根据招标文件的要求、施工项目的工程数量，按照本企业的施工水平、技术及机械装备力量、管理水平、设备材料的采购渠道和所掌握的价格情况及对利润追求的程度计算出总造价，根据招标文件中的工程量清单，编制自己的投标报价书，进行投标报价。

(三) 工程量清单计价模式对水运工程造价管理体制的作用

工程量清单计价模式在水运行业不仅是引入竞争机制的一种计价方式，更在于它提供了一种由市场决定价格的计价模式。其推进我国水运工程造价管理体制改革的作用是显而易见的，主要反映在以下几方面：

(1) 水运行业采用工程量清单招标是符合我国当前工程造价管理体制改革中"逐步建立以市场决定价格的机制"的目标。它能真正地实现行业内通过市场竞争机制决定工程造价。

(2) 水运行业采用工程量清单招标有利于将工程的质量、造价、工期三者紧密地结合起来。因为报价过程中必定会考虑到质量和工期的因素，这样有利于满足建筑市场客观规律的要求。使投标单位通过报价的调整来反映质量、成本、工期三者之间的科学关系。

(3) 水运行业采用工程量清单招标有利于增加行业内综合实力强、社会信誉好的企业的中标机会，有利于业主获得最合理的工程造价，充分体现水运行业实现招标投标的宗旨。同时也可为建设单位的工程成本控制提供准确、可靠的依据。

(4) 水运行业采用工程量清单模式进行计价有利于中标企业进行利润分析、控制成本、统筹考虑、精心施工；并根据行业定额合理地确定工、料、机的投入和配置，以便更好地抓好质量和工期。

(5) 水运行业采用工程量清单招标有利于控制价的管理与控制。在传统的招标投标方法中，控制价是否正确、保密程度如何一直是行业内争议的焦点。但如果采用工程量清单计价模式进行招标，工程量是招标文件内容的一部分，而且是公开的，控制价只起到参考和控制造价不能突破工程概算的约束，并与评标过程无关，这就从根本上消除了标底误差和标底泄密所造成的负面影响。

(四) 工程量清单计价模式在水运工程造价领域应用的特点

在水运工程领域进行招标投标过程中，采用工程量清单计价方法具有以下特点：

(1) 可满足水运行业竞争的需要，提高自身的管理水平，使之形成水运企业整体实力的竞争。招标投标过程本身就是一个竞争过程，招标人(出资方)给出工程量清单，投标人(施工方)填入包含成本和利润的单价，填高了中不了标，填低了要亏本，此时就体现出行业内施工企业技术、管理水平的重要，形成企业整体实力的竞争。

(2) 可为水运企业提供一个平等的竞争条件。因为在相同的工程量条件下，由投标企业根据自身的实力填报不同的单价，这样则符合商品交换的公平原则。

(3) 可有利于水运工程造价的最终确定。投标单位中标后，业主则与其签订施工合同，工程量清单报价基础上的中标价就成了合同价的基础。工程竣工后,业主可根据设计变更、工程量的增减乘以相应单价,合理、快捷地确定工程的最终造价。

(4)有利于水运行业内实现风险的合理分担。采用工程量清单报价后,行业内投标单位只对自己所报的成本、单价负责,而对工程量变更或计算错误等不负责任;相应的,对于这一部分风险则由业主承担。这种格局符合风险合理分担与责、权、利关系对等的原则。

(5)有利于业主对水运工程投资的控制。水运行业采用现行的施工图预算形式进行报价,业主对因设计变更、工程量增减等因素所引起的工程造价变化不容易觉察到,往往等竣工结算时才发现这些因素对项目投资的影响程度,但为时已晚。而使用工程量清单计价模式进行报价,业主就能马上对因设计变更、工程量增减等因素对工程造价影响的程度一目了然,使业主能根据投资情况决定是否变更或进行方案比较等,从而决定恰当的处理方法及合理的投资额。

二、工程量清单计价规范

《水运工程工程量清单计价规范》自2009年1月1日起实施。该规范包括总则、术语、工程量清单编制、工程量清单计价、工程量清单及其计价格式、附录、用词说明。

(一)总则

(1)为规范水运工程计价行为,统一水运工程工程量清单计价的编制和计价方法,根据《中华人民共和国招标投标法》和现行国家标准《建设工程工程量清单计价规范》(GB 50500—2013),制定本规范。

(2)本规范适用于港口工程、航道工程、修造船厂水工建筑物工程以及与之配套的水运建设工程的工程量清单编制和计价活动。

(3)水运工程工程量清单计价活动应遵循客观、公正、公平的原则。

(4)水运工程工程量清单计价活动除应符合本规范的规定外,尚应符合国家现行有关标准的规定。

(二)术语

1. 工程量清单

工程量清单用于表现拟建工程的分项工程项目、措施项目和其他项目的名称及相应数量的明细。

2. 项目编码

项目编码采用五级编码,用12位阿拉伯数字表示,由左至右1~9位为统一编码,其中1、2位为水运工程行业码,3、4位为专业工程顺序码,5、6位为分类工程顺序码,7、8、9位为分项工程顺序码,10~12位为特征项目顺序码。(第五级编码由清单编制人根据招标工程的工程量清单项目特征自行编制,应从001开始。)

清单编制人在自行设置编码时应注意:

(1)一个项目编码对应于一个项目名称、计量单位、计算规则、工程内容、综合单价。以上五项只要有一项不同,就应另设编码。

(2)项目编码不应再设副码。

(3)同一个单位工程中第五级编码不应重复。

(4)清单编制人在自行设置编码时,并项要慎重考虑。

(三)工程量清单编制

1. 一般规定

(1)工程量清单应作为招标文件的组成部分。

(2)工程量清单应由具有编制招标文件能力的招标人,或受其委托具有相应资质的单位进行编制。

(3)工程量清单应由分项工程量清单、一般项目清单、计日工项目清单组成。

(4)工程量清单中的计量单位除另有规定外,应满足下列要求:

①按长度计算的项目以"米"计;

②按面积计算的项目以"平方米"或"平方千米"计;

③按体积计算的项目以"立方米"或"万立方米"计;

④按重量计算的项目以"千克"或"吨"计;

⑤按自然计量单位计算的项目以"个"、"件"、"根"、"台"、"套"、"组"等计;

⑥没有具体工程数量的以"项"计。

(5)工程量清单中的工程数量的有效位数除另规定外,应符合下列规定:

①以"平方米"、"米"、"平方千米"、"万立方米"、"千克"、"吨"为计量单位,应保留小数点后两位数字,第三位数字四舍五入。

②以"个"、"件"、"根"、"台"、"套"、"组"、"项"等为计量单位,应取整数。

(6)招标人应按《水运工程工程量清单计价规范》附录C编制工程量清单表,投标人应按《水运工程工程量清单计价规范》(JTS 271—2008)附录D填写工程量清单计价表。招标人应将工程量清单表的电子版文件随招标文件一起提供给投标人。

2. 分项工程量清单

(1)工程量清单的编制依据应包括下列内容:

①国家和行业有关招标投标的法律、法规和规章;

②招标文件;

③投标文件;

④本规范规定。

(2)分部分项工程量清单应采用统一格式,并包括序号、项目编码、项目名称、计量单位、工程数量、项目特征等。

(3)分部分项工程量清单应根据《水运工程工程量清单计价规范》(JTS 271—2008)附录C中规定的统一项目编码、项目名称和计量单位进行编制。

(4)分项工程量清单的项目编码中的10~12位为000时,应仅作为表示同类分项工程量清单项目的编码;自001起应根据招标工程的工程量清单项目特征由其编制人设置,并应顺序编码。

(5)工程内容应包括完成对应清单项目的全部可能发生的具体工作。

(6)项目特征应对工程项目的要求进行具体准确的描述。

(7)分项工程量清单的项目名称应根据招标工程和《水运工程工程量清单计价规范》(JTS 271—2008)附录 C 中的项目名称及工程内容、项目特征确定。

(8)工程量的计算应按《水运工程工程量清单计价规范》(JTS 271—2008)附录 D 中的工程量计算规则执行,工程数量应以设计图纸净尺度为准。

(9)编制分项工程量清单发生《水运工程工程量清单计价规范》(JTS 271—2008)附录 C 未列项目时,编制人可作补充。

3. 一般项目清单和计日工项目清单

(1)一般项目清单和计日工项目清单应根据招标工程的具体情况列项。一般项目清单的编码应按《水运工程工程量清单计价规范》第 2.(4)条执行。

(2)编制一般项目清单和计日工项目清单发生《水运工程工程量清单计价规范》(JTS 271—2008)附录 C 未列项目时,编制人可作补充。

(四)工程量清单计价

(1)实行工程量清单计价招标投标的水运工程,其招标标底和投标报价的编制、合同价款的确定与调整、工程价款的结算均按本规范执行。

(2)工程量清单计价应包括按招标文件规定的分项工程量清单费用、一般项目清单费用、计日工项目清单费用等全部费用。

(3)工程量清单计价表中的价款金额宜以人民币表示,单位为"元",小数点后保留两位。

(4)工程量清单计价应采用综合单价。

(5)一般项目清单的费用,应根据招标文件的要求以及施工方案或施工组织设计,以项为单位计价。

(6)计日工项目清单费用,应由投标人按招标文件要求确定。

(7)投标报价应根据招标文件中的工程量清单和有关要求、现场施工条件以及施工方案或施工组织设计,按照企业施工能力和技术水平进行编制。

(8)一般项目清单中的安全文明施工费应按国家有关部门的规定计价,不得作为竞争性费用。

(9)规费和税金应按国家有关部门的规定计算,不得作为竞争性费用。

(10)工程量清单的合同结算工程量,除另有约定外,应按本规范和合同文件约定的有效工程量进行结算。

(11)合同履行过程中,工程量或单价由于设计变更或工程量清单漏项等原因发生变化时,应按本规范规定和合同约定调整。

(12)设标底的招标工程,标底应根据招标文件中的工程量清单和有关要求、现场施工条件、合理的施工方法等进行编制。

(五)工程量清单及其计价格式

1. 工程量清单格式

(1)工程量清单应采用统一格式。

(2)工程量清单文件应由封面、总说明、工程量清单项目汇总表、分项工程量清单、一般项目清单、计日工项目清单和招标人供应材料设备表等内容组成。

(3)工程量清单总说明应包括下列内容：

①招标工程概况，包括建设规模、工程特征、计划工期、施工现场和交通运输情况、自然地理条件、环境保护要求等；

②工程招标范围；

③工程量清单编制依据；

④工程质量、材料、施工等特殊要求；

⑤招标人自行采购材料的名称、规格、型号、数量等；

⑥其他需要说明的问题。

(4)分项工程量清单填写应满足下列要求：

①项目编码按《水运工程工程量清单计价规范》(JTS 271—2008)规定填写。《水运工程工程量清单计价规范》(JTS 271—2008)附录C中特征项目码10~12位由编制人自001起顺序编码。

②项目名称根据《水运工程工程量清单计价规范》(JTS 271—2008)附录C的项目编码名称确定，结合工程实际情况设置特征项目名称。

③计量单位的选用和工程量的计算按《水运工程工程量清单计价规范》(JTS 271—2008)附录C的规定执行。《水运工程工程量清单计价规范》(JTS 271—2008)附录C中有两个计量单位的，根据需要选用其中一个。

(5)一般项目清单应根据招标文件确定的一般项目名称填写。凡能列出工程数量并按单价结算的，均应列入分项工程量清单。

(6)计日工项目清单填写应满足下列要求：

①人工按工种、材料和船舶机械按名称和规格型号分别填写。

②选择计量单位时，人工以工日、材料以常用计量单位、船舶机械以艘班或台班分别填写。

(7)招标人供应材料设备表应填写材料设备名称、规格型号、计量单位、数量、单价和交货地点，并应在备注栏内说明材料设备供应的其他条件。

2. 工程量清单计价格式

(1)工程量清单计价应采用统一格式。

(2)工程量清单报价文件应由封面、工程量清单项目总价表、分项工程量清单计价表、一般项目清单计价表、计日工项目清单计价表、分项工程量清单综合单价汇总表、综合单价分析表和主要材料价格表等组成。

(3)工程量清单报价表的填写应符合下列规定：

①投标人不得随意增加、删除或涂改招标人提供的工程清单中的任何内容。

②工程量清单报价表中所有要求盖章、签字的地方，必须由规定的单位和人员盖章、签字。

③投标总价应按工程量清单项目总价表中"合计"栏金额填写。

④工程量清单项目总价表应按分项工程量清单计价表中相应项目合计金额填写。

⑤分项工程量清单计价表填写应满足下列要求：

a. 表中的序号、项目编码、项目名称、计量单位、工程数量按招标人提供的分项工程量清单中的相应内容填写；

b. 投标人填写表中列明的所有需要填写的单价和合价，未填写的单价和合价，视为此项费用已包含在工程量清单的其他单价和合价中。

⑥一般项目清单计价表中的序号、项目名称应按招标人提供的一般项目清单中相应内容填写,并应填写相应项目的金额和合计金额。

⑦计日工项目计价表中的序号、人工、材料、船舶机械的名称、规格型号以及计量单位应按招标人提供的计日工项目清单中相应内容填写,并应填写相应项目的单价及合价。

⑧分项工程量清单综合单价汇总表所列项目填写的项目名称、单价应与分项工程量清单计价表中的项目名称、单价一致。

⑨分项工程量清单综合单价分析表应按招标文件要求填写单价组成。

(4)总价项目不宜再设分项工程项目,招标人要求投标人填写总价项目分项工程分解表时,其表式应采用分项工程量清单计价表。

三、工程量清单计价各阶段依据

交通部水运工程定额站主编写的《水运工程工程量清单计价规范》中明确表明,水运工程造价应采用分阶段计价与管理。下面将分阶段说明水运工程的计价依据,而水运工程中的辅助工程适用于相应的定额,例如,房建部分适用于建设部发布的定额,公路适用于交通运输部的公路定额,铁路部分适用于铁道部的定额,水利部分适用于水利部发布的定额。

(一)工程建设可行性研究阶段依据

工程建设可行性研究阶段可分为预可行性研究阶段和可行性研究阶段。

预可行性研究阶段的工作是编制工程投资估算文件,包括:编制说明、编制依据及总估算表。

可行性研究阶段的工作是编制控制工程投资估算文件,包括:编制说明,编制依据,总估算表,主体工程投资估算表,水运建筑工程估算表和装卸机械设备购置及安装工程估算表,主要设备及钢材、木材、水泥和大宗砂石料用量表。

以上两种投资估算的编制依据基本相同,主要包括以下几点:

(1)国家的有关规定;

(2)可行性研究报告的图纸和说明书;

(3)《沿海港口建设工程投资估算指标》及《沿海港口建设工程可行性研究投资估算编制规定》;

(4)有关定额及计费标准;

(5)其他专业工程有关指标;

(6)设备出厂价格及工程所在地区的现行材料价格。

水运工程分为沿海、内河和疏浚三部分。现有的估算指标为《沿海港口估算指标》以及其配套的《沿海港口建设工程可行性研究投资估算编制规定》。沿海港口工程主要依据该指标和规定,而内河航运工程和疏浚工程则参照该指标和编制规定编制投资估算。但是,在实际工作中,由于估算指标偏差较大,一般采用设计概预算定额来编制投资估算。

(二)工程建设设计阶段计价依据

工程建设设计阶段又分为初步设计阶段和施工图设计阶段。

1. 初步设计阶段

该阶段的工作是编制设计概算文件。设计概算费用包括:编制期的静态投资、编制期至竣工验收时的动态投资、初期投产运营所需的机车车辆购置费和铺底流动资金四部分。其中静态投资费用按投资构成划分,又分属下列五种费用:建筑工程费、安装工程费、设备及工器具购置费、其他费、基本预备费。设计概算的编制,按个别概算、综合概算、总概算三个层次逐步完成。

现行的概预算定额有:
(1)《水运工程混凝土和砂浆材料用量定额》;
(2)《沿海港口水工建筑工程定额》;
(3)《沿海港口水工建筑及装卸机械设备安装工程船舶机械艘(台)班费用定额》;
(4)《沿海港口水工建筑及装卸机械设备安装工程定额工、料、机基价单价》;
(5)《沿海港口装卸机械设备安装工程定额》;
(6)《沿海港口水工建筑工程参考定额》;
(7)《水运工程混凝土和砂浆材料用量定额》;
(8)《内河航运水工建筑工程定额》;
(9)《内河航运工程船舶机械艘(台)班费用定额》;
(10)《内河航运设备安装工程定额》;
(11)《疏浚工程定额》;
(12)《疏浚工程船舶艘班费用定额》。

2.施工图设计阶段

该阶段的工作是编制施工图预算文件。施工图预算的编制方法主要有单位估价法和实物估价法两种,目前水运行业现行规定采用前者编制施工图预算。

(1)单位估价法是利用分部分项工程单价计算工程造价的方法。

计算程序是:
①根据施工图计算分部分项工程量;
②根据地区单位估价表或预算定额单价计算分部分项工程直接费,并汇总为单位工程直接费;
③计算间接费、计划利润,并与直接费汇总,得出单位工程预算造价;
④进一步汇总得出综合预算造价和总预算造价。

(2)实物估价法是利用预算定额计算人工、材料、机械台班用量,进而计算工程造价的方法。

计算程序是:
①根据施工图计算分部分项工程量;
②根据预算定额计算分部分项工程所需的人工、材料和机械台班消耗量,并按单位工程加以汇总;
③根据人工日工资标准、材料预算价格、机械台班费用单价等资料,计算单位工程直接费;
④计算间接费、计划利润,并与直接费汇总成单位工程预算造价,进一步汇总得出综合预算造价和总预算造价。

(三)工程建设实施阶段计价依据

1.招投标阶段

工程招投标阶段主要工作包括招投标和合同签订。目前水运行业的现状是定额计价方式和工程量清单计价方式并存,为了规范该阶段水运工程计价行为,统一水运工程工程量清单计价的编制和计价方法,交通运输部水运工程定额站编制了《水运工程工程量清单计价规范》。此规范适用于港口工程、航道工程、修造船厂水工建筑物工程以及与之配套的水运建设工程的工程量清单编制和计价活动。招投标阶段的主要造价形式是招标控制价、投标报价和合同价。

1) 招标控制价

招标控制价是《水运工程工程量清单计价规范》中规定的内容,相当于以前的拦标价,是对工程限定的最高工程造价。

水运行业招标控制价的编制应当依据以下的编制规定:《水运工程工程量清单计价规范》;国家或省级、水运行业建设主管部门颁发的计价定额和计价办法;建设工程设计文件及相关资料;招标文件中的工程量清单及有关要求;与建设项目相关的标准、规范、技术资料;水运工程造价管理机构发布的工程造价信息,水运工程造价信息没有发布的材料,参照市场价;其他的相关资料。

2) 投标报价

投标报价是由投标单位根据招标文件及有关定额(在清单计价模式下,由投标单位根据自身的施工经验与管理水平所制定的企业定额),并根据招标项目所在地区的自然、社会和经济条件及施工组织方案、投标单位的自身条件,计算完成招标工程所需各项费用的经济文件。

报价的费用组成和计算方法与概预算类似,而编制体系和要求均不同于概预算。二者主要区别在于:

(1) 概预算文件必须按国家有关规定进行编制,尤其是各种费用的计算,更能体现投标单位的实际水平;

(2) 概预算经设计单位编完后,必须经建设单位或其主管部门、银行等审查批准后才能作为建设单位与施工单位结算工程价款的依据;而报价则可以根据投标单位对工程项目和招标文件的理解程度,对预算造价上下浮动,无须预先送建设单位审核。

3) 合同价

合同价是项目建设单位和中标方签订的合同。是在中标的承包人的标价的基础上,经过谈判等环节的基础上约定的工程造价。

2. 工程建设施工阶段

工程施工阶段的主要价格形式有预付款、进度款、竣工结算款等。但水运工程还未有工程计量支付、价款调整结算等方面的规定,建设单位与施工单位主要按照合同约定进行支付结算。目前合同中约定的支付和结算方法大多参照了《建设工程价款结算暂行办法》(财建[2004]369号)及FIDIC合同的规定。工程价款结算一般以实际完成的工程量和有关合同单价以及施工过程中出现的变更、索赔、签证及价款调整计算当月应付的工程价款。工程价款结算方式主要有按月结算和分段结算两种。

另外,在工程施工阶段,施工单位为进行成本控制和成本核算,还要编制施工预算。施工预算是施工单位进行劳动组织与安排,以及进行材料和机械管理的依据。在施工阶段,施工单位在施工图预算的控制下,根据施工图计算的分项工程量、施工定额、施工组织设计或分部分项工程施工过程的设计及其他有关技术资料,通过工料分析,计算和确定完成一个工程项目或一个单位工程或其中的分部分项工程所需的人工、材料、机械台班消耗量及其他相应费用的经济文件。

建设工程的整个过程从申请建设项目,确定和控制基本建设投资额,进行基建经济管理和施工单位进行经济核算,到最后以决算形成固定资产,构成一个有机的整体,缺一不可。申请项目要编制投资估算,设计要编制概算和施工图预算(投资检算),招标要编制标底,投标要编报价,施工前要编制施工预算,施工过程中要进行结算,施工完成要编制决算,并且一般还要求决算不能超过预算,预算不能超过概算,概算则不能超出估算所容许的幅度范围,合同价不能偏离报价与标底太大,而报价不能超出标底所规定的幅度范围,并且标底不允许超概算。总之,各种造价形式环环相扣、紧密联系,共同对水运造价进行有效控制。

在水运工程的全过程计价体系中,定额在各个阶段都起着非常重要的作用。在工程建设前期,定额是制定投资控制目标的重要基础。在工程建设交易期,定额是形成工程价格的主要参考,并且是招标控制价编制和判断投标人报价合理性的主要依据。在工程实施期,定额可以作为价款支付的参考依据,同时也是计算变更、索赔款额以及解决双方合同纠纷的重要基础。

四、工程量清单计价配套措施

工程量清单计价的改革不是孤立的改革,必须与其他改革配套实施,才能成功。最重要的是与招标法的实施相配套。尤其是关于评标方法,必须改变以标底为基准上下划定浮动区间的评标方法,采用合理低价中标的评标方法。具体要从以下几个方面加以推进:

(一)继续推进计价依据的改革

实行工程量清单计价后,定额并不会被废弃,至少目前乃至今后相当长一段时间是如此。关键是要将定额属性由指令性向指导性过渡,积极发挥企业定额在工程量清单报价中的作用。推行工程量清单招标投标报价,要具有配套发展的思想,应在原有定额的基础上,按"量价分离"的原则建立一套统一的计价规则,并制定全国统一的工程量计算规则、统一计量单位、统一项目划分。对企业而言,应尽早建立起符合施工企业内部机制的施工企业定额,只有这样,才能使定额逐步实现由法定性向指导性的过渡;才能改革现行定额中工程实体性消耗与措施性消耗"合一"的现象,逐步实行两者分离;才能有利于施工企业进行新技术、新工艺、新材料的不断研究,促使技术进步,提高企业的经营管理水平,真正实现"依据工程量清单招标投标,企业自主定价,政府宏观调控,逐步推行以工程成本加利润报价,通过市场竞争形成价格"的价格形成和运行机制。

在实物消耗量标准上。清单计价中的实物消耗量的标准,可以以现行的预算定额为依据,但是必须改变预算定额的属性,预算定额规定的实物消耗量标准不再是法令强制性的标准,而是作为指导性参考性的资料。招标单位可以根据全国统一定额的实物消耗量标准来编制招标标底;投标单位可以制订本企业的实物消耗量来编制投标报价。实施这一改革后,预算定额不再是处理当事双方争端的法令依据。

对于长期以来各地制定的单位估价表,主管部门可以制定统一的单位估价表作为计价依据,但不是法令性文件,与预算定额一样,只是提供参考的信息资料。投标单位可以根据本企业的实际水平和市场行情自主报价,并对所报单价负责。招标单位也不能以根据统一的单位估价表编制的预算造价作为标底标准来进行评标。投标单位应该逐步建立起本企业的实物量消耗标准和单价资料库。

在费用项目和费率上。主管部门可以制定统一的费用项目,并制定一定幅度的费率标准供参考,但费率标准最终由投标单位自主确定,进行竞争。统一制定的费率标准只是供参考的信息资料,不再是法令性指标。

(二)建立工程保险和担保制度

实行投标担保和履约担保,目的是防止施工企业以不切实际的低价中标,或因无实际施工能力而无法履行合同,影响工程质量、进度、投资,从而促使施工企业在投标时量力而行。招标方必须对中标的最低标价进行详细审核,不能仅看总金额,重点是查有无漏项或计算错误,以确保最低价已包括所有工程内容,要求施工企业对组成的合理性予以解释,并在合同中加以明确。要推行业主支付担保制度,杜绝带资施工等现象发生,减少不必要的纠纷。

要深化设计领域的改革。目前边设计边施工现象十分普遍,所以必须加大设计深度,减少业务联系单,避免不必要的设计修改,以利于控制造价,为工程量清单计价提供必要的条件。

(三)加强对工程量清单编制单位的资质管理

工程量清单的编制应选用具有相应资质的单位。由于编制质量直接关系到标底价与投标报价的合理性与准确性,因此,对其资质的审核与年检必须严肃、认真,并应做好相关的考核、考查记录,对不合格的单位,应及时取消其资质。同时,以工程量清单招投标,要求编制人员应具有较高的业务水平和职业道德,应定期对其业务知识进行考核与培训,提高其执业水平,对编制质量低劣者,应及时取消其编制资格。

(四)强化执业资格,充分发挥造价工程师的作用

实行工程量清单计价,对广大造价工程师来说既是好的机遇,又将面临许多全新的挑战。21世纪我国会规范工程造价管理人员的结构,把造价人员分为执业资格与从业资格两部分。绝大部分计量计价的任务会主要由从业人员借助电脑和电脑计量计价软件完成,造价工程师会主要从事传统的工程造价管理业务中的"造价分析、投标策略、合同谈判与处理索赔"等事务。因此,他们有大量剩余时间进入更高层次的业务领域,这就为21世纪的造价工程师拓展业务空间提供了可能;同时,由于造价工程师日趋高学历化、年轻化,并且接受继续教育,从而为他们拓展业务空间提供了知识准备;此外,市场的变化也为造价工程师拓展业务提供了需求。那么21世纪造价工程师的业务到底会有什么变化呢?

21世纪信息技术与手段的飞速发展,以及快速报价、准确报价的竞争方式,会对造价工程师的年龄和素质提出更高的要求。

20世纪80年代末统计工程造价管理从业人员100万～120万,90年代末统计工程造价管理从业人员降至80万～100万,这说明了一个问题,新时代的到来,新技术与手段(电脑与软件)的出现,竞争的加剧(要求快速、准确的报价),对造价管理人员在质量上提出了更高要求,而对数量的要求则相对减少;又由于电脑的出现和计价、计量规则的变化,与国际惯例的靠拢等又促使从业人员的年龄下降,许多单位的工程造价管理人员的学历结构中本科以上者占80%以上,年龄结构中40岁以下者占80%以上,这是符合当今数字化时代、知识经济时代要求的。从这一点看,造价工程师今后也应该加速其在知识结构方面的转变。

我国加入世界贸易组织后,全球经济一体化的进展加快,使我们更加深切地感受到境外咨询业在我国市场中造成的竞争压力。这一进程和压力在沿海开放城市中更为明显,这就客观上要求每个造价工程师最起码应该了解和掌握国际上在通行的工程量计算规则与报价理论、国际工程项目管理惯例、国际工程合同与招投标(FIDIC与ICB)等。应该尽快掌握电脑与网络信息技术等新技术手段,极大地丰富自己的知识,以便在将来的国际竞争中处于优势地位。

另外，强制工程保险制度将为造价工程师进入工程保险界提供机会。随着改革的不断深化，不久将要在全国工程建设领域强制实行工程保险和工程担保制度。工程保险即将成为财产保险市场中与机动车辆险并驾齐驱的第二大险种，工程保险界需要大量工程保险人才。工程保险由于需要了解工程计量与工程计价的知识，才能处理好理赔事务，因此我们可以把工程保险构建在工程造价管理和风险分析基础之上。每个造价工程师都有深厚的工程计量与计价基础，在继续教育方案中，风险分析课程又是必修课之一，所以造价工程师在21世纪初进入工程保险界是必然趋势，这也是符合国际保险界和测量师行业惯例的。造价工程师可以在未来的工程保险界直接由保险人聘用，或者充当保险中介，或者为业主提供风险分析与风险防范服务。他们的工作内容包括：对工程风险进行辨识、评价、计算风险度，并确定保险对策；在风险评价的基础上，计算保险费率，提出保险人与被保险人满意的保险费率；安排保险合同，谈判合同条款；对工程进行风险管理，风险培训，风险控制等；出险后，确定损失部位及程度，对受损工程定损、计量计价，确定赔偿额。造价工程师进入工程保险领域后，将为他们提供大显身手的极大舞台。

此外，我国还将考虑取消监理工程师的执业资格的专业地位。这一举措为造价工程师进入更高层次的工程项目管理提供了机会。据悉，建设部已经决定取消监理工程师的执业资格地位，改为岗位职务，可以由一定资格的工程技术人员担任。造价工程师和建筑师、结构工程师以及注册建造师都是担任监理师的最佳人选。造价工程师担任工程项目管理的工作符合国际惯例，也符合工程造价管理专业发展的趋势。造价工程师充任监理工程师，他们在下列领域具有其他执业人士不可比拟的优势：协助业主编制标底与审核标底，分析报价；评标，定标；谈判确定合同价，安排合同文本与推敲合同协议条款；施工中支付程序的设计与审核，进度与成本关系的分析和控制；结算文件审核；合同纠纷处理，处理索赔事项。此外，造价工程师在经过几个工程项目的实践和磨炼后可以直接充当总监理工程师或为施工企业充当项目经理，全面负责工程项目的管理。造价工程师还可以在专业业务知识里拓展自己的知识面，参加未来的注册建造师执业资格考试，可直接获取注册建造师资格。

(五) 规范市场环境，建立有形的建筑交易市场

市场经济是法制经济，我们应当针对建筑立法滞后的实际，从法制建设入手，加快立法步伐，使建筑市场的运行早日走上法制轨道。用完善的法律法规体系来引导、推进和保障工程造价管理体制改革的顺利进行。当务之急是抓紧制定规范市场主体、市场秩序，有利于加强宏观调控的法律。探索建立建筑市场管理交易中心的模式，使建筑市场从"无形"走向"有形"。要求所有工程项目均进入市场主体在交易中心公开交易，并在管理部门监督下完成一系列程序。交易活动由隐形变公开，业主、承包人和中介单位的交易活动纳入有形建筑市场，实行集中统一管理和公开、公平竞争；在项目管理上由部门分割、专业垄断向统一、开放、平等、竞争转变。只要积极进行实践与探索，就能建立起规范、有序的有形建筑市场。

(六) 要有一套严格的合同管理制度

从发达国家的经验来看，合同管理在市场机制运行中的作用是非常重大的。通过竞争形成的工程造价，应不折不扣地以合同形式确定下来，合同约定的工程造价应受到法律保护，不得随意变化。目前我国建筑市场的合同管理还相当薄弱，违法合同还一定程度存在，一些合同得不到有效履行，市场主体的合法权益没有得到很好的维护。今后要加强合同管理工作，保证

价格机制的有效运行,切实维护市场主体各方的权益。

综上所述,采用工程量清单计价,规范和完善招标价格的确定方式,不仅是真正落实招标投标法的关键,而且也是我国加入世界贸易组织后,适应国际招标投标惯例的必由之路。同时,也应看到大量的法律法规以及与之配套的各项工作都有待于进一步的深入完善与发展,尤其现阶段在推行工程量清单计价方法过程中,应努力做好与招标、评标、合同管理等工作的衔接与配合。只有这样才能推动我国工程造价改革不断地向纵深发展,真正营造一个既符合国际惯例,又适合我国国情的"公开、公平、公正和诚实信用"的市场竞争机制与市场竞争环境。

五、工程量清单计价与定额计价的区别和联系

工程量清单计价与定额计价的区别在于:

1. 计价模式不同

工程量清单计价与传统计价模式即定额计价的不同主要表现在:
1) 费用构成形式不同

定额计价模式下费用构成的数学模式为:

$$工程造价 = 直接费 + 间接费 + 利润 + 税金$$

清单计价模式下费用构成的数学模式为:

$$工程造价 = 分部分项工程费 + 措施项目费 + 其他项目费 + 规费 + 税金$$

2) 计价依据不同

定额计价模式下,其计价依据的是各地区行政主管部门颁布的预算定额及费用定额。清单计价模式下,其计价依据的是各投标单位所编制的企业定额和市场价格信息。

3) "量""价"确定的方式方法不同

影响工程价格的两大因素是:分部分项工程数量和其相应的单价。

定额计价模式下,招投标工作中,分部分项工程数量由各投标单位分别计算,相应的单价按统一规定的预算定额计取。

清单计价模式下,招投标工作中,分部分项工程量由招标人按照国家规定的统一工程量计算规则计算,并提供给各投标人,各投标单位在"量"一致的前提下,根据各企业的技术、管理水平的高低,材料、设备的进货渠道和市场价格信息,同时考虑竞争的需要,自主确定"单价",且竞标过程中,合理低价中标。

从上述区别中可看出:清单计价模式下,当把定价权交给企业后,由于竞争的需要,会促使投标企业通过科技、创新、加强施工项目管理等来降低工程成本,同时会不断采用新技术、新工艺施工,以达到获得期望利润的目的。

2. 反映的成本价不同

工程量清单计价,反映的是个别成本。各个投标人会根据市场的人工、材料、机械价格行情、自身技术实力和管理水平进行投标报价,其价格有高有低,具有多样性。招标人会在考虑投标单位的综合素质的同时选择合理的工程造价。

定额计价,反映的是社会平均成本。各个投标人是根据相同的预算定额及估价表进行投标报价的,所报的价格基本相同,不能反映中标单位的真正实力。由于预算定额的编制是按社

会平均消耗量考虑的,所以其价格反映的是社会平均价,这也就给招标人提供盲目压价的可能,从而造成结算突破预算的现象。

3. 风险承担人不同

定额计价模式下承发包计价、定价,其风险承担人是由合同的确定方式决定的。当采用固定价合同,其风险由投标人承担,而采用可调价合同其风险则由招、投标人共担。

工程量清单计价模式的工程承发包计价、定价,由招标人提供工程量清单,投标人自主报价,招标人承担提供"量"的风险,投标人承担报"价"的风险。这是因为投标人在报"价"时,本身就包含了对市场预测分析的风险及考虑竞争需要采用的一些报价技巧所带来的风险等。且综合单价一经确定,结算时只要工程量变更的幅度在合同约定的范围内,其单价不可以调整。另外,投标人对工程量变更或计算错误不负责任,体现在工程结算时,工程数量是按实结算。因而工程量清单计价模式的工程承发包计价、定价,风险共担,这种格局符合风险合理分担与责权利关系对等的原则。

4. 项目名称划分不同

两种不同计价模式项目划分不同表现在:

(1)定额计价模式中项目名称按"分项工程"划分,而清单计价模式中项目名称按"工程实体"划分。如在定额计价模式下,楼(地)面工程按垫层、找平层、防水层、面层等分别编码列项。而清单计价模式下,楼(地)面工程将定额计价模式下的各分项综合起来,列为楼(地)面面层一项。

(2)定额计价模式中项目内含施工方法因素,而清单计价模式中并不含。如定额计价模式下的基础挖土方项目,分为人工挖、机械挖以及何种机械挖。而清单计价模式下,只有基础挖土方项目。

(3)清单计价模式下,实体和措施项目相分离,而定额计价模式下,实体和措施项目相结合,体现在"建设工程工程量清单计价规范"中,将工程量清单分为分部分项工程量清单项目和措施项目清单(如模板工程、脚手架工程、垂直运输工程等),且措施项目清单中工程数量列为"一项",即具体工程数量由投标人根据所采用的不同施工方案,确定实际发生的工程数量,其量计算不作统一规定。

5. 工程量计算规则有原则上的不同

按照定额计价模式中的工程量计算规则计算的工程量,是设计图纸中所表现的工程实际数量(即实物上人为规定的预留量和操作难度等因素所确定的量);而清单计价模式中的工程量计算规则,所计算的工程量是实体净量。

6. 合同价形成过程不同

定额计价模式下合同价形成过程是:得到招标文件→编制施工图预算(包括计算工程量、确定直接费、工料分析、计算材差、计算建安工程造价)→投标报价→中标(接近标底价)→形成合同价。

清单计价模式下合同价形成过程是:得到招标文件(包含工程量清单)→投标人自主报价→合理低标价中标→形成合同价。

综上所述,两种不同计价模式的本质区别在于:"工程量"和"工程价格"的来源不同,定额计价模式下"量"由投标人计算,"价"按统一规定计取;而清单计价模式,"量"由招标人统一提供,"价"由投标人根据自身实力,市场各种要素,考虑竞争需要自主报价。清单计价模式能真正实现"招投标活动应当遵循公平、公正、公开和诚实信用原则"。

第二节 工程清单规范工程量计算规则

一、一般规定

(1)工程量计算应依据下列文件:
①招标文件及设计图纸;
②技术规范、工程质量检验标准;
③经有关部门批准的技术经济文件。
(2)除本规范另有规定外,施工过程中损耗或扩展而增加的工程量不得计算在清单的工程数量中,所发生的费用可在工程单价中考虑。
(3)工程量清单的工程项目应按照设计图纸、工程部位和分部分项工程顺序依次排序。
(4)水工工程应以施工水位为界,划分为水上工程和水下工程。

二、土石方工程

(1)土类、岩石级别划分应符合现行行业有关规定,并应区分不同级别分别计算工程量。
(2)水下挖泥土类的划分可按2004年《沿海港口水工建筑工程定额》附表确定,分为4类。
(3)土石方开挖及回填工程量应按设计图纸计算净量,回填工程的原土体的沉降应计入工程量。
(4)陆上填方的边坡应采用设计文件提供的数量,当设计未提供边坡值时,可按2004年《沿海港口水工建筑工程定额》附表确定。坡度陡于1:2.5的陆上坡面开挖,应按岸坡挖土方计算。
(5)槽底开挖宽度在3m以内,且槽长大于三倍槽宽的陆上开挖工程可按地槽计算。
(6)不满足规定且坑底面积在20m^2以内的陆上开挖工程,应按地坑计算。
(7)除岸坡、地槽、地坑以外的陆上开挖工程应按一般挖土方计算。
(8)平均高差超过0.30m的陆上土方工程,应按土方挖填以体积计算工程量。反之,应按场地平整以面积计算工程量。
(9)开挖地槽、地坑应按设计图纸计算工程量。当设计文件未提供放坡系数时,可按2004年《沿海港口水工建筑工程定额》附表确定。
(10)土方开挖各类槽、坑的计算长度应根据自然地面起伏状况划分成若干段,每段长度一般不宜大于10m。

三、地基与基础工程

(1)基础打入桩应根据不同的土质类别、桩的类别、断面形式、桩长,以根或体积计算混凝土桩工程量,以根或重量计算钢桩工程量。

(2)基础打入桩的土质级别应按2004年《沿海港口水工建筑工程定额》附表划分为三个级别。

(3)基础打入桩工程量计算应满足下列要求:
①斜度小于或等于8:1的基桩按直桩计算;
②斜度大于8:1的基桩按斜桩计算;
③在同一节点由一对不同方向的斜桩组成的基桩按叉桩计算;
④在同一节点中由两对不同方向叉桩组成的基桩组按同节点双向叉桩计算。

(4)设计文件要求试桩时,试桩工程量应单独计算。

(5)基础灌注桩工程量计算应满足下列要求:
①成孔工程量按不同的设计孔深、孔径、土类划分,以根或体积计算;孔深按地面至设计桩底计算;
②灌注桩混凝土工程量根据不同的混凝土强度等级,按设计桩长、桩径计算;扩孔因素不计入工程量;
③灌注桩桩头处理以根计算。

(6)基础灌注桩土类应按2004年《沿海港口水工建筑工程定额》附表划分为6类。

四、混凝土工程

(1)混凝土及钢筋混凝土的工程量应根据设计图纸、浇筑部位及混凝土强度、抗冻、抗渗等级以体积计算。不应扣除钢筋、铁件、螺丝孔、三角条、吊孔盒、马腿盒等所占体积和单孔面积在$0.2m^2$以内的孔洞所占体积。

(2)陆上现浇混凝土梁工程量计算应满足下列要求:
①基础梁按全长计算体积;
②主梁按全长计算,次梁算至主梁侧面;
③梁的悬臂部分并入梁内一起计算;
④梁与混凝土墙或支撑交接时,梁长算至墙体或支撑侧面;
⑤梁与主柱交接时,柱高算至梁底面,梁按全长计算;
⑥梁板结构的梁高算至面板下表面。

(3)陆上现浇混凝土板工程量计算应满足下列要求:
①有梁板按梁板体积之和计算;
②无梁板按板和柱帽体积之和计算;
③平板按混凝土实体体积计算;
④伸入支撑内的板头并入板体积内计算。

(4)陆上现浇混凝土墙工程量计算应满足下列要求:
①墙体的高度由基础顶面算至顶板或梁的下表面,墙垛及突出部分并入墙体积内计算;
②墙体按不同形状、厚度分别计算体积。

(5)预制梁、板、柱的接头和接缝的现浇混凝土工程量应单独计算。

(6)计算陆上现浇混凝土廊道、坑道、沟涵、管沟工程量时可将底板、墙体、顶板合并整体计算。

(7)其他现浇混凝土工程量计算应满足下列要求:
①胸墙、导梁及帽梁的工程量,不扣除沉降缝、锚杆、预埋件、桩头嵌入部分的体积;

②挡土墙、防浪墙的工程量,不扣除各种分缝体积;

③堆场地坪、道路面层,按不同厚度分别计算,不扣除各种分缝体积。

(8)水下现浇混凝土工程量应按设计图纸要求以体积计算。

(9)混凝土及钢筋混凝土预制构件的预制和安装工程量应分别按设计图纸、区分不同形状、重量等特征以体积和件计算。

(10)预制混凝土空心方桩、大管桩和PHC桩的工程量,应扣除中空体积。

(11)单件体积小于$0.5m^3$的预制混凝土小型构件的预制和安装工程量应区分不同构件类型等特征以体积和件计算。

(12)超过六个面的混凝土方块工程量,应按异形方块以体积计算。

五、钢筋工程

(1)现浇、预制构件的钢筋工程量应根据不同材质分别按设计图纸以重量计算。

(2)混凝土预制构件钢筋工程量应按预应力和非预应力分别计算。

(3)设计图纸未标示的搭接钢筋、架立钢筋、空心方桩胶囊定位钢筋,灌注桩、地下连续墙悬吊钢筋及其他加固钢筋等工程量可在工程单价中考虑。

本章附录　工程量清单计价表式

附表 9-1

_____工程

工程量清单报价表

招　标　人_____（单位盖章）

法 定 代 表 人 或

授 权 代 理 人_____（签字盖章）

水运工程造价人员

及 资 格 证 书 编 号_____（签字盖章）

编　制　时　间_____

工程量清单项目总价表

附表9-2

工程名称: 　　　　　　　　　　　　　　　　　　　　　第　页　共　页

序　号	项 目 名 称	金额(元)
一	一般项目	
二	单位工程	
(一)	……	
(二)	……	
…	……	
三	计日工项目	
	合计	

投标单位_____(盖章)

法定代表人或授权代理人_____(签字)

分项工程量清单计价表

附表9-3

单位工程名称:　　　　　　　　　　　　　　　　　　　　第　页　共　页

序号	项目编码	项目名称	计量单位	工程数量	金额(元)	
					综合单价	合价
				合计		

一般项目清单计价表

附表9-4

工程名称： 第 页 共 页

序 号	项目编码	项目名称	金额(元)

计日工项目清单计价表

附表9-5

工程名称： 第 页 共 页

序号	名 称	规格(工种)	计量单位	数量	金额(元)	
					综合单价	合价
1	人工		工日			
	小计					
2	材料					
	小计					
3	船舶机械		艘(台)班			
	小计					
4	合计					

分项工程量清单综合单价汇总表

附表9-6

单位工程名称： 第 页 共 页

序号	项目编码	项目名称	计量单位	工程数量	综合单价	合价	其中					
							人工费	材料费	船舶使用费	间接费	利润	税金
总计												

综合单价分析表

附表9-7

清单项目编码：
清单项目名称： 第 页 共 页

序号	名 称	型号规格	计量单位	数 量	单价(元)	合价(元)
1	直接费	—	—	—	—	
1.1	人工费					
1.2	材料费	—	—	—	—	
1.2.1	……					
…	……					
1.3	船舶机械使用费	—	—	—	—	
1.3.1	……					
…	……					
2	间接费	—				
3	利润	—				
4	税金	—				
5	合计					
6	单价	—				

主要材料设备价格表

附表 9-8

工程名称：　　　　　　　　　　　　　　　　　　　　　　　　　第　页　共　页

序号	名　称	规格型号	单　位	单价(元)	数　量	交货地点	备　注
一	招标人供应						
…	……						
二	招标人采购						
…	……						

水运工程工程量清单项目

附表 9-9

一般项目清单（编码 100100）

项目编码	项目名称	计量单位	
100100101000	暂列金额	项	
100100102000	规费	项	
100100103000	保险费	项	
100100104000	安全文明施工费	项	
100100105000	施工环保费	项	
100100106000	生产及生活房屋	项	
100100107000	临时道路	项	
100100108000	临时用电	项	
100100109000	临时用水	项	
100100110000	临时通信	项	
100100111000	临时用地	项	
100100112000	临时码头	项	
100100113000	预制厂建设	项	
100100114000	临时工作项目	项	
100100115000	竣工文件编制	项	
100100116000	施工措施项目	项	

疏浚工程项目清单(编号100200)　　　　　　　　　附表9-10

工程编码	工程名称	计量单位	工程内容	项目特征
100200001000	港池挖泥	m³	移船定位、测量、挖泥、运输、卸(吹)泥等	工程性质(基建或维护)、挖泥范围及尺度、工况级别、土质级别(各级土所占比重)、挖泥平均水深、泥层厚度、泥土处理方式(外抛或吹填)、运泥距离、排泥距离(包括水下、水上、陆上的排泥距离)、计算方法等
100200002000	航道挖泥	m³	移船定位、测量、挖泥、运输、卸(吹)泥等	工程性质(基建或维护)、挖泥范围及尺度、工况级别、土质级别(各级土所占比重)、挖泥平均水深、泥层厚度、泥土处理方式(外抛或吹填)、运泥距离、排泥距离(包括水下、水上、陆上的排泥距离)、计算方法等

地基与基础工程项目清单(编号100600)　　　　　　　附表9-11
基础打入桩工程(编码100601)

项目编码	项目名称	计量单位	工程内容	项目特征
100601001000	钢筋混凝土实心方桩	m³、根	预制、堆放、运输、打桩、稳桩夹桩、桩头处理等	桩强度等级、桩规格、打桩类别、土类级别、接桩方法、接头数量等
100601002000	钢筋混凝土空心方桩	m³、根	预制、堆放、运输、打桩、稳桩夹桩、桩头处理等	桩强度等级、桩规格、打桩类别、土类级别、接桩方法、接头数量等
100601003000	钢筋混凝土大管桩	m³、根	预制、堆放、运输、打桩、稳桩夹桩、桩头处理等	桩强度等级、桩规格、打桩类别、土类级别、接桩方法、接头数量等
100601004000	钢筋混凝土PHC管桩	m³、根	预制、堆放、运输、打桩、稳桩夹桩、桩头处理等	桩强度等级、桩规格、打桩类别、土类级别、接桩方法、接头数量等
100601005000	钢筋混凝土板桩	m³、根	预制、堆放、打拔导桩、安拆导架、打桩、稳桩夹桩、桩头处理、砂浆灌缝等	桩强度等级、桩规格、打桩类别、土类级别等
100601006000	钢管桩	t、根	制作、运输、堆放、除锈刷油、打桩、稳桩夹桩、拉桩、桩头处理等	桩规格要求、打桩类别、土类级别、接头数量等
100601007000	钢板桩	t、根	钢板桩外购、调直、拼组、楔形桩制作、除锈刷油、运输、打拔导架、打桩、接桩、桩头处理等	桩规格、土类级别、接头数量等

思考与练习题

1. 实行工程量清单计价具有哪些重要的意义?
2. 《水运工程工程量清单计价规范》的编制原则和指导思想是什么?
3. 如何编制工程量清单?
4. 工程量清单计价的基本程序是什么?
5. 工程量清单计价具有哪些特点?
6. 工程量清单报价的编制应注意哪些问题?

参 考 文 献

[1] 朱志杰.建筑工程概预算编制与招投标[M].北京:中国建筑工业出版社,1989.
[2] 交通部基建管理司.水运工程造价编制和效益分析(试用教材)[M].北京:中国建筑工业出版社,1996.
[3] 交通部基建管理司.工程造价管理概论(试用教材)[M].北京:中国建筑工业出版社,1996.
[4] 交通部基建管理司.港口工程施工招标文件范本[M].北京:人民交通出版社,1997.
[5] 卢谦,张琰,等.建筑工程招标投标工作手册[M].北京:中国建筑工业出版社,1987.
[6] 范运林,何伯森,等.工程招投标与合同管理[M].北京:中国建筑工业出版社,1995.
[7] 张允明,曹仕雄,等.建设工程招标投标实战操作案例[M].北京:中国建材工业出版社,2004.
[8] 李景云,李霞.建筑工程定额与预算[M].重庆:重庆大学出版社,2003.
[9] 廖天平,许程洁.建筑工程定额与预算[M].北京:高等教育出版社,2003.
[10] 王朝霞.建筑工程定额与计价[M].北京:中国电力出版社,2006.
[11] 刘宝生.建筑工程概预算[M].北京:机械工业出版社,2001.
[12] 于忠诚.建筑工程定额与预算[M].北京:中国建筑工业出版社,1995.
[13] 许焕兴.土建工程造价[M].北京:中国建筑工业出版社,2006.
[14] 中华人民共和国行业规范.JTS 271—2008 水运工程工程量清单计价规范[S].北京:人民交通出版社,2004.